中国网络视频发展历程
（1996—2020）

王芯蕊　著

中国广播影视出版社

图书在版编目（CIP）数据

中国网络视频发展历程 . 1996－2020 / 王芯蕊著. --
北京：中国广播影视出版社，2024.3
ISBN 978-7-5043-9188-9

Ⅰ．①中… Ⅱ．①王… Ⅲ．①计算机网络—视频系统
—发展—研究—中国 Ⅳ．①G206.2

中国国家版本馆 CIP 数据核字（2024）第 027796 号

中国网络视频发展历程（1996—2020）

王芯蕊　著

责任编辑	许珊珊
封面设计	吴　睿
责任校对	马延郡

出版发行	中国广播影视出版社
电　　话	010－86093580　010－86093583
社　　址	北京市西城区真武庙二条 9 号
邮　　编	100045
网　　址	www.crtp.com.cn
电子信箱	crtp8@sina.com

经　　销	全国各地新华书店
印　　刷	天津和萱印刷有限公司

开　　本	710 毫米×1000 毫米　1/16
字　　数	219（千）字
印　　张	13
版　　次	2024 年 3 月第 1 版　2024 年 3 月第 1 次印刷

书　　号	ISBN 978-7-5043-9188-9
定　　价	68.00 元

|目　录|

绪　论

第一节　研究背景及意义

5G 商用已经开始,"信息高速公路"将重塑媒体世界和信息 DNA,"万物皆媒"的全媒体时代正快步走来。从 21 世纪初"比特"的涓涓细流到如今"信息"的浩浩江河,人类传播不断超越时空局限,信息的生产、传播、接收、反馈等方式发生着巨大的改变,网络视频已成为当下传播的主流媒介。

1946 年 2 月,世界上第一台通用计算机埃尼阿克(ENIAC)在美国宾夕法尼亚大学诞生,科学计算新时代正式开启;1957 年,拉塞尔·基尔希(Russell A. Kirsch)在计算机上创造出了第一幅像素为 179×179 的数字图像;1969 年 10 月 29 日,互联网的雏形"ARPA 网"在加州大学洛杉矶分校(UCLA)诞生;1973 年,施乐公司帕洛阿尔托研究中心发明出世界第一台个人电脑"奥托"(The Xerox Alto),已具备现代个人电脑图形用户界面(Graphical User Interface,GUI)的基本元素特征;1980 年起,投入商用的个人电脑、声卡、图形用户界面、多媒体计算机相继发明,个人电脑屏幕上开始出现数字视频;1993 年,施乐公司进行了历史上第一次流媒体播放,网络视频作为一个新物种诞生;1996 年,人民日报社在其网络版筹备时,将一段电视片段放到了网页上,成为目前史料中可考的中国媒体对网络视频的最早尝试;1997 年,广州视聆通作为中国公众多媒体通信网首批站点开放业务,开始提供商用的"网上 VOD、网络电视"等宽带信息服务,[①]在网络带宽很低、流媒体尚未普及的互联网初期,体积很小且容易上手制作

---

① 陆德、陈嫦娟:《广东视聆通迈入宽带化时代》,《广东通信技术》1998 年第 2 期。

的 Flash 动画也在互联网早期网民中流行；1999 年，高大勇创立的"闪客帝国"网站，成为网民上传、观看 Flash 动画的根据地，用户可以直接浏览欣赏 Flash 动画而不需要下载和安装插件，已具备专业视频网站雏形；截至 2001 年，我国广播电台和电视台中已有 200 多家上网；2002 年，网民自制的《大史记》系列视频被上传到网上，引起观看风潮；2005 年 4 月 15 日，中国首个视频分享网站"土豆网"正式上线，随后，56 网、六间房、酷 6 网、优酷网等视频网站相继成立。自此，网络视频开始了近 15 年的飞速发展，跨过流量时代、版权时代、社群时代，成为当下最具影响力、最重要的传播媒介。

从 1996 年至 2020 年的 25 年，伴随着互联网技术、流媒体技术、移动通信技术、大数据技术、人工智能技术等不断发展和各类终端的持续迭代，网络视频基于主体内容已包罗了网络剧、网络综艺、网络大电影、网络纪录片、短视频、直播、互联网电视等类型；经营主体涉及商业视频平台、传统主流媒体、通信运营商、硬件制造商等；内容产出模式涉及 UGC、PGC、OGC、PUGC、MGC 等；产业生态体系覆盖内容生产机构、技术服务商、通信运营商、终端用户、平台机构、广告商、分销商等；衍生出网红经济、MCN、会员付费等新的商业模式；进化出弹幕视频、互动视频、竖视频、Vlog 等新物种；贯穿着"媒介融合、政策监管、资本角力"等核心主题。

媒介环境学先驱哈罗德·英尼斯在《传播的偏向》一书中提出："一种新媒介的长处，将导致一种新文明的产生。"[1] 过去的 25 年，网络视频重塑了人与世界的中介方式，在传统视频内容价值之外，网络视频凭借时空灵活性、传播渠道多元性、资源多样性等特征，成为聚合人、连接人、连接人和环境的工具，超越了"观看"的意义，在文化、政治、经济、社会等各方面展现出巨大的媒介价值。

中国网络视频的发展，是中国信息传播领域发展的一个侧面，折射出了整个媒介生态变革的进程；中国网络视频的发展，也是中国社会变化的一个缩影，映射着 21 世纪以来中国飞速发展的波澜壮阔历史。因此，对它的研究和总结，是网络视频自身发展的需要，也是记录时代变迁的一种方式。

一直以来对网络视频的研究，较多关注网络视频的生产过程、传播方

---

[1] 哈罗德·英尼斯：《传播的偏向》，何道宽译，中国人民大学出版社，2003，第 28 页。

式、营销方式、营销策略、盈利模式等实务。近几年，关于网络视频的理论研究渐渐丰富，但对历史的研究和经验总结还缺少关注。在媒介史研究领域，报刊史、图书史、广播史、电视史、互联网史等已经有很多著作，网络视频史的研究却尚存很大空白。此外，网络海量数据的特点和数字化带来的实体资料消失的问题，让中国网络视频发展中的基础数据和材料淹没在浩如烟海的未经考证的网络资料中，中国网络视频发展的史实梳理与挖掘亟待开展。

本书将在前人研究的基础上，梳理中国网络视频从诞生之初至 2020 年的历史，考证最初的开始，梳理延绵的变化，展望即将伴随 5G 和人工智能时代而来的新迭代和新衍化。

第二节　研究对象及内容

从网络视频在我国逐渐流行开始，对其概念的界定和描述就是混乱的，对"网络视频"基本定义的廓清是对中国网络视频发展史进行回顾与总结的前提。

以下是关于网络视频比较有代表性的定义：

1. 网络视频（Network Video）是以网络为载体，借助浏览器、客户端播放软件等工具，以各种形式的流媒体类型为主的视频内容来进行的有关个人、公共或商业行为的一种信息交流方式。[1]

2. 中国互联网络信息中心（CNNIC）在 2008 年发布的第 21 次《中国互联网络发展状况统计报告》中第一次出现"网络视频"的相关表述："网络视频指网民借助互联网所体验到的视频服务，含在线视频浏览（包括视频分享、宽频影视、播客、视频搜索及线上视频的各类应用，例如视频看房和视频购物等）、网络电视（P2P 流媒体下载软件）、网络下载本地浏览等各种形式的网络视频服务。"[2] 直至 2018 年 6 月，对网络视频用户的统计变为"包括传统的网络视频用户（过去半年在网上收看或下载过视频的用户）和

---

①　梁晓涛、汪文斌：《网络视频》，武汉大学出版社，2013，第 2 页。
②　中国互联网络信息中心（CNNIC）：《第 21 次〈中国互联网络发展状况统计报告（2008 年 1 月）〉》，http://www.cac.gov.cn/2014-05/26/c_126548652.htm。

短视频用户（过去半年使用过抖音、快手等短视频应用的用户）"[1]。2019年，CNNIC发布的第44次报告中对"网络视频用户"的注释变为："长视频和短视频用户的并集。长视频用户指过去半年在网上看过电视剧、综艺和电影的用户，短视频用户是指过去半年在网上看过短视频节目的用户。"[2]

3. 网络视频作为一种网络应用，遗传了互联网的"技术基因"，并以此与传统视听作品相区分。[3]

4. 从技术的角度来看，网络视频是指以 RMVB、FLV、WMV、RM、MOV 等文件类型为主，可以在线通过 Real Player、Windows Media Player、Flash、Quick Time 及 DIVX 等主流播放器播放的文件内容。[4]

5. 网络视频是指将不同格式的模拟或数字视频进行处理，转换成适合网络传输的数字视频格式，并通过网络进行传播的一种媒体方式。[5]

6. 网络视频：超越"观看"的新形态。[6]

从前几种有代表性的定义看，学界、业界、监管部门等对其内涵与外延的认知各有不同。网络视频定义的多样性，实际上体现了20年来以各类互联网技术为驱动力产生的网络视频本体内涵的渐进演变和其外延的不断发展。多元化的认知角度有益于对一个目标对象丰富性、复杂性的认知，但是对于本书来说，需要一个较为统一的含义。

以上关于网络视频的定义中，最本质的一点分歧在于对"视频"一词的理解。"网络视频"作为一个中文词语和英文单词都是多义的，"视频"可以是一个动词，也可以是一个名词，对应英文"online video"中"video"一词，来源于拉丁语，含义是"我能看见"，现在作为名词是指"录像带，盒式录像带，（指制品）录像、录影，（指方法）录像"，作为动词是指"录电视节目，给……录像"。"网络视频"如"报纸、广播、电视"一般既具有产

---

① 中国互联网络信息中心（CNNIC）：《第42次〈中国互联网络发展状况统计报告（2018年6月）〉》，http：//www.cac.gov.cn/2018－08/20/c_1123296882.htm。

② 中国互联网络信息中心（CNNIC）：《第44次〈中国互联网络发展状况统计报告（2019年8月）〉》，http：//www.cac.gov.cn/2019－08/30/c_1124938750.htm。

③ 陆地：《网络视频与信息"共产主义"》，《新闻与写作》2014年第1期。

④ 虞卓：《消费主义背景下的青年价值观建设——以美国消费主义时期为例》，《理论界》2006年第10期。

⑤ 苏洵、李家福：《网络视频技术与应用实践》，电子工业出版社，2011，第1页。

⑥ 王晓红：《网络视频：超越"观看"的新形态》，《青年记者》2018年第7期。

业属性，又具有内容属性和功能属性。从产业属性上来说，更多指的是媒体机构；从内容属性上来说，更多指的是内容形态；从功能属性上来说，更多指的是媒介功能。

本书所研究的网络视频，从产业属性上来说，主体是采用"网络视频"媒介从事信息传播与服务的机构；从内容属性上来说，是以各种形式的流媒体类型为主的视听形态，具体包括网络综艺、网络剧、网络电影、网络纪录片、短视频、网络直播等；从功能属性上来说，是指按实时播放或非实时播放的方式，通过网络传输动态图像，进行视频观看。

第三节　文献综述及研究问题

经过对各类权威数据库的检索，均未发现国外有关中国网络视频史的研究。国内有关中国网络视频史的研究包括：中国网络视频史专著（1部）、硕博论文中涉及网络视频史的专题研究（1篇）和各类新闻传播研究类刊物中与中国网络视频发展历程相关的论文。

陆地、靳戈合著的《中国网络视频史》[①]是唯一一部关于中国网络视频史的专著，出版于2017年。作者对截至2015年的中国网络视频行业的发展历程脉络进行了梳理，挖掘史料的同时探讨了网络视频行业与广播电视、互联网的共生关系。

该专著填补了中国网络视频史的研究空白，是中国网络视频史研究的破冰之举，对相关领域研究意义重大。该专著将中国网络视频史分为"雏形：2006年之前；萌发：2006年至2008年；竞争：2009年至2013年；进化：2014年至2015年；未来：2016年及以后"五个时期进行梳理。但是2015年之前中国网络视频行业仍处在一波三折、动荡前行的征途中，摸索、尝试、整顿、重建，并没有迎来期待中的爆发式增长。2015年是会员付费业务爆发的起点和"网络原创节目井喷年"，移动视频在2015年全面超越PC端视频进入里程碑年，网络视频也正是从2015年起正式成为主流媒介。紧接着2016年是"网络直播元年"，2017年短视频兴起，2018年短视频成为席卷人们碎片时间的力量，随后竖视频和互动剧等视频基本形态层面变化产

---

① 陆地、靳戈：《中国网络视频史》，中国广播影视出版社，2017。

生。网络视频行业从 2015 年至今热点频现，相较 2015 年前已发生了新一轮"质变"，网络视频也在近 5 年的发展中，真正超越传统视频"观看"的意义，成为聚合人、连接人、连接人和环境的工具，成为最具影响力、最重要的传播形态，属于网络视频的媒介特征才得以全面展现。可是该专著由于出版时间的影响，没有涉及 2015 年之后中国网络视频的发展历程。同时，对于中国网络视频从 1996 年到 2005 年属于萌发阶段的基本史实，还有进一步细化挖掘及考证的空间。萌芽阶段和爆发阶段的研究空白以及对网络视频作为"媒介"的特性探寻，也让研究者产生了站在前人肩膀上继续探索的欲望和动力。

厦门大学何白 2017 年 4 月提交的博士学位论文《中国网络视频产业发展研究——基于产业融合的分析》①，从广电、出版、电信三大产业融合视角对中国网络视频产业发展进行探析，梳理融合历程、研究产业链、寻找产业发展问题，研究诉求是探寻能够破除产业发展困境并推动产业发展的路径和方法。作为研究基础，其博士论文中的第一章对我国网络视频产业的发展脉络进行了梳理，将网络视频产业发展分期为"市场导入期：博客风潮下的业态萌芽（1994 年至 2005 年）；产业萌芽期：资本盛宴下的行业爆发（2006 年至 2007 年）；市场调整期：市场洗牌后的秩序重构（2008 年至 2009 年）；理性成长期：资源困境中的合纵连横（2010 年至 2012 年）；融合发展期：多元布局下的跨界经营（2013 年至今）"五个时期。因其研究主要诉求不同，所以该部分描述较为笼统且仅从经济视角对"资本、市场、盈利模式"等内容进行了阐述。

各类新闻传播研究类刊物中与中国网络视频发展历程相关的论文总量极其有限，汤代禄发表在 2013 年第 3 期《新闻战线》上的《网络视频的发展历程及趋势》② 一文，认为我国网络视频从 2005 年开始出现，并将其发展分为四个阶段："初始阶段（2005 年至 2006 年）；资本入市（2007 年至 2008 年）；政府监管（2009 年）；业内竞争（2010 年以来）"。因其为非专业史学研究，这种大线条的划分仅凸显了该阶段的一个特征，且对于发展阶段

---

① 何白：《中国网络视频产业发展研究——基于产业融合的分析》，博士学位论文，厦门大学，2017。

② 汤代禄：《网络视频的发展历程及趋势》，《新闻战线》2013 年第 3 期。

内容的描述仅为百余字。田维钢、顾洁等在 2015 年第 1 期《当代传播》上发表的《中国网络视频行业竞争现状与战略分析》① 一文，研究目的是为视频网站发展提供方法参考，其中开篇将网络视频行业的发展历程分成四个阶段进行分析："萌芽期（2000 年至 2004 年）：极少数竞争者涌现，摸索拓宽；启动期（2005 年至 2007 年）：众多竞争者涌入，各领风骚；成长期（2008 年至 2012 年）：资源资本竞争洗牌，强者生存；2013 年至今：寡头竞争格局下的市场多元差异化竞争。"以其研究诉求为参考，该分期依据是从视频网站发展本体出发。王晓红等在 2016 年第 6 期《现代传播》上发表的《中国网络视频产业：历史、现状及挑战》② 一文，将 2015 年前的网络视频产业发展历史分成三个阶段："传统广电最早触网；视频网站崛起；多方竞合共构大视频时代"，进行历史和现状的分析，探讨行业发展面临的挑战。该篇论文聚焦点在网络视频产业，与《中国网络视频行业竞争现状与战略分析》一文一致，对于本书是重要的史料参考和分期参考，但与本书研究的网络视频作为媒介发展的历史仍有本质不同。

此外，还有论文在撰写过程中以对短视频、直播、网络电视台、IPTV 等网络视频各内容类型发展历程的梳理作为产业发展的策略性分析或传播特性分析的基础，多聚焦某一段时间的发展实施或只是对发展历程只言片语的阐述，还没有以单独内容类型发展史为独立研究对象的学术成果问世。

除了对专门研究网络视频史相关文献的检索学习，对媒介史、网络媒体发展史的学术回顾也是本书能够秉要执本的重要参考。

崔林在其 2017 年出版的专著《媒介史》③ 中提出，在媒介演化的过程中，人类对媒介进行选择时主要依照"跨越时空的能力"和"传播达成的效果"两条标准，"跨越时空的能力"对应传播的"自由度"问题，"传播达成的效果"聚焦信息的"保真度"问题。崔林按照"口语、文字、邸报、报纸、电报、广播、电视、网络"等各时期新媒介的依次出现作为历史分期依据，对媒介发展史进行了通史研究，并提出"这两条标准在每一种媒介出现的过程中默默起到了支配性的作用，媒介正是在对这两种目标的追求中不断

① 田维钢、顾洁、杨蒙：《中国网络视频行业竞争现状与战略分析》，《当代传播》2015 年第 1 期。
② 王晓红、谢妍：《中国网络视频产业：历史、现状及挑战》，《现代传播》2016 年第 6 期。
③ 崔林：《媒介史》，中国传媒大学出版社，2017。

新旧更迭"①。让-诺埃尔·让纳内在其 2005 年出版的《西方媒介史》② 中，以诸如法国大革命、世界大战等重大历史事件或诸如无线电广播的产生等新媒介诞生时刻及媒介发展过程中的重要阶段作为分期依据，论述了西欧各国媒介的发展史及发展过程，该专著在历史分期层面缺少统一的标准，但媒介与政治的关系成为全书论述一以贯之的"隐线"。杨嫚 2017 年出版的《电子媒介发展史》③ 中，对"广播、电视、互联网"等各电子媒介发展进行了论述，初步探讨了人类视听需求与电子媒介发展的内在逻辑，但因其教材性质，描述内容相对浅显易懂，也因此缺少深入的分析和讨论。Asa Briggs 和 Peter Burke 所著的 *A Social History of the Media：From Gutenberg to the Internet*④ 一书，从对口头和手稿交流重要性的探讨，到印刷品的兴起与物理交通及社会交流之间的关系，再到 21 世纪后多媒体的新篇章，对传播媒介及其产生和发展的社会和文化背景进行了全面、深入的概述。该著作两位作者为社会文化历史学学者，其研究切入点是媒介发展与社会发展之间的相互关系。

上述关于媒介史的研究，均未涉及网络视频，但其讲述媒介发展史的切入角度、分期方法、媒介发展史实和演进规律的讨论对于本书均有较大参考价值。电视作为网络视频出现前最强大的媒介类型，其发展历程对于网络视频史的研究具有重要参考意义。常江的《中国电视史》⑤ 对中国电视业半个世纪（1958—2008）的变迁与演进展开了系统性的研究，其历史分期按照电视业与政治、社会、经济互相作用后的阶段性面貌分成"迟来的新生（1958—1966）、政治的孱弱映像（1966—1976）、新时代的先声（1976—1982）、生逢其时的黄金时代（1982—1990）、全面拥抱消费文明（1990—2000）、点燃大国之梦（2000—2008）"六个阶段进行研究，采用传播政治经济学、媒介社会学与话语理论相结合的研究体系，在电视与社会现实、日常生活和权力结构之间的关系中，对电视媒介与国家历史之间的勾连与互动过

---

① 崔林：《媒介史》，中国传媒大学出版社，2017，第 2 页。
② 让-诺埃尔·让纳内：《西方媒介史》，段慧敏译，广西师范大学出版社，2005。
③ 杨嫚：《电子媒介发展史》，科学出版社，2017。
④ Asa Briggs、Peter Burke, *A Social History of the Media：From Gutenberg to the Internet*, Polity, 2002.
⑤ 常江：《中国电视史》，北京大学出版社，2018。

程，进行了全面而深入的阐释。常江在《中国电视史》第六章"点燃大国之
梦（2000—2008）"中，提到了网络视频对电视业的冲击："尽管可对传统电
视业构成理念和实践上的直接冲击的网络电视尚未成为一个完整的行业，但
完全独立于电视台、作为一种新型视听内容形态的互联网视频已经成为一种
相当流行的青年亚文化形式，这种文化中包孕着对传统电视行业文化逻辑的
根本性破坏。"常江的《中国电视史》以媒介实践为叙述进路，采用多样的
分析视角和单元实现了对媒介史论范式的创新，其研究方法、历史分期框架
和对电视及网络视频多方面的比较论述都成为本书开展的重要参考。

　　作为网络媒体形态之一，对网络视频史的研究也需要建立在对网络媒体
发展史的学习和了解上，彭兰 2005 年出版的《中国网络媒体的第一个十
年》[1] 以"媒体产业"作为聚焦点，以其每次的实质性进步作为历史分期依
据，按照"中国网络媒体实现了从无到有的突破（1994—1995）、实现了从
少到多的发展（1996—1998）、实现了从单一模式到多种道路的探索
（1999—2000）、实现了向规范化规模化运营的转折（2001—2002）、开始跻
身主流媒体的行列（2003）"的分期对中国网络媒体的历史进程和发展内在
规律进行了探寻。因为网络视频在 2003 年之前还处于新生阶段，彭兰在对
网络媒体发展的第一个十年进行研究中对网络视频着墨不多，但其根据产业
实质性进步作为历史分期的依据和大量网络媒体发展初期的史实，为本书的
开展提供了方法参考和网络视频新生阶段网络媒体发展整体环境的翔实背景
信息。国家互联网信息办公室、北京市互联网信息办公室所著的《中国互联
网 20 年：网络媒体篇》[2]，按照网络媒体不同形态——"网络新闻媒体、社
会化媒体、视听新媒体、移动新媒体"，对中国网络媒体发展 20 年的历史进
行了记录，对发展经验和发展成就进行了总结，其在视听新媒体篇章中提出
"视听新媒体影响用户媒介接触习惯、内容生产、用户生活方式、用户消费
方式"，总体来看描述较为笼统，也不是专业史学研究，所以参考价值更多
在史料层面。

　　综合来看，现有文献对开展网络视频史研究的体例、方法、史料等方面

　　① 彭兰：《中国网络媒体的第一个十年》，清华大学出版社，2005。
　　② 国家互联网信息办公室、北京市互联网信息办公室：《中国互联网 20 年：网络媒体篇》，电
子工业出版社，2014。

都有启示作用，但是仍旧没有一部专著或学位论文展现中国网络视频发展至今的全貌。这个"全貌"，一是指时间维度的"全貌"，2015 年后的网络视频才成为最有影响力的传播形态，包含了这部分的中国网络视频史才能完整展现出网络视频从诞生、发展到进化的完整过程，才更具备做历史梳理的价值和意义。二是对网络视频本体研究视野维度的"全貌"，网络视频本身是一个具有多重属性的对象：从技术上看，它是计算机技术、通信技术、智能手机等终端技术、流媒体技术等相结合的产物；从传播类型上看，它是融合网络传播、人际传播和大众传播为一体的媒介；从经济上看，它沿袭了信息经济的特点，又创新出新的经济模式；从社会学角度看，网络视频将会赋予时代不同的思维和行为方式，这些属性，都是网络视频的丰富内涵。从这些维度出发对网络视频作为"媒介"的全面观察，以媒介实践为叙述进路，才能更好地理解网络视频，以及它对于整个信息传播领域与社会的深刻意义。三是媒介发展演变形塑力的"全貌"，技术、文化、经济、政策、社会等因素如何影响网络视频作为媒介的发展？网络视频的发展需要哪些内在动因，又需要什么样的外部环境？网络视频的发展轨迹与传统媒介的发展是否有契合之处？说明了什么？网络视频的发展轨道是否与传统轨道不同，这种不同又意味着什么？这些都还有待发掘和研究，也成为本书的研究目的和研究内容。

第四节　研究思路及方法

麦克卢汉认为，媒介是人的延伸。麦克卢汉所指的"媒介"，正是人们之前一直沉浸于其中却并不自知和感觉的物质形态，只要能够承载信息，或自身就是社会隐喻的反映，都可以被纳入"媒介"的范畴。麦克卢汉认为，新媒介的出现重塑了个体的感觉中枢，不是媒介所承载的内容而是媒介"塑造和控制人类交往和行动的规模和形式"[①]，新媒介的出现，或提升、或加强、或重现、或废弃了旧媒介的某些特质，并唤醒了人们对身处于其中的旧媒介环境的觉知，却又被新媒介催眠。麦克卢汉的理论关注点，从内容到情

[①] 埃里克·麦克卢汉、弗兰克·秦格龙：《麦克卢汉精粹》，何道宽译，南京大学出版社，2000，第 406 页。

境、从信息到媒介的转移，反映出传播学理论从时间到空间视域转换的历史发展形式。① 麦克卢汉把视角聚焦于技术扩散对个体感官和社会环境的影响的研究，但忽略了媒介能够发挥作用的社会原因。

与麦克卢汉将技术单独分割出来不同，英尼斯认为，传播媒介的物质形式与社会形态自身的社会关系再生产能力紧密联系在一起，而这种再生产能力是以跨越地理空间的管理强力和意识形态为基础。雅克·古迪在《野蛮思维的驯化》一书中强调，我们不能真正分开传播手段和传播关系，它们在一起组成传播模式。② 传播关系当然是社会关系的一种译文。③ 古迪和英尼斯没有把传播媒介作为一种孤立的方式，而将它嵌入更为广阔的社会—经济领域。媒介并非遗世独立，而是与社会其他变量相互作用产生了变化的可能性和空间。

英尼斯、麦克卢汉、古迪从不同方向论述了"媒介"对社会的重要性，而"法国学者德布雷则从不同角度弥合'媒介'，探索媒介和历史、政治、文化的纠葛，并在理论上将之建构成'显学'——媒介学"④。怎么理解媒介？比如，"书"是一种媒介，那么从媒介学的观点来看，就要同时包括文字、作者使用的语言、纸、编辑、印刷工艺和发行等，才能完整呈现"书"这种媒介。⑤ 德布雷认为，技术不是决定其他社会关系的唯一动因，技术的存在不能脱离自然、社会的选择。这也是网络视频在中国和美国几乎同时萌发，但是发展路径及与社会的互相作用不同的解释。

从理论参照回到本书的对象"网络视频史"，黄旦在《新报刊（媒介）史书写：范式的变更》⑥ 一文中指出，媒介史的书写应该突破原有的"现代化"和"革命史"的逻辑，突出媒介的元话语特征，在研究视角上是以"媒介"为聚焦点，从"作为一种技术，作为一种社会制度，作为一种组织的机

① Richard Cavell, "McLuhan and Spatial Communication," *Western Journal of Communication*, Vol. 63, no. 3 (Summer 1999), pp. 348–363.

② 陈卫星：《传播的观念》，人民出版社，2008，第11页。

③ 同②。

④ 黄华：《语言革命的社会指向：对中国近代史的一种传播学考察》，广西师范大学出版社，2016，第34页。

⑤ 德布雷：《普通媒介学教程》，清华大学出版社，2014，第9页。

⑥ 黄旦：《新报刊（媒介）史书写：范式的变更》，《新闻与传播研究》2015年第12期。

器和在一个场景中组合内容的方式，以及作为接收体验的空间"① 四个维度理解媒介，但要循着温纳的基本思路，"其统治活动的方向是从技术条件到人及其社会安排，而不是相反"②，以技术及其特性为先。黄旦在该文章中还提出，媒介史书写之新，要以媒介实践为叙事路径。所谓的媒介实践，关注的重点不仅是人们用媒介做什么，同时也是媒介使人做了什么，形成了何种传播形态，并由此产生何种改变。正由于媒介作为人类的传播系统与人类主要的思维模式和经历有如此强烈的联系，那么"传播的历史将比其他学科化的历史在人类历史中占有更为中心的地位"③。黄旦新报刊（媒介）史的提出，是对媒介史叙述逻辑和叙述方式的完善和深化。

结合文献梳理和理论回顾，本书将研究坐标的 X 轴定为时间，历史学家蒙文通引据孟子"观水有术，必观其澜"之语，认为："观史亦然，须从波澜壮阔处着眼。浩浩长江，波涛万里，须能把握住它的几个大转折处，就能把长江说个大概；读史也须能把握历史的变化处，才能把历史发展说个大概。"④ 本书将中国网络视频发展划分为能够体现网络视频每一次实质性演进和变化的 6 个阶段：萌芽（1996—2004），探索（2005—2008），竞合（2009—2013），转折（2014—2015），爆发（2016—2018），进阶（2019—2020）。研究坐标的 Y 轴是从媒介学视角出发，探讨网络视频发展与技术、文化、经济、政治等社会情境的互动关系，即"由共同体内聚力和舒适性的变化而召唤某种符合正在形成中的新的信息便捷的媒介"⑤，本书希望从网络视频和社会其他变量之间的关系来探讨其发展演变。

研究方法上，杜维运在《史学方法论》中提出，史学方法上有几个重要的阶段：一是搜集史料的阶段，二是考证史料的阶段，三是消化史料的阶段。在进入消化史料的阶段时，就涉及历史叙事与历史解释的问题了。他认

---

① Friedrich Krotz, Mediatization: A Concept With Which to Grasp Media and Societal Change. InKnut Lundby (ed.), *Mediatization: Concept, Changes, Consequences*, PeterLang, 2009, p. 23.

② 兰登·温纳：《自主性技术：作为政治思想主题的失控技术》，杨海燕译，北京大学出版社，2014，第 173 页。

③ 戴维·克劳利、保罗·海尔：《传播的历史：技术、文化和社会（第五版）》，董璐、何道宽、王树国译，北京大学出版社，2011，第 2 页。

④ 蒙文通：《蒙文通学记（增补本）》，三联书店，2006 年，第 1 页。

⑤ 黄华：《语言革命的社会指向：对中国近代史的一种传播学考察》，广西师范大学出版社，2016，第 40 页。

为："历史解释，是阐明历史发展的轨迹及其意义所在，究其实际，则是对历史事实之间的关系所做的疏通陈述。史学研究如果能够把历史叙事与历史解释——熔两者于一炉，就达到了史学的最高艺术。叙事时，不但叙述一件事，也叙述相关的事；不但叙述一事的外貌，也叙述一事的内蕴；不但叙述历史事实的渊源、原因、发展、影响，也叙述历史整个的演进以及以往、现在、未来三者之间的关系。叙事的范围扩大了，种种解释自然融会于其中了。解释时，揭出大纲领，写出概括性的说明以后，尽量以史实为内容，逻辑性的分析，喋喋不休的辩难，尽量减少到最小。"①

关于网络视频的发展生长记载散布于各类网站、报道和研究报告中，官方年鉴对其发展初期的具体情况也没有详细的记录，加上互联网从业者流动非常频繁，客观上不利于行业历史资料的积累。同时，在数字信息的超载时代，对一个本身就信息超载的媒介进行历史性记录与分析，也存在很大难度。伯明翰学派文化研究著名学者斯图亚特·霍尔主张在马克思的商品生产模式基础上理解传播问题，并将传播视为一个包括生产、流通、分配/消费与再生产等阶段的过程。对于将媒介视为内容生产机构的媒介分析观来说，把握"生产"的意涵是至关重要的。本书将以"生产"作为叙述明线，为网络视频作为媒介的发展历史寻找一个相对统一的探寻支点和观察进入视角，以撬动对网络视频这样本身景观丰富的媒介传播发展轨迹的研究。

为了尽可能达到研究目标，本书采用的具体研究方法：一是历史分析法，二是结构分析，三是多学科取经。历史分析法，就是严格遵照历史的本来面目，把有关的历史事件、人物、经济、政治、文化、思想等置于特定的时间和空间条件下进行分析，从而揭示其运动的自然规律、本质和方法的科学方法。② 历史分析法是研究历史学最基本、最常用的方法，是按照客观事物历史发展的自然进程来揭示历史规律的方法。在本书中，历史分析法是最基本的研究方法，注重"过程研究"，"努力严格地根据时间的推移，抓住决策者思想和历史演变的关键点，对思想的产生、政策的形成和历史的展开做实证的过程性考察，以揭示历史发展的内在逻辑"③。

---

① 杜维运：《史学方法论》，北京大学出版社，2006，第160—176页。
② 赵吉惠：《历史学方法论》，四川人民出版社，1987，第89页。
③ 刘建平：《战后中日关系："不正常"历史的过程与结构》，社会科学文献出版社，2010，第23页。

本书除了对历史进行分析，还从历史的横断面做结构分析。网络视频作为媒介的新生、发展、进化，是在种种关系力量的博弈中生成的，每一种新媒介的发生，都会伴随着技术、政治、经济、文化的变化。在网络视频25年的发展历史中，被何种力量形塑，又反向形塑着什么，新媒介与旧媒介如何更替，都是本书的研究重点。此外，从德布雷对"媒介"的定义就可以看出多学科融合的研究特点，本书以问题为先导，借鉴社会学、政治学、经济学等学科的理论知识，在研究视域和研究问题上尽可能有所延伸。

第一章　颠覆与新生：中国网络视频的
萌芽期（1996—2004）

　　1996 年，人民日报社在其网络版筹备时，将一段电视片段放到了网上，成为目前史料中可考的中国媒体对网络视频的最早尝试。这个相较电视机晚出现近 70 年的新物种，伴随着技术的不断进步，渐渐引发了媒介史上的一次革命，从传播技术的革新开始不断波及社会、经济、文化的各个层面，从懵懂初生不断发展壮大。

　　1994 年，中国迈入互联网世界的大门，当网络宽带基础设施的建设在全国范围内铺开时，中国的网络视频也在悄悄萌芽。这时的网络视频还只是处于"星火点亮"的阶段，但是先行者们用行动，为中国网络视频的成长迈出了第一步。

　　中国网络视频的出现，是中国网络技术发展的一个产物，也是媒介在中国社会演进迭代的一种表现。在初期，网络视频的出现还只是中国媒体探索网络世界多维方向中的一种，但是，其萌芽期的媒介力量已在彰显媒介技术的强大赋能，也成为中国网络媒介发展初期的侧面写照。

第一节　网络视频：计算机屏幕上的新物种

　　每一种新媒介的诞生，都是技术变革的结果，人与世界的中介方式重塑，从符号呈现、叙事形态、传播方式等多方面在向原有媒介范式提出挑战。古登堡印刷机的发明让信息通过"纸"这一媒介得以迅速复制和传播，无线电波传送声音技术的发明让信息通过"广播电波"飞跃空间传到千家万户，机械扫描盘和电视接收装置的发明带领人类进入电视观看时代，大型电子数字积分计算机的发明开启了现代计算机的发展，而网络视频的出现是计算机、多媒体、网络宽带、流媒体等技术综合推动的产物。

一、计算机技术开启视听新世界

真实地记录和再现运动着的事物是人类由来已久的愿望，也是电影、电视发明的直接动因，人眼具有的"视觉暂留"特性让每秒24格（或16格）放映在银幕上的画面可以创造运动的幻觉。1895年12月28日，受卢米埃尔兄弟邀请的巴黎名流在位于卡普辛大街14号的咖啡馆地下室中，看到黑暗中白布上的影像画面，这一天被公认为电影的发明日。

如果说电影开启了人类传播的"观看"时代，而电视的发明则将"观看"融进了每一个家庭的日常生活。1926年1月27日，约翰·洛奇·贝尔德在英国皇家学院的科学家们面前展示了利用无线电信号传递活动图像的"电视"，20世纪最有影响的传播媒介就此诞生。

与电影、电视不同，人们通过计算机观看视频已是20世纪90年代之后的事情。虽然计算机的显示器与电视机看起来很相似，但两者在技术原理上差异极大，电视机不需要考虑编码和发射的问题，只是作为一个信息的接收终端，而计算机作为一个综合体，既要解决编码问题，又要兼顾传输和接收的需要，这要求计算机有强大的多任务处理能力，把不同编码的格式文件（如文字、图像和声音）按照统一的格式进行处理。

世界上第一台通用计算机诞生于1946年，最初的目的是处理复杂数字运算。1957年，拉塞尔·基尔希（Russell A. Kirsch）和他的团队发明了一种扫描仪，用此技术扫描了自己三个月大的儿子的照片，并得到了分辨率为179×179的数码影像，数字图像第一次在计算机屏幕上出现。

1968年12月9日，图灵奖获得者"鼠标之父"道格拉斯·恩格尔巴特（Dr. Douglas C. Engelbart）在旧金山的秋季联合计算机会议上演示了他4年前发明的鼠标是如何控制电脑的，还演示了文本编辑、视频会议、超文本和窗口，鼠标的发明让人机交互变得直观明确，而恩格尔巴特演示中展现的革命式的交互式计算机技术让世人看到了计算机在信息时代的潜在可能性。施乐公司帕洛阿尔托研究中心基于恩格尔巴特的思想和已有研究，在1973年发明了世界上第一台个人电脑雏形"奥托"（The Xerox Alto），该电脑首次使用了桌面比拟（Desktop metaphor）和所见即所得（WYSIWYG）鼠标驱动的图形用户界面（Graphical User Interface，GUI）技术，但昂贵的成本使奥托并未投入商用，仅用于科研。

1974 年，Intel8080、摩托罗拉 6800 等微处理器将计算机从昂贵的业务和专业研究工具的神坛上扯下，开启了崭新的个人电脑时代，随后世界上第一台迷你电脑 Altair8800，TandyTRS80、APPleI、APPleII 个人电脑等相继问世，个人电脑出货量截至 1978 年已达到 20 万台。20 世纪 80 年代初，受施乐公司研发的个人电脑"奥托"的启发，苹果公司推出了新一代苹果机，其加载的 Macintosh 操作系统采用"位图"（bitmap）概念进行图形处理，并使用窗口（window）和图标（icon）作为用户界面，这是第一种普通人买得到的拥有交互式图形用户界面且有鼠标、键盘的个人电脑，此时的电脑也已经具备处理图像的能力，人机交互对于普通人来说也开始变得简易可得。

1984 年，英国的 ADLIB AUDIO 公司研发出世界上第一块声卡"AD-LIB 魔奇音效卡"，电脑开始具备处理音频的能力。1985 年，与苹果公司同时期的个人电脑公司 Commodore 推出的多媒体计算机系统 Amiga，可以把音频视频、图形图像和计算机交互式控制结合起来综合处理，自此，计算机开启了数字视听新时代。

我国第一台电子数字计算机于 1958 年 8 月 1 日在中科院诞生，我国计算机自此跨过电子管时代、晶体管时代、中小规模集成电路时代、超大规模集成电路时代，体积不断减小，信息处理能力不断增强，信息载体从字符演变为文字、图像、声音、视频等多媒体形态，应用领域从科学计算、计算机辅助制造逐步走向老百姓的日常生活，计算机行业也成为我国经济腾飞时代的重要推动力。

总的来说，计算机技术的发展是数字视频诞生的前提，计算机"人机交互"的基因也深深烙印在数字视频的诞生历程中，这种交互基因在未来数字视频向网络视频的演进中被传承，成为网络视频的根和本。

二、多媒体技术引领视听数字化

计算机技术是数字视频诞生的前提，而多媒体技术的发展才真正让视听传播进入数字时代。

"多媒体"（multimedia）一词意指电脑呈现的信息由"文本、图形、图像、声音、音乐、视频、动画等"多种形式构成，最早出现在 20 世纪 80 年代美国麻省理工学院递交给美国国防部的一个项目计划报告中。"多媒体技术"是指将所有媒体形式集成起来，以更自然的方式使用信息和计算机进行交互，使表现的信息图、文、声并茂。[1]

1986 年 4 月，飞利浦（PHILIPS）公司和索尼（SONY）公司联合推出了受使用者指令控制的交互式多媒体光盘系统（Compact Disc Interactive，CDI），可以播放包含声音、文字、图形、图像等多媒体数字化信息的光盘；1987 年，美国无线电公司（Radio Corporation of America，RCA）推出了交互式数字视频系统（Digital Video Interactive，DVI），在计算机技术基础上使用光盘来存储和检索多媒体数据；1989 年，Intel 公司将 DVI 技术发展为全数字化、使用先进音视频压缩和合成图形方法的新一代支持对多媒体信息进行处理的集成环境，并将其变成了可以普及的商品。在多媒体技术迅猛发展的潮流下，微软（Microsoft）和飞利浦等十多家厂商在 1990 年 11 月开会协商并成立了多媒体计算机市场协会，共同制定了 MPC 1.0（多媒体个人计算机）标准，规范了多媒体个人计算机系统硬件的最低功能标准，并选择开放的 Windows 操作系统作为 MPC 标准配置，由此解决了软件开发商无硬件标准而无法开发通用软件的困境，大量多媒体软件和硬件产品相继面世。

除了计算机系统的多媒体功能问题，面对经采集后生成的原始视频数据量非常大的动态图像的传输问题，编码压缩降低数据量成为必需，对多类型数据进行处理的音视频编码与解码技术成为多媒体通信领域的关键技术之一。[2]

克劳德·艾尔伍德·香农（Claude Elwood Shannon）于 1948 年在《贝尔系统技术学报》上发表了一篇题为"通信的数学原理"的论文，开启了现代信息论研究，也为日后的视频编码技术提供了理论依据。经过 40 年对数据压缩问题的研究，不同类型的音视频编码与解码技术标准层出不穷，市场呼唤国际标准化的技术标准。1988 年，ISO（International Standardization Organization，国际标准化组织）与 IEC（International Electrotechnical Commission，国际电工委员会）成立了 MPEG（Moving Picture Experts

① 鲁宏伟、汪厚详：《多媒体计算机技术》，电子工业出版社，2004，第 3 页。
② 孙娟、宁建国：《MPEG 的新发展》，《数据通信》1999 年第 1 期。

Group，动态图像专家组），成员都是音视频系统领域的技术专家，致力于针对运动图像和语音压缩编码制定国际标准。"MPEG－1"压缩编码标准制定于1993年，用于在CD－ROM上存储彩色视频数据，旨在达到录像带播放质量，其成为常规视频标准后，VCD慢慢取代了传统的录像带；1994年制定出的"MPEG－2"压缩编码标准，最初的设计目标是高级工业标准的图像质量以及更高的传输率，最终推出的MPEG－2可以提供广播电视级的视听质量，成为DVD的指定标准和为广播、有线电视网、电缆网络以及卫星直播（Direct Broadcast Satellite）提供数字视频的广播级标准。MPEG－2成功地将声音和影像的记录脱离了传统的模拟方式，使数字电视最终完全取代模拟电视，真正让视听传播进入了数字时代，也为网络视频发展初期电视内容在网络平台的播出奠定了技术基础。

不同于电视和电影，数字视频诞生的计算机屏幕本就是一个"多媒体"屏幕，视频与文本、图像、声音等同源生长在其上，用户通过计算机的视窗可以同时收看、浏览、使用多种媒体，进行多类操作。这意味着数字视频的传播与电视屏、电影屏传播特性的本质不同，开放的多主体传播环境让数字视频变得不唯一，但同时也赋予了数字视频更多助力，比如文字、图像、声音等媒介形式，多视窗多功能的计算机屏幕上的操作也为数字视频的传播孕育了天然的多路渠道。在未来的日子里，脱胎于计算机屏幕上数字视频的网络视频，通过网络流媒体的赋能，将把上述相较于电影电视的优势无限放大。

三、流媒体技术推动视听网络化

互联网发展早期，人们迫切需要一种网络技术，以便进行快捷的远程信息沟通。文件传输协议FTP（File Transfer Protocol）和HTTP（Hyper Text Transfer Protocol）的应用解决了因特网上的任意两台计算机间互传文件和传输实时数据的问题，但视频文件数据量巨大，在当时较窄带宽环境下，直接进行网络视频文件的传输需要耗费海量时间。流媒体技术的发明解决了这一问题：音视频内容一边下载一边播放，用户不必为"观看"花费"必须下载完成"的等待时间成本，也不必为其预留巨大的计算机存储空间成本。这种新的解决方案就是"网络视频"，在网络上看视频，临时存在的"流"从时空概念上来说是"转瞬即逝的流走"，而这"流"又一直存在，需要观看的用户可以通过自己的设备连入互联网观看。

1993年，施乐公司邀请 Severe Tire Damage 乐队进行了一场表演，科学家们通过网络实时观看了他们的演出，"多点传送主干"（MBone）技术在互联网应用的可能性被成功验证，这场表演也成为历史上第一次流媒体播放。Severe Tire Damage 在其宣传网站上写道："人们看到并听到了他们在遥远澳大利亚的生活。"此后的1994年，Severe Tire Damage 乐队又受邀通过互联网流媒体播放技术为滚石乐队在互联网上播放的演唱会暖场，在当时，通过网络享受流媒体服务还是一项奢侈品，能达到接入 MBone 技术标准的只有一些大学科研机构、政府及大型公司。最终只有大约200个电脑用户（包括美国一个国防部研究室和白宫）观看了滚石的这场线上演唱会。1995年，互联网流媒体直播的魅力和潜力被更多的行业领域发现。美国职业棒球大联盟（Major League Baseball，MLB）和西雅图交响乐团先后采用线上流媒体开展了网络直播的尝试。

而把流媒体技术商业化并将其推向大众的是三家公司：微软、苹果和 Real Networks 公司，它们推出的流媒体方案仍是当下时代应用的三大主流。1993年，微软就通过视频方式向开发者分发开发包，试水流媒体服务；1996年，Active Movie 技术开始投入应用，Windows 系统里的 Media Player 获得流媒体功能。1995年，Real Networks 的前身 Progressive Networks 公司发布了历史上第一款流媒体软件 Real Audio 1.0；1997年2月，网上视频播放软件 Real Video 被推出，Real Networks 公司开始引领流媒体音视频播放潮流。苹果公司则是在1999年发布了支持流媒体的 Quick Time 4。

这三大主流方案细分为两种传输方式：顺序流和实时流。顺序流是指用户边下载边观看，但只能观看已下载内容，这种传输方式被应用于网络视频点播；实时流是指用户实时接收视频数据，观看在不同空间但同一时间的"实况"，主要应用于网络视频直播。

流媒体对视频文件的"流"传输，让巨大的视频文件数据量通过网络获得了不占用用户等待时间和存储空间的流动能力，当人们的观看、分享变得简单易得时，"流"的能力让千万视频在网络上获得了旺盛的生长力量。回想20世纪90年代的人们在获得流媒体技术后，为什么没有在网上直接再办一个"电视台"？带宽的受限估计是重要的维度，当时的带宽对于视频下载和流媒体观看来说，都只能支撑短时长、低画质的视频点播或短时间视频直播，但正是网络视频初生时代对电视整体线性播放内容的片段使用，把整体打碎成"一个个"，而从线性整体变成独立个体的万千视频恰恰借由网络宽带获得了畅通无阻、生生不息的流动力量。

四、网络技术助推网络视频大众化

流媒体技术解决了在带宽有限的条件下提升网络视频流畅度和画质的问题，但作为严重依赖带宽的数据量最大的多媒体文件，网络技术也是网络视频发展的重要基础。

全球公认美国国防部组建的阿帕网是现代互联网的雏形，而阿帕网的实现，主要依赖于几种主要的计算机技术：人机共生、分时系统、分布式网络结构、计算机联网、网络通信技术。分时系统的核心思想是每个用户都拥有一台自己的终端，利用这个终端可以与计算机进行数据处理的对话，计算机按照一定规则同时处理不同用户的对话请求。人机共生的核心思想是人与计算机相辅相成，二者可以协调一致来工作，该思想的提出者约瑟夫·卡尔·罗布内特·立克里德（Josepf Carl Robnett Licklider）曾在其 1960 年发表的《人—计算机共生关系》（*Man-Computer Symbiosis*）一文中指出，计算机的任务是做机械的工作，而人的作用则是认识与做决策。计算机联网是指不同计算机用户共享资源与成果。而分布式网络结构主要借鉴了保罗·白伦（Paul Baran）和唐纳德·戴维斯（Donald Davis）的网络思想：白伦提出去掉中心交换点，构建每个网点都有很多途径通往相邻点的网络，戴维斯提出将信息以散片的形式在网络中进行传送。

我国从 20 世纪 80 年代开始进行互联网研究。1986 年 8 月 25 日 11 时 11 分 24 秒，中国科学院高能物理研究所的吴为民教授在北京的一台 IBM 个人电脑上，远程登录到日内瓦一台电脑的账户上，并向位于日内瓦的一位教授发出了一封电子邮件。1987 年 9 月，王运丰教授等在北京计算机应用技术研究所建成了一个电子邮件节点，该节点在当月 20 日向德国成功发出一封内容为"Across the Great Wall we can reach every corner in the world（越过长城，走向世界）"的电子邮件。

1994 年 4 月 20 日，中国与国际互联网相连的网络信道经过近 10 年的建设后顺利开通，中国正式进入互联网国际大家庭。1996 年 1 月，中国电信筹建 9 个月的"中国公用互联网全国骨干网"正式开通，开始为全国范围的公用计算机提供互联网服务。1995 年 7 月，中国教育和科研网连入美国国际专线开通；当年 12 月，中科院百所联网完成；次年 9 月，连入美国 256K 专线的"中国金桥信息网"开通；12 月，"中国公众多媒体通信网"启动，"上海热线、天府热线、广东视聆通"作为首批站点开通；1997 年，上述四大中国骨干网络实现了互联互通，中国全面进入初代互联网时代。

1997 年至 2004 年，政府不断加速互联网宽带建设，我国上网计算机情况、上网用户情况、注册域名、站点、国际线路总容量等情况如表 1-1 所示。

表 1-1　1997 年至 2004 年我国互联网发展状况统计

统计截止时间	上网计算机（万台）	直接上网计算机（万台）	拨号上网计算机（万台）	上网用户（万人）	CN 下注册域名（个）	WWW 站点（个）	国际线路总容量（Mbps）
1997 年 10 月	29.9	4.9	25	62	4066	1500	25.408
1998 年 6 月	54.2	8.2	46	117.5	9415	3700	84.64
1998 年 12 月	74.7	11.7	63	210	18396	5300	143.256
1999 年 6 月	146	25	121	400	29045	9906	241
1999 年 12 月	350	41	309	890	48695	15153	351
2000 年 6 月	650	101	549	1690	99734	27289	1234
2000 年 12 月	892	141	751	2250	122099	265405	2799
2001 年 6 月	1002	163	839	2650	128362	242739	3257
2001 年 12 月	1254	234	1020	3370	127319	277100	7597.5
2002 年 6 月	1613	307	1200	4580	126146	293213	10576.5
2002 年 12 月	2083	403	1480	5910	179544	371600	9380
2003 年 6 月	2572	515	1739	6800	250651	473900	18599
2003 年 12 月	3089	595	1945	7950	340040	595550	27216
2004 年 6 月	3630	652	2097	8700	382216	626600	53941
2004 年 12 月	4160	700	2140	9400	432077	668900	74429

数据来源：中国互联网络信息中心（CNNIC）第 1 次至第 15 次《中国互联网发展状况统计报告》

1995 年到 2000 年，我国民众使用的大多为窄带网，上网方式为早期的拨号上网，数据传输速度很慢，仅能支撑图文数据传输，数据量大的视频、音频和图像都无法承载，此时间段还是中国网络媒体的图文时代，新浪、搜狐、网易等最早一批门户网站就是以海量的图文信息汇聚而风靡网络。2000年起，宽带在国内逐步兴起，上网方式变成以 ADSL 为主。按照 CNNIC 第15次《中国互联网发展状况统计报告》公布的数据，截至 2004 年底，我国宽带网用户为 4280 万，绝对数量已超过美国成为世界第一，我国的宽带用户市场也已初步形成。

麦克卢汉在 20 世纪 60 年代提出的"地球村"预言："电子信息瞬息万里，使全球生活同步化，全球经济趋同、整合，游戏规则走向同一，网络生活同一，时空差别不复存在，昔日遥不可及的海角天涯刹那可达——谁不说这就是弹丸之地？"① 变成了人人可见、可想、可抓住的"靠谱"未来。大批企业伴着自 90 年代起开始的信息高速公路热，带着大规模的商业资本入场，政府倡导和全面的商业化开发让互联网的价值被日益挖掘出来。网络视频的价值，便是其中之一。

总的来说，从互联网发展本质依赖的技术看，"共享""去中心化"及"用户自主"等特点是核心，这种核心技术特质也造就了信息传播的"交互""去中心化"及"共享"特点。网络视频完整地遗传了互联网本质基因，继承了其独特价值，并以此种价值经由不断变宽变快的网络成为未来社会的一股席卷式力量。

第二节　网上直播与点播：中国媒体初探网络视频新大陆

1989 年 3 月，欧洲核子研究中心研究员蒂姆·伯纳斯·李（Tim Berners-Lee）撰写的第一个基于互联网的超文本系统提案"关于信息管理的建议"被认为是万维网诞生的标志。次年，伯纳斯·李提出了"超文本标记语言（HTML）、超文本传输协议（HTTP）和统一资源定位符（URL）"三大万维网基本技术，并创建了世界上第一个网络服务器和网页浏览器。1993年，欧洲核子研究中心决定，最新发布的万维网软件版本允许所有人免费使

---

① 马歇尔·麦克卢汉：《理解媒介：论人的延伸》，何道宽译，译林出版社，2011，第 11 页。

用和改进。①

虽然万维网标准并不是当时唯一的因特网应用，也不是唯一的超文本协议标准，但它大大提升了网络的互联效率，最终成为网络上最通用的标准。伯纳斯·李没有为万维网申请任何专利或是收取使用授权费。正因如此，人人都能采用这样的标准，网络在世界范围"互联"开始让每一个普通人都可见、可用，原来因地域限制而成的一座座信息孤岛被联通，文字、图片、音频、视频等多媒体通过海量的超链接被联结，人们开始去往他们身体从未到达过的异域国度"上网冲浪"，畅游信息的海洋。

如果把互联网比喻成新大陆，万维网就是可供航海的船。主流媒体作为最早意识到互联网价值的先行者之一，率先登陆新大陆。而萌芽时期的网络视频，也伴随着中国媒体对互联网世界的探索最早出现在媒体网站和门户网站的界面上。

一、首开风气的主流媒体网站

20世纪90年代还是电视高歌猛进的黄金时代，我国民众日常观看媒介以电视为主。我国各级主流媒体，特别是广电媒体拥有当时最充沛的视频资源储备，再加上观众基础、政策基础和资金技术基础，接触网络视频具有得天独厚的优势。中国主流媒体从1996年起对网络视听有所认识，并尝试在网上为用户提供视听服务。

2000年之前，由于受窄带宽带环境与技术手段的限制，中国网络媒体网站以图文为主，"海量的图文信息汇聚"成为硬核实力标准，萌芽时期的网络视频更多是作为一种网站信息中极不起眼的附属表现形式而存在的。

国家级主流媒体中，《人民日报》和中央电视台对网络视频的运用尝试起步最早。1996年12月，人民日报社在准备面向国务院新闻办有关领导对其网络版筹备情况的现场调研时，除了在网络版中放上报纸内容，还将时任人民日报社社长邵华泽参加活动的视频片段放到了网上。② 1997年1月1日，"人民网"作为中国开通的第一家中央重点新闻宣传网站正式上线。

---

① 《欧洲核子研究中心庆祝万维网诞生30周年》，2019，新华社：http://www.xinhuanet.com/2019-03/13/c_1124230172.htm。

② 彭兰：《中国网络媒体的第一个十年》，清华大学出版社，2005，第43页。

1998 年，人民网推出视频点播业务，将网络视频运用到新闻播报之中，并在澳门回归之际进行现场视频报道。[①] 1999 年，《人民日报》网络版还装备了一个设备齐全的视频直播室。

中央电视台于 1996 年建立网站，是最早建网站的电视台，1997 年就开始尝试在线直播及点播，首次成功上线了"十五大"相关视频片段点播，《东方之子》与《实话实说》等著名栏目也被推上互联网。1998 年起，央视国际网络开始采用流媒体技术网上直播春节联欢晚会；1999 年 2 月，春节联欢晚会通过网络开展全程直播，访问量已达到 41232 人次。当年 12 月，为了让全世界目睹澳门回归的历史时刻，中央电视台网站、《人民日报》网络版、中国互联网新闻中心与中央电视台同步进行了 48 小时的网上直播，这是当时国内持续时间最长的网络直播活动。1999 年 12 月 31 日至 2000 年 1 月 1 日，央视开展了连续 24 小时的《相逢 2000 年》特别节目"首都各界迎接新世纪新千年庆祝活动——中华世纪坛揭幕仪式"直播，报道了国内外迎接新千年的庆祝活动，中央电视台网站进行了网上同步直播。[②]

面对互联网的新世界，有一些十分敏感的地方媒体也在第一时间尝试将已有的节目优势平移到网上。1996 年 12 月，广东人民广播电台成为国内第一个建立网站的广播电台。上海的广播电视机构也开始在"上海之窗"网站中建立自己的网站。[③] 北京电视台每天在网站进行 2 小时至 3 小时的新闻直播，观众可以在播出后 30 天内点播节目。截至 1999 年底，中国的广播电台和电视台开办网站数量已超过百家。

世纪之交，国家相关管理部门对于网络视听激励与约束并举，从不同维度为网上音视频发展提供发展上的政策鼓励、规范细则及智力支持，对主流媒体开展网络视频业务都是重大利好，也为后来网络电视台的开办奠定了政策基础。相关政策如表 1-2 所示。

---

① 田维刚、顾洁、杨蒙：《中国网络视频行业竞争现状与战略分析》，《当代传播》2015 年第 1 期。

② 《CCTV 简介》，央视网：http://www.cctv.com/tvguide/jianjie/jishi01.html。

③ 《1997 年的中国网络媒体与网络传播"第四媒体"互联网初露峥嵘》，人民网：http://media.people.com.cn/n/2014/0415/c40606-24898175.html。

表 1-2　2000 年国家相关部门出台政策措施情况

时间	部门	事件	政策	关键词
2000 年 4 月	广电总局	发布《信息网络传播广播电影电视类节目监督管理暂行办法》	国家鼓励广播电台、电视台通过国际互联网络传播本台广播电视节目	鼓励
			通过信息网络直播、转播、使用广播电台、电视台节目的，应取得该广播电台、电视台的许可	许可
			对网络视听节目传播单位实行《网上传播广播电影电视类节目许可证》准入制度及年检制度	准入及年检
			对其播出内容则按新闻类、影视剧类、娱乐类（含音乐/戏曲/体育等）和专业类（含科技/教育/医疗/财经/气象/军事等）进行分类管理	分类管理
			对新闻类节目和影视剧类节目的管理，只能从国内广播电视媒体中已经播放的节目中选取	新闻类和影视剧类从已播出中选取
2000 年 11 月	广电总局科技司	组织开展"全国因特网上音视频广播发展总体规划"的研究	开展全国因特网上音视频广播发展总体规划	发展规划研究
2000 年 12 月	科技部	《HFC 网实现互联网音视频广播的传输和接收》项目	开始进行利用互联网进行音视频广播节目传输和接收方面的研究	传输和接收技术研究

　　之后的新世纪，全国人大四次会议审议通过的《中华人民共和国国民经济和社会发展第十个五年计划纲要》中把"提高网络容量和传输速度"与"促进电信、电视、计算机三网融合"[①] 等作为"十五"期间文化信息产业发展的重要目标。宽带普及速度加快，音视频技术不断发展更新，伴随新涌入的网络用户而来的还有对网络媒体内容市场需求的不断增长，主流媒体在其官方网站提供网络音视频节目服务成为重要新生业务之一。网络视频在重大事件报道中的使用频率不断增加，网络视频的内容类型、节目数量、用户观看形式不断丰富，经营模式、经营主体更加多元。

---

　　① 《中华人民共和国国民经济和社会发展第十个五年计划纲要》，《新华每日电讯》2001 年 3 月 18 日第 1 版。

　　2000 年 12 月 20 日，我国以音视频信息为特点的最大门户网站"央视国际网"正式成立，央视国际网高度重视流媒体业务，安装了 Real System 和 Windows Media Technology 两套系统，每日在线视频直播 100 分钟固定的新闻类节目，每日可供点播的音视频节目为 120—200 分钟；网站中以网络音视频点播为主要内容的"视听在线"频道在网站各频道月访问量排行榜中一直仅次于央视国际首页。① 2001 年，中央电视台春节联欢晚会采用流媒体技术在北美地区进行了网上直播实验，晚会结束后央视国际网还提供晚会节目的网上点播服务。

　　2000 年 3 月，《人民日报》网络版在"两会"报道中首次推出自制视频访谈栏目；人民网又陆续开设"视听天下"频道，包含视频新闻、嘉宾访谈、视听专题、视频直播等 10 个栏目。新华社很早就试图进入广播电视领域，受政策限制始终未能如愿。但互联网发展浪潮为新华社开辟了一条网上音视频传播新道路，隶属于新华社的上海新华电信网络电视有限公司在 2001 年 6 月推出新华电信宽频网（xintv），通过网络传播音视频节目。

　　截至 2001 年初，省级主流媒体中已有 20 家开办官方网站。国内一些传媒集团看准网上音视频内容市场，成立股份制企业，全力进军这一新兴的市场。2003 年 9 月，上海文广集团和上海电信联姻成立的东方宽频网正式上线，成为广电行业首家专门开展网络音视频服务的商业网站。东方宽屏网开播时，有音乐、新闻和体育三个网络视频直播频道和电影、电视剧两个网络视频点播频道，包含新闻类网络视频 4500 多条，网络视频节目 2000 多部；网络视频观看采用月付费形式，ADSL 用户收看一个频道的视频节目需月付 5 元，20 元可以解锁全部视频观看权，也可以从 512K 的带宽升级到 2M，② 2004 年，东方宽屏网付费用户已达到 6 万人。此外，北京千龙网的"千龙网视"频道、上海东方网的"东方多媒体"频道、北方网的"音视频"都是当时网络视频内容较为丰富的主流媒体网站。

　　在电视依然是强势媒体的 2004 年前，对于主流媒体上网的网络视频，无论是学界还是业界，更多仍采用"网上电视"来称呼。在电视普遍没有回看功能的时代，可以自由点播节目、不再受观看时间限制的"网上电视"确

---

① 李岩：《央视国际网情况分析》，《电视字幕（特技与动画）》2001 年第 7 期。
② 《东方宽频网正式开播》，文汇报：http：//news.sohu.com/23/22/news213052223.shtml。

实对互联网用户有足够的吸引力，正式开通于 2004 年 5 月 31 日的"央视网络电视"，开播当天就吸引了 68 万人次点击。当时，除了电视台官方网站和国内主流电视台对外公布的流媒体播放地址，还出现了专业的网上电视播放软件，黄河网视、神舟一号网络电视、瑞延网络电视机是集 Real player、Windows Media Player、Flash 于一体的软件播放器，内置数十个到数百个电视频道，被称为网络电视软件"三剑客"。

但总的来说，在主流媒体网站观看网络视频并没有在互联网世界引起风潮。学界和业界专家对主流媒体网站的视听内容指出的不足有：信息量少，时效性差；节目少，没有特色；体制不顺、机制不活，没有充分发挥广电内容资源优势和制作优势；经营意识不强，资金投入不足等。但本书认为，主流媒体网站上播放的网络视频，将用户的观看由被动变成主动，将线性播放时间限制变成了无时间、无播放次数限制，网络视频成为电视精品内容传播路径的有效补充，而并没有成为完全独立于电视观看的新品类，"交互""去中心化"和"共享"等网络视频与生俱来的基因魅力还没有展现，这其中有体制机制的原因、有技术和带宽的原因，但更多是在"网络视频"本质层面认知不清的原因。传播方式纵然结合互联网进行了变革，用户被赋予了选择权，但传播内容的"大众传播媒介"性质特点没有改变，更高层次的互动和共享机制还没有被主流媒体触碰。

二、商业门户网站首创纯网视频

商业门户网站中，新浪网的前身利方在线是第一个从事网上直播业务的中文网站。1997 年秋天，中国队参加足球世界杯预选赛，利方在线网站对比赛进行了多媒体网上直播，除了文字直播外，首次采用视频直播。当时的直播还未采用流媒体技术，仅是工作人员对视频信号进行采集、压缩、上传，虽然直播最后以服务器无法承受观看人数而瘫痪，但四通利方体育沙龙作为一个只能容纳 300 个帖子的 BBS，由其版主陈彤和 NelsonDon 开展的这次多媒体网络直播开创了一种通过网络观看实况的先河。

10 月 31 日，中国足球队在大连市金州区惜败，第二天署名"老榕"的网友在利方在线"体育沙龙"版发了帖子《大连金州没有眼泪》，陈彤阅读此帖后，向利方在线其他版主提议转载这篇文章，此帖发出 24 小时内在"体育沙龙"就被点击了上万次，这在 1997 年的中国，已经是非常了不起的数字。对于这篇帖子，有媒体这样评论："这才是真正鲜活的'民间语文'……这个帖子既让更多网民、球迷第一次领略到足球可以在网络上引起如此惊人的共鸣；同时也让'老榕'这位热爱足球、感性热情的资深球迷成为家喻户晓的人物。"① 在中国网络发展史中，这篇帖子第一次让传统媒体意识到了网络、网民和网络文化的存在与影响。网络视频的播放方式，决定了其与电视、电影最大的不同：多窗口的计算机操作设置和网站页面、即时网络信息传送状态，让网民可以在观看网络视频的同时，产生即时交流或延时性的聚集群交流，结合已播放的网络视频，还可以进一步结合网民的交流内容和观看意愿产生由网民自主创造的精选网络视频信息或碎片化视频信息，网络视频从出生就一直与网络、网友相伴，变成网络文化的一部分。

1998 年 2 月搜狐网成立，1998 年 12 月 1 日新浪网宣告成立，各大门户网站开始提供 P2P 技术的视频直播或者点播服务。1998 年 11 月 18 日，30 年一遇的狮子座流星雨，上海是最佳观测点，当地网站"上海热线"在网站上直播了流星雨爆发的盛况，这是继利方在线之后我国第二次开展网上直播业务的商业门户网站。18 日凌晨 1 时至 5 时是流星雨的爆发高潮，而网站截至 18 日凌晨 3 时，观看直播的人数就突破了 30 万人次。② 通过互联网开展的网上直播展现出了惊人的吸引力。

在网络视频的商业经营上，商业门户网站进行了比主流媒体网站更多的探索，寻求"优势互补"是最明显的特征。其中一种是商业门户网站与主流媒体就网络视频内容资源的合作互补。2000 年 1 月，仅有 15 年历史的新媒体企业"美国在线"与老牌媒体巨人"时代华纳"合并，这次合并被传媒业认为是 20 世纪传统传播业向 21 世纪崭新传播业的转变。这股转变之风也吹到了中国，商业门户网站开始主动与传统广电寻求合作，例如，搜狐在世纪之交与从 1999 年下半年起先后购入新疆、山东等 7 自治区、省有线电视网络 49% 股份的北大青鸟公司合作，但两者的合作最终因股份问题终止。差不多时间段，新浪网与阳光卫视开展合作，希望在宽带时代到来时，利用彼

---

① 《网络足球从利方开始 新浪从网络世界杯到网罗世界杯》，竞报：http：//sports. sina. com. cn/c/2006－03－02/01572078289. shtml。

② 《98 狮子座流星雨观测科普活动网站》，《电脑技术》1998 年第 11 期。

此的优势共同形成在宽带内容领域的影响力。[①] 还有一种是商业门户网站与通信运营商开展资源合作，以应对流量成本极高的网络视频运营，例如，21CN 是华南地区最具影响力的门户网站，在 2002 年 5 月与广东电信合作发布"Vnet 互联星空计划"，并开通了"宽频娱乐"网络视频频道。

在网络视频的内容运营上，商业门户网站在 2000 年后都不断加强网络视频内容，综合门户网站先后开设专门的视频频道，例如，新浪宽屏和搜狐宽屏。此外，在重大事件、突发事件的新闻报道方面开始注重视频的采用，以视频方式提供的嘉宾访谈也成为门户网站必有的自制节目。2003 年 11 月，美国前总统克林顿在清华大学 AIDS 与 SARS 国际研讨会开幕式上发表演说，新浪网独家制作播出了总长 74 分钟的"克林顿演讲、回答问题、会见艾滋病感染者"三段网络视频。[②] 在指定时间直播、事后转为点播也成为内容运营常态。一些纯网生、脱离传统媒体的多元化视频节目也开始在门户网站出现，不断拓展着网络视频内容。TOM 资讯网在 2003 年 11 月推出视频新闻述评节目《大话新闻》，并在每个工作日开展时长半小时的网上直播，直播结束后用户可以随时点播节目。此外，广告内容在门户网站上也通过网络视频形态衍生出独特的网络广告形态。可口可乐于 2004 年在新浪上一举推出四则有内在联系的视频广告，供网友在线收看或下载。

互联网传播具有内在开放性，故内容形式也展现出多元化特点。网络视频在商业门户网站上开始展现出与主流媒体网站不同的特质和特性，伴随着 2000 年后 DV 的流行和音视频编辑软件在个人电脑上的便捷可得，普通商业网站的编辑、普通的网民都逐步参与到网络视频的内容制作中。大量崇尚个性、充满娱乐气息和生活气息的网络视频开始出现，更多元的内容在经营体制相对更加灵活的商业门户网站上铺展开来。

第三节　网民的初代自制

与电视媒体的视频节目不同，网络视频在出现后就表现出独特的多样性，无论是内容还是形式都在开放的互联网平台丰富呈现，而这其中与电视

---

① 王烁官青：《北大青鸟与搜狐之间究竟发生了什么?》，《财经》杂志：http://news.so-hu.com/90/31/news147273190.shtml.

② 杨斌艳、闵大洪：《音视频内容在互联网上的传播解析——网民使用音视频内容状况调查》，全国因特网与音视频广播发展研讨会会议论文，海南，2005，第 28—43 页。

内容最大的不同就是内容制作主体和传播主体的变化。计算机给予了用户编辑视频的软件和硬件平台，网络给了用户传播的渠道，原本的观众开始变成制作人、传播者，网络视频的"交互"特质开始展现，即：用户可以通过制作网络视频与内容互动，用户可以传播网络视频，网络视频也成为用户和用户进行交流的表达方式。

在网络带宽不高、流媒体尚未普及的互联网初期，空间占用很小且容易上手制作的 Flash 在互联网早期网民中流行；2000 年后，对既有电影电视作品进行二次创作的戏仿视频，与 Flash 作品一同贡献了第一批网络视频潮流爆款。2004 年前，一批网民自制的网络视频，拉开了网络视频时代分享与交互的序幕。

一、Flash 动画：网络视频的初代流行

Flash 是互联网的一段传奇，其低进入门槛、多 web 浏览器适应、超高压缩比与空间占用小等特点，让其在网络带宽很低、流媒体尚未普及的互联网发展初期，一度成为网络视频主流格式。从 1995 年 Flash 前身 "Future-Splash Animator" 的版本更新到最新一版本的 "Adobe Animate CC 2018"，走过 25 年发展历程的 Flash 于 2020 年底前谢幕。Adobe 公司已正式宣布在 2020 年底前淘汰 Flash 播放器软件，因为耗电、运行慢以及安全隐患等原因，苹果 Safari、谷歌 chrome、微软 Edge 等国际主流浏览器均已于 2020 年初移除对 Flash 的支持，所有 Flash 文件都已无法打开。谢幕已成定局，但不可否认的是，天生视听化的 Flash 最早托起了网页 web "动"的生命和网民与影像"深度交互"的交往。而 Flash 动画在互联网草莽年代，造就了第一批全网流行的网络视频，其深度互动是网络视频史上的一次巨大的飞跃。

用户在 Flash 动画中最初面对的都是一个空白页，通过易学的"绘图和编辑图形、补间动画、遮罩"三大基本功能，任何人都可以快速成为一名动画师。此外，Flash 动画空间占用小，作为矢量动画可以无限放大不失真，在低网速时代，弥补了由 html 和 CSS 构造网站未实现的动态效果，成为网页上最容易顺畅播放的视频。Flash 兴起后，爱好制作 Flash 动画的网友被称为"闪客"。

1997 年前后，国外已经出现 Flash 动画。1999 年，Flash 网页动画设计软件的推出让 Flash 动画逐渐在国内流行起来。同年，高大勇创立了"闪客

帝国"网站并迅速成为全国"闪客"聚集地。高大勇是中国第一个互联网公司"瀛海威"的员工，1997年，他创建了自己的个人网站并接触到了Flash，在个人网站的一个子页面收集了很多优秀的Flash，该个人主页"东方回声"还入选了1997年"中国十大个人主页"。1998年，高大勇被《电脑报》评为"中国十大网民"，一同获奖的还有张朝阳和丁磊。1999年，高大勇发现喜欢Flash的网民很多，所以就把个人网页的子版块做成了Flash主题网站，命名为"闪客帝国"，希望更多的Flash爱好者在这里分享共同爱好。"闪客"这个称呼，也是在他个人网站论坛Flash版块被一个网友提出的，一直沿用至今。

在闪客帝国的网站里，网友们可以上传自己的作品或者转发国内外的优秀Flash动画。网站最受关注的栏目是一个类似Top 10的榜单，名为"爬行榜"，汇聚了由网民投票选出的全网站最优秀的作品。作品能出现在"爬行榜"里，是每位闪客追求的最高荣誉。一些网友在网站看到自己喜欢的作品后学习和模仿，进而催生了一批新的闪客。闪客帝国虽然仅是Flash动画的汇聚网站，但其已经具备了视频网站的基本特征，如门户化、用户上传内容、用户制作、用户分享等网站运行模式。

从Flash内容类型来看，最常见的是音乐MV和原创动画短片，《小小系列》《大话三国》《新长征路上的摇滚》《东北人都是活雷锋》等作品都曾在网络上闪闪发光，作者的知名度也丝毫不亚于如今的网红视频博主。

2000年，被誉为"中国Flash第一人"的朱志强创作了《小小系列》，动画中的全部人物都是火柴棍小人的形象，仅颜色不同，动画中的小人打斗动作流畅，镜头运用巧妙，再加上独特虚拟空间背景的运用，用简单的Flash演绎了堪比动作影片的精彩；蒋建秋于当年7月在闪客帝国发表的作品《新长征路上的摇滚》，首次运用了全矢量图的动画效果，该作品发布后迅速登入"爬行榜"。同年，《大话三国》漫画丛书被SHOWGOOD制作成动画，在网上广泛流传。2002年，卜桦的第一部Flash作品《猫》上传到网络，讲述了一对猫咪母子"爱与勇气"的故事，并以《末代皇帝》插曲作为配乐，各网站的播放量累计超过百万次，随后央视《人物》《南方周末》《新周刊》等媒体相继专题专版刊登卜桦访谈，一度成为当年的文化热点。2004年开始，央视推出《快乐驿站》节目，把经典相声小品用Flash动画的形式展示出来，Flash动画的火爆从计算机屏幕蔓延到电视屏幕。

2001 年，还有一首歌引发了闪客以 Flash 形式进行的众创：《东北人都是活雷锋》，这首歌也因为各种版本的 Flash 火遍大江南北。Flash 简单的构图、固定的场景、搞笑的剧情、明快的节奏，将歌词中的幽默与快乐轻松自如地传递出来。与《东北人都是活雷锋》类似，早期互联网流行的 Flash 中，很大比例的作品自由、放松、真实而且完全的肆无忌惮，嬉笑怒骂、宣泄情感，并以周星驰无厘头喜剧为精神根源。有的取材于老百姓自己的生活，例如《阿贵》系列，风趣幽默；有的颠覆经典，例如《大话三国》用荒诞、幽默的对白和夸张的人物造型制造笑料，《新长征路上的摇滚》中伴随着歌手崔健声嘶力竭的歌唱声音"一、二、三……"，画面上蹦出了用@为图案的"一筒、二筒、三筒……"的麻将牌。

据《南方日报》报道，2001 年，在中国，每天至少有 15 万人下载各种 Flash 动画，举办的大型 Flash 制作比赛有七八次之多，越来越多的网友不再仅满足于"观赏"，想要"制作"的欲望日益强烈。"在校园课堂里，Flash 制作成为学生选修课程中最抢手的一科，书店里 Flash 制作类的书籍被放在最醒目的位置，Flash 风潮犹如'东风夜放花千树'，一发不可收。"[1]

Flash 动画是网络视频史上与当下我国短视频流行最类似的初代"众创风潮"。2005 年，三名前 Google 员工 Chad Hurley、Steve Chen 以及 Jawed Karim 以 Flash 为软件基础设立了一个视频网站，网站的名字叫作 YouTube。Flash 引发的众创风潮被一个即将狂飙突进的网络视频时代接棒。

二、戏仿视频：平民化表达的初代特征

2002 年，"博客中国"出现，继 BBS 的论坛时代后，以个人为中心的表达形式和内容借助信息共享的互联网属性，在没有"发表"限制的时代，突破个人和公共的界限，开创了平民化表达的流行时代。这种流行从图文领域蔓延到音视频领域，戏仿视频的流行就是代表。

"戏仿又称谐仿，是在自己的作品中对其他作品进行借用，以达到调侃、嘲讽、游戏甚至致敬的目的。"[2] 而戏仿视频中，最初的流行爆款是署名

---

① 《Flash：灵感"闪耀"生活》，南方日报：https：//tech.sina.com.cn/it/m/2003－05－23/1136190249.shtml？from＝wap。

② 赵晓芳：《网络戏仿作品浅谈——以〈一个馒头引发的血案〉为例》，《法制与社会》2010年第 2 期。

"黑冰制作、小宝传播联合制作"在 2002 年制作的《大史记》系列视频；2005 年，风靡全网、引发全网热议的视频《一个馒头引发的血案》借鉴的就是《大史记》的表达方式。

《大史记》系列分成三部，第一部《大史记》原为北京演艺人协会 2001 年 12 月晚会的节目之一，视频作者岩溶黑、卢小宝①共同制作了一段 18 分钟长的视频，将参加晚会的导演、演员电影作品的片段重新剪辑，用来讲述国内发生的如"申奥、加入 WTO"等热点事件，通过把上述看似无关的因素串联到一起，用搞笑形式来讲述历史。其中片头的一段独白成为网上的经典："我在天空写下你的名字，被风带走了；我在沙滩写下你的名字，被浪花带走了；于是我在大街的每一个角落写下你的名字，我被警察带走了。"视频末尾，一句话出现在屏幕上："晚辈戏说电影，如有不敬之处，请睁一只眼闭一只眼。"对于制作者，视频标明是"黑冰影像、小宝传播联合制作"，用"××影像、××传播"看似精英化企业"联合制作"的高大上，调侃其二人制作的草根和平民。2002 年，岩溶黑和卢小宝制作的《大史记》被传到网上，在众多提供软件下载的网站上，始终位列最醒目的位置。短片的戏谑效果，在各种网站论坛被津津乐道，逐步在网上演变出一种大史记流行风潮。②

《大史记 2：分家在十月》和《大史记 3：粮食》的表达方式都类似于《大史记》，所以虽然不是岩溶黑和卢小宝制作，但是也因类型相似被冠以"大史记"的名称。这两段网络视频都是中央电视台为部门年会制作的时长 30 分钟的短片，《分家在十月》对《列宁在十月》与《列宁在 1918 年》两部电影重新剪辑、配音，讲述中央电视台新闻评论部架构调整的故事；长约 14 分钟的《粮食》是将 1959 年的经典电影《粮食》重新剪辑配音，把"抢粮"情节改变为"记者争夺新闻素材"的故事。上述两部视频均是央视内部的光盘备份在流传过程中，被泄露到网上后，引起的新一轮观看风潮。除了网上流传的这三部《大史记》，也有不属于岩溶黑和卢小宝制作的一些网络视频短片被冠以《大史记》系列名称。这说明当时《大史记》已经代表一种特点鲜明的网络视频类型：把各种老影片重新剪辑，讲述全新的故事。

---

① 《超前游戏》，北京晚报：http://news.ifeng.com/c/7fbKqvXvSdH。
② 陈娉舒：《"大话"风刮过"大史记"来了》，《中国青年报》2002 年 6 月 18 日第 8 版。

不同于 Flash 的动画原创，戏仿视频代表了网络视频独特的平民草根"二次创作"习惯，这种独属于网络视频的创作习惯，从 21 世纪之初，走过分享视频网站风靡的时代，一直延续到今日广大网友的短视频创作中，例如抖音用相似的音乐、笑声、相声段子等给用户一个模具，用户用自己生活中的故事和影像去填充内容，引发了一次次全民共创风潮。印在网络视频骨子里的，还是伴随互联网自由流淌在每一个用户身上的"平等和开放"，解构"经典"影视、调侃"精英"影像，成为平民化表达最初的显著特征。

第四节　结语：媒介技术的变革与递归

1996 年到 2004 年是网络视频的萌芽期，技术相较文化、经济、政策、社会起了决定性的作用，这一阶段的核心特征是媒介技术的变革与递归。网络视频萌芽是媒介技术的直接结果，在德国媒介学的奠基者弗里德里希·基特勒（Friedrich Kittler）的媒介历史叙述中，媒介技术的发展存在着一种只属于自己的自发进程和发展逻辑，每一种媒介的发展其实都是在回应其他媒介的发展，他称之为媒介技术的"递归"："在技术发展的自发进程中，当某一项媒介技术产生并进入'技术与机构的网络，使得一个特定的文化得以选择、存储和处理相关数据'的话语网络后，会使该话语网络重构，反馈到该项媒介技术并推动其继续进化。"

电影、电视技术的发展将"观看活动影像"带入千家万户的日常生活，媒介技术成为人类"观看活动影像"的物质基础，这种媒介技术对人类的"感知和器官造成压倒性的影响"，成为人在面对计算机时产生观看需求的基础。当个人电脑诞生，属于个人而不属于家庭的"屏"的出现，"观看需求"推动在计算机上看视频成为必然发生；当个人电脑可以处理数字活动图像，影像剪辑软件很快被发明；当计算机可以上网，通过网络观看视频成为媒介技术进化的一站。计算机技术、多媒体技术、流媒体技术、网络技术递进发展，围绕的都是上述媒介技术的发展逻辑。

同时，相比于模拟技术时代，数字技术的信息处理能力产生了数量级的飞跃，这种技术产生的虹吸效应，让原属于模拟技术的电视和电影行业开始了数字化转型，其转型又将海量的内容送入由计算机处理的数据流之中，为网络视频的初代发展提供了大量的内容来源。

　　在模拟技术时代，电影和电视的剪辑，都需要通过特定的大型设备完成，普通民众不具备制作的可能性。数字技术时代的网络视频发展初期，家用拍摄 DV 还没有普及，但是被数字化的电视和电影内容为网友对其进行的拼接和剪辑提供了大量内容素材，个人电脑上可以方便使用的影像剪辑软件为网友提供了制作基础，网站论坛为个人自主发布、分享提供了传播渠道。网络视频萌芽期作为媒介呈现的内容特征，是媒介的物质性导致的，因为其技术性导致人与视频的关系发生了变化，让其从被动"观众"变成主动的制作者、传播者。所以在带宽不高的网络视频萌芽期，时长短、文件较小的网民自制的戏仿视频、Flash 视频大量诞生，网络视频这种媒介也伴随着这两种内容类型的火热传播吸引了更多的制作者、分享者、观看者，进而促进网络视频作为媒介使用类型的进一步传播。所以网络视频在内容层面与电影、电视呈现出截然不同的形态，这一切的基础都是由网络视频媒介技术的特征决定的，而这种技术性在网络视频走入千家万户后，逐渐隐入"月之暗面"。

　　网络视频作为新的媒介诞生后，传播主体除了普通网民，中国主流媒体代表国家资本和意识形态管控的力量，商业门户网站代表着纯商业资本的力量，也分别开始了初期的使用探索。在互联网发展早期，相关产业发展并不完备时，面对网络视频，主流媒体有相较于商业门户网站更好的技术保障、带宽保障、资金保障和内容保障，但其国有体制和意识形态特征，以及严格的编审发布制度，让其在内容层面更加谨慎，所以早期主流媒体对网络视频的使用尝试，聚集在将已经播放的电视平台内容向网络平台的平移这种技术性层面。商业门户网站的第一诉求是盈利，盈利与否同用户的喜好直接相关，所以萌发于商业门户网站的网络视频诞生在网络、网民和网络文化的土壤中。两者的区别为网络视频未来在两个机构的不同传播风貌奠定了基调。但不管是对于主流媒体还是商业门户网站来说，受限于带宽问题，政治和经济力量在网络视频萌芽期仍处于配角位置。

　　未来从这里开始，萌芽期后的一年，2005 年，网络视频将伴随一部名为《一个馒头引发的血案》的戏仿视频作品走入千万网民的日常生活，作为媒介首次全国范围内"出圈"的最大推动力仍是媒介技术特征带来的发展逻辑。技术性将作为网络视频媒介走入寻常百姓家后看不到的"前景"，持续发挥作用，一直到网络视频演变成当下时代的主流媒介。

第二章 重塑与重构：中国网络视频的
探索期（2005—2008）

2005 年 4 月，中国第一个视频分享网站"土豆网"正式上线；2005 年 6 月，集 P2P 直播点播功能于一身的互联网电视平台"PPS"正式推出；2005 年 9 月，互联网影视点播网站"风行网"创立；2006 年，"搜狐播客"作为门户网站中第一个自建视频分享平台上线；2007 年 6 月，国内首家弹幕视频网站"ACFUN"（简称 A 站）成立；2008 年，基于 YY 语音的 YY 直播正式成为 UGC（User Generated Content，即用户生产内容）视频直播内容平台，成为国内网络视频直播行业第一批拓荒者。2005 年到 2008 年，以提供网络视频服务为核心业务的网络视频运营商的集中出现、迅速发展，开启了不同发展道路的模式探索，传统视频的生产关系被重塑与重构，一个新兴的网络视频产业逐步形成。

这一阶段也形成了我国的第一次"网络视频热"。这股热潮是宽带互联网在中国日益普及的一个印证，也是"视频"在网络世界日益发挥强大传播力的一种彰显。虽然此时网络视频内容层面同质化严重，多数视频网站发展道路还不清晰，但众多运营主体积极入局展开的首轮角逐和风险投资的大力支持，已经表明网络视频发展的广阔前景，国家监管部门也开始关注到这个新生媒介，相关政策逐步出台，行业的发展开始在政策、法规的框架下运行。

第一节 视频分享网站：网络视频的社区模式探索

2005 年 2 月，三名前贝宝公司（PayPal）员工查德·赫利（Chad Hurley）、陈士骏（Steve Chen）和乔德·卡里姆（Jawed Karim）注册成立了定位视频分享服务的 YouTube 公司，提出了"Broadcast Yourself"（播出你自己）

的口号，YouTube 的成立被认为是视频分享网站的发端。2005 年 4 月 25 日，YouTube 创始人之一的卡里姆在网站上传了第一条视频：19 秒长的《我在动物园》（*Me at the Zoo*）。虽然这段视频无任何特别之处，但鉴于特殊的意义，其总浏览量已有 4800 万。截至 2006 年 8 月，YouTube 已成为全球排名前 20 的网站，并于 2006 年 10 月被谷歌以 16.5 亿美元天价收购。

2005 年 4 月，土豆网上线拉开了中国视频分享网站发展大幕；同月，"56 网"在广州上线运营；2006 年，六间房、酷 6 网、优酷网相继上线；2007 年 6 月，国内首家弹幕视频网站"ACFUN"成立。2007 年，国内已有超过 200 家视频分享网站。资本市场也普遍看好视频分享网站的商业模式，据《China Venture（投资中国）》数据统计显示，视频网站在 2005 至 2006 年获得的风险投资总额达到 9550 万美元，其中视频分享类融资金额占比最高，占比接近六成。[①] 以"分享"为主打，支持用户上传、搜索、播放视频，同时鼓励用户自制原创视频并分享到网站，伴随着中国互联网宽带用户数量的持续增长和"Web 2.0"概念在互联网行业的广泛运用，成为中国网络视频"社区模式"探索方向的代表。

Web 2.0 概念最早始于 2004 年，相对 2003 年以前的 Web 1.0 互联网传播概念来说，Web 2.0 以"去中心化、开放、互动、共享、信息聚合、以兴趣聚合社群"为显著特征，Blog、TAG、SNS、RSS、WIKI 等作为应用代表，强调用户参与提供内容的传播理念。视频分享网站就是 Web 2.0 在网络视频领域的具体应用，而其呈现的具体模式之一就是社区模式，强调"社会草根"传播方式和"自媒体"形态。

社区模式从运营理念上看，是指视频网站以搜索带动原创视频的播放和网站的社区化为原则，用户登录视频分享网站后，就像进入一个大的社区，可以搜索想看的各类主题的视频，以这种"搜索"为驱动，网站带来更多注册用户数量的上升，以此为基量，鼓励用户产出更多的原创内容。视频分享网站的系统从技术架构上来看，主要由视频点播和上传两部分构成，注册用户可以实现点播、上传、删除、共享，基于这种社区模式的特性，用户已不再是传统意义上被动的受众，变成了"用户"（user），面对媒介拥有了选择

---

① 刘莹：《2004—2006 中国网络视频行业风险投资报告》，《China Venture（投资中国）》2007 年第 1 期。

权、使用权、表达权、制作权。

视频分享网站拥有三个核心传播价值：一是传播内容的个性化与草根化。从本质形态看，视频分享网站是一种自媒体传播平台，每个人都可以根据自己的喜好进行创作和传播。二是传播空间的开放性与共享性。视频分享网站上，个性化表达的私领域也变成了具有公领域属性的媒介空间，个人进入公领域传播的门槛极大降低，每一种属于个人的表达经由转发，也变成媒介公领域的一部分；视频分享网站用户通过 RSS 技术已可以定制感兴趣的视频内容，"观看"也变成自主选择的开放行为。三是传播方式的多重交互。用户成为视频分享模式的核心后，用户与用户、用户与群体、群体与群体会因为某类内容或某个主题的共同喜好而建立起多重交互的沟通关系。

一、繁荣的草莽岁月

2005 年至 2006 年是我国视频分享网站发展的爆发期，其引领了网络传播新潮流，开始成为网民网络使用的重要组成部分，影响着人们的生活方式和媒体接触方式。土豆网、56 网、六间房、酷 6 网、优酷网和 ACFUN 都是这一时期发展的视频分享网站翘楚代表。

土豆网创始人王微在供职贝塔斯曼时，曾受美国人亚当·库里 2004 年开发出的音频流媒体软件 iPodder 的启发，也计划开发一款中文版的 iPodder，但由于 iPodder 的音频都是从服务器直接下载的，国内网民多数不可能自己建站供他人下载，于是王微开发了为用户直接提供流媒体播放服务的网站"土豆网"。土豆网宣传口号为："每个人都是生活的导演"，定位是为用户提供一个容易发布或收集个人音频和影像作品的平台。截至 2005 年 8 月，土豆网已经有 35 万注册用户，网络视频短片 25 万个，其中有 60% 是用户原创作品，日播放量近 300 万。[①]

56 网也是网络视频行业初创期国内最大的视频分享网站之一，理念是"分享视频、分享快乐"，网络视频短片是其主营业务，成立后经过一年多的发展，其 Alexa 排名[②]就成为全球排名第三的视频分享网站（第一为 You-

---

① 艾瑞咨询：《国内五大视频分享网站的看点》，《中国电子商务》2007 年第 2 期。
② Alexa 排名是衡量一个网站活跃用户访问的数量和平均访问页面数量的重要指标，被看作是判断互联网企业价值的关键参数之一。

Tube，第二为 Metacafe.com），日均来自用户上传的视频数量超过 1 万个。截至 2006 年 8 月底，56 网已拥有超 210 万个网络视频，用户原创作品占比 80%，注册用户突破 900 万。①

2006 年 5 月，与 56 网、土豆网定位相同的六间房（www.6.cn）上线，其上线半年时间，Alexa 排名就由 34 万名提升至 700 余名。六间房上线后，就签约了制作《一个馒头引发的血案》的网络红人胡戈，其在六间房首发的网络电影《鸟笼山剿匪记》，一周内的播放量就达到 200 多万次。

2006 年 7 月，酷 6 网（www.ku6.com）上线。上线 2 个月后就成立了当时最大的网络视频原创联盟，并提出"有钱一起赚、创意大家做"的运营理念，获得了次年中国视频互联网营销价值创新奖。酷 6 网也是第一家获得广电总局颁发视频牌照的视频分享网站。

2006 年 12 月，优酷网（www.youku.com）上线。优酷网在上线公测之初就提出了"快者为王"的产品理念，专注流畅度和视频转码技术的研究，着力提升用户观看的流畅度体验，保证播放和上传流畅率优化。观看体验"快"战略，让在带宽相对不高的时期的优酷迅速收割流量，并在 2007 年迅速崛起。2007 年 4 月，优酷用户在短短一两天内就突如其来的沈阳大雪上传了逾百个现场视频，并被央视新闻频道《社会记录》栏目大量采用；2007 年 8 月，优酷启动"中国一日 24 小时拍客主题接力"活动，这是中国网络视频领域第一次以"拍客"为主角的大型作品征集活动。

2007 年 6 月，我国首家弹幕视频网站"ACFUN"（简称 A 站）成立。弹幕形式发端于日本，日语发音"Danmaku"，中文音译为"弹幕"，具体是指在视频观看时有大量用户的评论从视窗上端从右到左飘过，效果就像飞行射击游戏里的子弹流。弹幕视频网站就是以"看视频＋发弹幕＋看弹幕"为核心特色。由于弹幕形式与日本二次元文化的渊源，A 站也逐渐成为二次元原创内容的聚集社区。与 A 站类似定位的 B 站（Bilibili）于次年 6 月成立。

伴随视频分享网站一起发展起来的，还有"播客"与"拍客"群体，与视频网站以"内容主体和运营平台"的关系共促发展。视频分享网站上用户参与制作和传播的模式给用户带来的话语权，使许多人表达自己的愿望成为可能，

---

① 《2006（首届）Web2.0 十大创新品牌揭晓》，财经时报：https://www.cnbeta.com/articles/15387.htm。

而播客、拍客生产或传播的内容为普通用户在传统大众媒介平台的观看外，提供了崭新的多元内容类型。以"胡戈、阿香、后舍男孩、dodolook"等初代网红为代表的网民原创视频大量涌现，成为当时互联网行业最时兴的潮流。

二、乱象后的新秩序

经过最初的爆发期，类似"馒头"的恶搞视频和类似后舍男孩的对口型视频数量激增，内容重复度高，还充斥着类似"张钰事件录像带、虐猫视频"等暴力、情色类低俗内容，原创精品内容相对匮乏。视频分享网站的用户还存在大量"打擦边球"、传播无版权影视内容的行为。究其原因，一是"网友创意"与"视频呈现"中仍需要一定的视听语言表达技巧，网友不缺乏创意，但很多网友无法做出有创意的视频；二是不同于 YouTube，中国没有美国"家庭 video"的传统，内容也无法有美国 UGC 的上传基量；三是不靠内容生产为谋生手段的 UGC 使内容生产周期无法保证；四是网络视频平台缺少行业统一的内容审查标准和监管机制。视频分享网站的内容瓶颈初现。

在盈利模式上，视频分享网站主要采用"与视频作者分享广告收入""在视频中添加广告"及"让用户参与到品牌的广告制作中"等模式，[①] 例如土豆网在 2006 年 3 月发布的"Toodou Ad"业务中，土豆网用户申请业务后即可在原创视频中插播广告，最终收入由土豆网和用户合作分成。酷 6 网从成立第一天起就组建了销售团队，其后提出两个重要的广告营销模式：一是"有钱一起赚"，与网友分享广告收入，由此吸引用户上传内容；另外一个是"创意大家做"，让用户参与到品牌广告制作中，2006 年 9 月 10 日，酷 6 网在其正式上线首日就推出了与伊利合作的视频大赛。[②] 无论何种方式，视频分享网站的盈利都是基于原创内容，原创内容危机必然也引发盈利困难。此外，视频网站的运营成本高昂，特别是占主要成本的需要向电信运营商支付的宽带费用和硬件成本，正常规模的视频分享网站都需要 5G 至 10G 的带宽，每个月仅宽带费用就需上百万元，业内人士曾在 2007 年公开撰文指出，如果视频分享网站要达到类似 YouTube 的流量，仅每年要向电信运营商支付的宽带费用就达到 2.4 亿元。[③] 在硬件成本上，每天 10000 个视频的上传

---

① 郭小霞、徐瑞朝：《视频分享网站的盈利模式》，《电子商务》2007 年第 5 期。
② 张瑜：《酷 6：超越之道》，《互联网周刊》2007 年第 13 期。
③ 朱博宇：《中国的土壤不允许 YouTube 模式的存在》，《广告人》2007 年第 5 期；陶俊杰：《创业者的视频江湖》，《互联网周刊》2006 年第 32 期。

量，视频分享网站就会消耗大约 4000G 的磁盘空间，投入远远大于传统图文网站。风险投资成为支撑视频网站发展的首要支持，土豆网在 2007 年 5 月开始的第三轮融资额达到 2000 万美元。2007 年起，视频网站集体狂飙突进的景象开始分化，没有强大资金支持的多数视频分享网站败象初现。除了土豆、优酷等知名头部视频网站外，绝大多数中尾部网站没有拿到第二轮融资，都视网、新传国际、磊客中国、UUMe、MySee 等网站纷纷裁员，截至 2007 年底已有 90％的视频分享网站消失，收入永远抵不上支出成为其纷纷溃败的直接原因。[①]

经过第一轮的试探性投资后，培养市场和用户使用习惯基本完成。中国互联网协会在 2007 年 7 月发布的行业报告显示，中国视频分享网站的受众已达到 7600 万人，这个数字还在以惊人的速度增长着。[②] 网络视频行业运营主体已从分散走向集中，用户、流量等指标增长迅速，网络视频开始成为互联网主流应用之一。此时，中国可创作视频的硬件设施普及率也增高了，iResearch 2007 年 12 月发布的 iClick 社区用户调研结果显示，摄像功能手机普及率 76.7％，电脑摄像头普及率 75.8％，摄像功能数码相机普及率 57.7％，数码摄像机普及率 35.3％，什么都没有的仅为 3.7％。[③] 视频分享网站的用户原创内容伴随制作工具的性能提升表现出较大潜力。

草莽岁月后，新秩序开始建立，风投开始把资本聚集到市场领先者和盈利模式创新者身上，截至 2008 年 7 月，仅土豆、优酷和酷 6 三家视频分享网站的融资额就超过 1.2 亿美元。行业进入门槛形成，竞争者数量减少，寡头市场竞争格局出现，土豆、优酷、酷 6、六间房、56 网组成头部平台阵营。视频分享网站普遍开始由纯"视频分享"模式向"视频分享＋在线影视平台"的混合模式探索：一方面继续加强原创精品内容的培育和产出；另一方面开始广泛与传统媒体合作，借力正版影视内容弥补其内容短板和版权风险。

原创精品扶持维度，各大头部视频分享网站普遍采取"造节、评选"等手段。优酷延续"拍客无处不在"与"谁都能做拍客"的运营理念，通过拍客·2008 民间奥运视角征集、原创名人堂、原创视频决选、原创视频广告大赛等活动，一方面在热点事件中通过 UGC 征集放大民间视角，凝聚拍客力

---

① 张卫华：《播客苦熬严冬》，《经济》2007 年第 6 期。
② 王长潇：《Web 2.0 时代视频分享网站的兴起与传统电视的选择》，《新闻界》2007 年第 6 期。
③ 傅蕾：《我国视频分享网站现状与前景分析》，硕士学位论文，中国传媒大学，2008。

量；另一方面通过原创推介和嘉奖，鼓励优质短片输出。土豆网于 2008 年推
出"土豆电影节"，为中国草根创作力量搭建舞台，鼓励原创；与东南卫视联
合推出"播客风暴"节目，节目内容由土豆网播客制作，经由电视平台展现
网民创意 DNA，提升草根原创的影响力；推出"豆角儿"优质播客品牌计划，
对原创精品给予更好的展示平台和报酬支持，吸引网友创作更多好作品。酷 6 网
于 2008 年推出"原创视频伙伴计划"，陆续签约了千个原创机构和网络红人。

在媒体版权合作方面，六间房开始寻求与凤凰卫视合作，于 2007 年 9
月将凤凰卫视的资讯、实事、评论、娱乐等众多品牌节目引入，合作达成
后，六间房拥有数千小时的海量优质视频资源，既可以规避版权问题引发的
困扰，还可以借助凤凰卫视提升自己的品牌价值。优酷网在 2007 年就启动
了媒体合作，2008 年 6 月正式启动"合计划"，联合北京电视台、中国电影
集团公司、东方卫视、环球音乐、华谊兄弟、EMI 百代等打造媒体内容合
作联盟；11 月 11 日推出"合计划 2.0"，共签下超千家合作伙伴，收获占市
场流动版权总份额 7 成至 8 成的总计 5 万小时的电视剧版权。2008 年，土
豆网斥资千万从全国知名电影公司和电视台等机构购买正版音视频内容，并
于 9 月正式推出高清版权内容平台"黑豆"，上线时推出的电视剧、电影和
综艺三个频道共包含近万个节目，用户无须下载任何客户端即可免费观看。
2008 年 9 月，酷 6 网与近百家电视台达成合作协议，为用户提供视频新闻；
次年，酷 6 网又推出了"1＋3 共赢计划"，并与全国 4 卫视同步播出了当时
的爆款电视剧《潜伏》。[①] 2008 年 12 月，56 网上线"高清剧场"频道，也
开始为用户提供电影、电视剧、动漫、综艺等正版节目内容。

第二节　网络电视：网络视频的媒体模式探索

在漫长的技术发展史中，获取对事物的选择权和控制权一直是人类孜孜
不倦的追求，也是新技术研发的不竭动力，在视频技术领域也是如此。20
世纪 70 年代，面对电视屏幕上随时间流逝的顺序播放，让用户不受观看时
间限制的"视频点播"VOD（Video on Demand）技术就开始引起了人们的

---

① 《酷 6 网与 4 卫视同期播放〈潜伏〉　加强版权合作》，国家版权局：http://www.ncac.
gov.cn/chinacopyright/contents/518/134030.html。

关注。1986 年，美国南贝尔（BellSouth）公司就开始了有关 VOD 的实验。

伴随 20 世纪 90 年代数字压缩技术和宽带技术的不断发展，通过打破顺序流的"网络"来安放可供观众点播的海量电视内容成为重点的技术攻关对象，"网络电视"的概念开始出现并普及。1993 年，大西洋贝尔（Bell Atlantic）公司开展了通过电话线将 MPEG－1 压缩标准的电视视频数据节目传输到 2000 个用户的机顶盒中、机顶盒再解码传给用户的实验。1995 年，广州市开始有线电视网络 VOD 系统运行试验。[①] 1996 年，我国引进了第一台网络电视设备，海南三亚信息工业公司开始与美国微软公司合作开展交互式电视（MITV）试验。

经过几年探索，新世纪后的 2004 年，原黑龙江网通和上海文广百视通在哈尔滨合作推出的 IPTV 业务试点拉开了在电视端通过互联网点播视频的序幕。2005 年起陆续成立的 PPLive、PPS、风行、UUSee 网络电视等平台在电脑端开始了电视或电影内容直播或点播的尝试。两者在不同的终端，共同发展成长，进行着网络视频的媒体化探索。

媒体化不同于社区化，用户不是视频内容的生产者和传播者，媒体化的网络视频平台在最初发展阶段都是以传统媒体视频资源平移到网络平台起家，用户以电视剧、电影、电视综艺等专业内容的观看为主要诉求，用户与用户之间关系相对松散。

一、P2P 流媒体的风靡

2004 年底，华中科技大学休学创业的姚欣和他的团队成员在学校寝室开发出了 PPLive 1.0 版本。他最早创业的原因是喜欢看球但宿舍没有电视，所以想开发一款可以通过电脑看电视的软件。凭此版本拿到软银的风险投资后，姚欣团队开始在视频直播领域投石问路。创业之初，凭借技术起家的优势，公司业务以技术提供为主，其中包括给上海文广、湖南卫视、凤凰卫视等十多家电视台提供视频上网技术支持。2006 年，公司开始转型，开展直接面向用户的网络视频业务，视频内容还是来源于与其之前有技术合作的电视台，视频发行方将节目授权给 PPLive 后，采取"保底＋分成"的模式共享广告收益。[②]

---

① 《焦点聚广东》，《每周电脑报》1997 年第 36 期。
② 《PPLive 成长史》，《传媒》2009 年第 5 期。

2006 年 10 月 1 日，PPLive 在线直播院线电影《夜宴》；2007 年 4 月，PPLive
与湖南卫视合作，开展了网络实时直播"快乐男生"选秀节目。截至 2008 年
6 月，PPLive 覆盖的全球电脑安装总量已超过 1 亿，已与海内外 100 多家大型
媒体合作伙伴签约。[①] PPLive 在视频内容类型上，主攻体育赛事，2007 年，
已进行了 NBA、英甲、德甲和众多足球赛事的网络播放。2008 年 2 月，与央
视合作开展的春节联欢晚会直播，高峰时有 265 万人同时观看。

2005 年 6 月，网络电视软件 PPS 的创始人张洪禹与雷量在上海一间不
足 10 平方米的单身公寓，将经过一个月研发的只有一个音乐频道的 PPS 第
一版本上传到天空软件站；推出后 3 个月，同时在线人数达到 2 万；10 月，
PPS 成为唯一完成"神六"发射现场直播的视频网站；截至当年年底，网
站同时在线人数已突破 38 万。2006 年 1 月，上海文广的东方宽频网获得了
中国境内唯一网络视频播放 2006 年足球世界杯的授权，为保证网络直播顺
利进行，东方宽频与 PPS 开展技术合作，通过安装 PPS 软件，借助 PPS 的
P2P 传输技术，解决当时带宽条件下用户最关注的画面播放流畅问题，正是
这次合作让 PPS 的用户量迅速从十万级上升到百万级。2008 年 8 月，PPS
直播 2008 年北京奥运会和残奥会，奥运会开幕式当晚用户达 1800 万人次，
高峰时 428 万人次同时在线。PPS 还成为当时很多中国留学生的电脑必备软
件，收看国内电视节目，了解国内情况，慰藉思乡之情。

2006 年 7 月，全球首款网络下载与播放同步的在线影视点播软件"风
行"诞生；2007 年 9 月，风行正式推出 FSP（风行点播私有协议）点播，
缓冲时间被大大减少，可以实现大规模、高质量的 P2P 点播服务。2008 年
上半年，风行已经拥有 5000 万在线用户，10 多万小时的正版电视剧、电
影。2008 年 8 月，搜狐与风行达成合作协议，联手发布搜狐奥运专版风行
网络视频点播服务。

以 PPS、PPLive、风行为代表的 P2P 流媒体平台，与视频分享网站同时
期起航，却走上了截然不同的道路。与鼓励用户原创与分享的社区模式不同，
P2P 网络视频播放平台采用 P2P 技术，将属于不同传统媒体机构的电视内容
和电影内容从传统媒体端汇集到电脑端。P2P 是英文 Peer to Peer 的缩写，使

---

① 姚欣：《PPLive 发展代表中国视频互联网发展趋势》，新浪财经：http://finance.sina.com.cn/
hy/20080626/14235026673.shtml。

用 P2P 网络视频播放平台的用户在视频观看过程中既是下载者又是上传者，观看的人数越多，播放就越流畅，视频数据无须经过服务器中转，便可以直接传输。在当时的带宽情况下，视频卡顿是用户需要经常面对的问题，网民选择平台观看网络视频的朴素逻辑，一方面是基于内容需求，另一方面是基于流畅观看的需求。相较带宽资源占用惊人的传统"客户端/服务器"架构，P2P 技术让用户观看过程的带宽占用减少了 90％以上。P2P 技术解决了当时用户最为关注的网速快慢和画面流畅的问题，当时带宽情况下的播放体验瓶颈问题被突破，电视、电影等"长视频"内容得以顺利在当时的带宽条件下通过网络在电脑端播放，以十万百万为基础的用户可以同时在线流畅观看视频节目。按照 iResearch 公开发布的统计结果，2006 年国内已有 200 家 P2P 流媒体公司，中国网民中月均有 30％观看 P2P 流媒体节目。P2P 流媒体也成为同时期风险投资的"宠儿"，PPLive、PPS、Mysee、Coolstream、POCO 等均从 IDG 等大型风险基金或合伙人那里获得 50 万至 1000 万美元的投资。

P2P 网络视频播放平台发展主要经过了 P2P 直播和 P2P 点播两个阶段。P2P 直播从 2005 年起开始发展，主要为电视媒体与网络宽频影院服务，用户可以收看但不能下载或拷贝。P2P 点播从 2007 年才开始大规模应用。艾瑞咨询调查显示，中国网民使用 P2P 流媒体类软件的时间在 2007 年 3 月为 14365.5 万小时，比 2006 年 12 月上升了 2％，比 2006 年 10 月上升了 36％。[①] 2008 年经过金融危机的资本洗礼，缺乏竞争力的企业被逐步淘汰，经过 4 年发展已经培育完成的用户和市场被少数的头部企业瓜分，风险投资也逐渐集中。2008 年，PPS 完成总额近 2000 万美元的第三轮融资，PPLive 在次年获得 1500 万美元融资，继续领跑 P2P 流媒体行业。

从运营维度上看，视频分享平台的运营成本中占主要成本的是宽带流量成本和硬件成本，而对于走媒体路线的 P2P 流媒体来说，虽然部分内容可以通过技术支持与传统媒体进行资源互换，但仍需要支出大量成本用于购买传统媒体平台的版权内容。PPS 总裁徐伟峰曾在媒体采访中公开表示，PPS 成本构成中带宽仅占 12％左右，而未采用 P2P 技术的优酷、土豆带宽成本占近 50％。[②]

---

① 《2007 年中国 P2P 流媒体研究报告》，艾瑞：http：//report. iresearch. cn/report/200706/1028. shtml。

② 《PPS 二季度收入 1.8 亿 称已经盈利》，新浪科技：http：//www. techweb. com. cn/internet/2012－08－29/1231338. shtml。

但相对于视频分享网站，传统媒体内容较为成熟的商业模式在网络端的复制会相对顺利，易为广告主接受。PPS 在 2009 年就率先宣布盈利，是视频行业第一家，也是唯一一家盈利的企业。2009 年 12 月，时任 PPlive 首席执行官陶闯在接受网易科技采访时称，PPlive 如果不扩大规模，在当年就能够做到盈亏平衡。

此外，最初凭借 P2P 技术站稳脚跟的 P2P 流媒体平台，在发展过程中，也普遍重视众多富媒体应用和互动服务，业务从单纯的 P2P 直播点播扩展到提供以视频为主的复合型互动社交服务。风行网的用户除了视频网站都具备的评论功能和原创内容的发布和分享外，2006 年时就实现了用户创建圈子、自定义影视列表并关联博客等进行更大范围的交互，还可以根据用户喜好的视频类型、关键字、热度等在内容分类框架下进行推荐。PPS 和 PPLive 都开通了游戏联营，为游戏厂商提供产品推广入口，PPS 开发的游戏付费业务，一度占据平台总营收的 1/3。这一切都表明 P2P 流媒体网络电视平台除了最大限度整合发挥自身资源优势，为用户提供最优质的影视内容外，都在极力挖掘互联网的互动精神，打造社区，开展多样化应用服务，满足用户多元需求。

PPS 的口号是"陪你看世界"，这句口号就彰显出 P2P 流媒体网络电视平台与视频分享网站的不同经营理念和道路。与门户网站最早对传统媒体图文新闻资讯整合传播类似，定位综合性网络电视服务商、凸显其媒体属性的 P2P 流媒体网络电视平台完成了对传统媒体视频内容的门户化整合，在当时的带宽条件下用"去中心化"的技术驱动解决了当时网络用户观看传统媒体优质视频内容的刚需，一度成为业界比视频分享网站风头更盛的主角，甚至有人预言 P2P 流媒体才是网络视频未来的主流趋势。2008 年，有视频行业人士分析称，面对金融危机和互联网企业集体过冬的现状，采用 P2P 方式重构运营模式是视频分享网站的当务之急。面对这种言论，优酷网 CEO 古永锵在当年 11 月发表了博客文章《优酷，坚持点播》，他认为，一味说 P2P 是视频的趋势是丢了西瓜、捡了芝麻，从媒体价值、营销价值、用户观看习惯等综合来看，P2P 只适用于热点视频内容，只是一种软件技术，不是主流，优酷将坚持点播。①

---

① 《优酷网 CEO 古永锵：别再拿 P2P 技术说事了》，TechWeb：http：//people.techweb.com.cn/2008－11－24/377508.shtml。

在看不清前路的时光里，每一种摸索对于行业的整体发展和媒介的传播都意义重大。接下来的时间里，不管网站运营架构基于何种技术，国家网络电视台的上线搅动了网络视频市场新变局，视频分享网站逐渐拥抱"媒体化"的网络视频经营思路。

二、IPTV 的艰难初探索

互联网对电视大屏的征战在我国最早可以溯源到 2004 年，以 IPTV 在我国进行业务视点为标志。我国在 2001 年公布的"十五规划"中明确提出"促进电信、电视、计算机三网融合"。IPTV（交互式网络电视）作为三网融合的典型应用，从技术原理上来看，是用宽带作为介质传送电视信息的一种系统；从形式上来看，IPTV 需要通过添置机顶盒连接网络访问内容平台，再由互联网电视牌照商为用户提供点播和直播的服务。最初发展阶段的 IPTV 机顶盒无法访问公共互联网，自由度、开放度不如现在的网络电视，但相比有线电视，能够提供点播、回看等服务已有很大优势。IPTV 的诞生是由中国电信和网通的实验孕育的，担负着宽带"输血"功能的电信业开始进行将其业务向广电业务延伸的尝试。

但是以电信为主导的 IPTV 实验成功的时候，我国广电还在大力发展数字电视，所以数字电视业务与 IPTV 存在业务竞争关系。同时，在我国，电视内容涉及意识形态和本土文化，国家已经明确信息网络传播视听业务内容监管是广电总局的职责范畴，但是除了内容监管，IPTV 的运营权是由广电负责还是由电信负责，国家当时还没有相应的管理条例出台。所以 IPTV 的发展，涉及广电和电信的业务竞争，也涉及广电总局和工信部的管理权责划分，在专业电视内容还是稀有内容和核心资源的年代，广电内容又是 IPTV 发展的关键。IPTV 成为国家三网融合政策推进初期，各主管部门角力管理权责的矛盾集中领域之一。时任广电总局发展改革研究中心视听新媒体研究所所长董年初接受《21 世纪经济报道》采访时的一句话可以部分窥探出广电总局对 IPTV 发展的态度："广电不应只充当 IPTV 内容提供商角色。"[①]

---

① 《广电总局：地方广电叫停 IPTV 可以理解》，21 世纪经济报道：https://m.zol.com.cn/article/250200.html。

广电总局在 2004 年 6 月发布的《互联网等信息网络传播视听节目管理办法》规定，从事信息网络传播视听节目业务，应取得相应资质。广电总局批准的"IPTV 运营牌照"成为广电强势入局、尝试掌握 IPTV 运营主动权的抓手。

2005 年 3 月，上海广播电视台获得全国第一张 IPTV 运营牌照，上海广电成立了专门运营 IPTV 业务的百视通公司，并与黑龙江网通在哈尔滨合作推出 IPTV 业务试点，拉开了在电视端通过互联网点播视频的序幕。2005 年 5 月，哈尔滨 IPTV 业务正式开放商用，入网用户数在半月内就达到高峰。同年，IPTV 也在上海正式商用。此后，运营牌照的陆续发放成为 IPTV 商用的催化剂，电信、网通分别与多家运营牌照商合作确立了十几个城市作为 IPTV 试点并进行测试。截至 2005 年底，国内 IPTV 用户数量为 26.7 万户，IPTV 一时被誉为"撬动三网融合的杠杆"。

解决了"抓手"问题后，数字电视和 IPTV 业务如何平衡发展的问题依然存在，获得 IPTV 运营牌照的是极少数大型广电集团，其发展必然与各省市广电发展的数字电视发生业务冲突和市场竞争，没有拿到牌照的大多数省市级广电开始对 IPTV 的普遍抵制。经过 2005 年的发展小高潮，IPTV 又迅速转入冰点。2005 年底，福建泉州广电叫停上海文广和中国电信正在泉州推广的 IPTV 业务，首次发生正面冲突。2006 年 1 月，浙江广电也叫停省内 IPTV 业务。

2006 年 3 月，我国发布的"十一五规划"中在技术和基础设施资源整合维度对"三网融合"做了明确的要求，但是就电信和广播电视市场如何开放、如何开展业务交叉竞争依旧没有相关表述。

2006 年 6 月，中央电视台获得 IPTV 运营牌照后先后在吉林、云南开展商用试点，同年 12 月，长春广电对其 IPTV 业务开展了强硬抵制。同年，河南、重庆、广东电信与有牌照的大型广电集团合作陆续推出 IPTV 业务，但截至 2006 年底，国内 IPTV 用户数量仅为 45.6 万户。2006 年之后的两年，广电总局又叫停了数次电信和网通的 IPTV 业务。

IPTV 在发展之初，在"三网融合"政策还未明晰的情况下，不仅有广电和电信的竞争，还有广电系统内的博弈。截至 2008 年底，受制于政策、牌照等因素和电信与广电的利益冲突，IPTV 发展步履维艰。

但是 IPTV 的艰难探索，客观上为电脑端 P2P 流媒体网络视频平台减少了一个竞争对手。6 年的时间里，网络视频行业已然矗立起许多巨头，IPTV 最初 6 年的缓慢发展，也将成为未来 5 年传统广电艰难转型的一个缩影。

第三节　PC 端秀场：网络视频直播的发端

"直播"是一种具有独特传播优势的媒介技术，无论是视频直播、音频直播还是图文直播，其独特的现场感、真实感、实时性、不可预知性、偶然性等特点都为观众、听众或用户提供着独特的媒介体验。2003 年以前，在还处在全面发展阶段的电视行业，直播技术一直受到业界的热捧，但电视直播由于其媒介特性，仍旧是单向传播。结合了"直播"和"互联网"双重特质的网络视频直播具有不同于电视的互动、共享、自由等特点，2004 年出现的 P2P 流媒体网络视频软件将电视直播平移到网络端，除了播出端的不同和留言等初级互动方式外，从内容生产和运营上，并没有与电视直播明显的不同。2005 年起，由在线视频社交演变而成的网络视频直播逐渐兴起，成为一种崭新的直播形态。

2005 年，韩国多人视频聊天软件热兴起，计划二次创业的傅政军希望把这一模式引入中国。2005 年 7 月，新闻集团（News Corporation）高价收购当时最火的社交网站 MySpace。这让傅政军受到启发，于是把视频和社交结合起来，2006 年 10 月，9158 互动家园（9158.com）测试版面世；2007 年初，正式版上线。[①] 傅政军一开始是想把线下 KTV 搬到互联网上，做线上的"钱柜"，同时与唱片公司合作，在 9158 上唱歌最好的十个歌手，可以成为唱片公司的艺人。但其后来采用的模式成为网络秀场直播的雏形：定位 UGC（User Generated Content，由用户自己来生成内容）直播模式；用户可以通过开通视频直播间，展示才艺或技能等获取粉丝关注；平台方通过售卖网站会员、虚拟道具和虚拟货币进行盈利，主播则依靠才艺表演及与观众的互动来获取用户的打赏，用户则是付费方和内容接收方。

9158 正式版上市同年，毕业于耶鲁大学的华裔美国人 Kan 创立了 Justin TV，他用随身携带的摄像头，直播他工作、吃饭、睡觉、约会甚至去洗

---

① 《"网上直播间"：2.6 万个房间里的底层狂欢》，南方周末：http://www.guancha.cn/society/2014＿07＿19＿248276.shtml.

手间的过程，简陋的素人直播方式吸引了无数好奇者，在美国引发了巨大的网络热潮。

2008年，游戏沟通即时通信软件"YY语聊"正式推出，游戏玩家自发地在这个语音通信工具上进行歌唱等内容的表演，使其呈现出UGC视频直播内容平台的初步风貌。次年，YY语聊将"天黑请闭眼、抢板凳"等小游戏和唱歌或聊天等功能结合，形成了以游戏、唱歌为主的YY直播，用户群不断扩大。此后，YY直播推出了电子签约系统，对当时已经有10万人的YY直播用户进行管理运营。2008年底，六房间在视频分享网站的竞争中走到了悬崖边上，重心开始往在线秀场直播转型，仅用一年时间六房间就实现了盈亏持平，还成立了演艺公司，签约了2000名艺人。2012年，天鸽互动（9158母公司）和欢聚时代（YY直播母公司）成功上市，秀场模式的盈利能力和市场前景受到资本市场的认可。

从内容运营来看，网络视频直播发展早期均以秀场直播内容为主，同质性较强，游走法律边缘的轻色情文化普遍存在。但是网络视频直播从诞生之日起，就拥有强大的生命力和广阔的市场，以9158、YY直播、六间房为代表的秀场直播，都在短时间内凭质量不高的秀场内容呈现了巨大的盈利能力，其本质原因是网络视频直播的社交特性。

保罗·莱文森在他的媒介进化理论中曾旗帜鲜明地指出，媒介的进化轨迹总是天然趋向于满足人类的欲望。"我们借助发明媒介来拓展传播，使之超越耳闻目睹的生物极限，以此满足我们幻想中的渴求。"① 网络视频直播平台的直播间内，主播们的言行举止都将被摄像头和麦克风全部记录，并且真实地反映出来。直播间内的所有细节都被用户尽收眼底，包括直播间的陈设布置、主播的样貌素质等。而用户依然具有匿名性，可以隐藏自己的样貌、年龄、职业等个人信息。这种直播间中的社交，满足了用户在真实世界无法进行的社交渴求，即匿名自己、对方真实的社交情境。网络视频直播平台在其发展的很长一段时间内，用户都是三、四线城市以下的草根群体，他们有着许多共同特征：收入低、渴望表达、希望通过社交获得认同感。

保罗·莱文森关于媒介进化论的研究也曾经提出了补救性媒介理论，他

---

① 保罗·莱文森：《数字麦克卢汉》，何道宽译，社会科学文献出版社，2001，第7页。

认为媒介进化的过程也是在不断弥补由于进化所失去的东西。网络直播诞生后，人类的沟通方式开始跨越空间回归"口语"媒介面对面的沟通。虽然网络视频直播行业的爆发式增长在 2016 年才到来，但其最初发展史已能呈现其传播特性，而从这种传播特性中，我们可以一窥媒介演进的曾经，对照"直播＋"将成为席卷各行各业力量的当下，展望其进化的未来。

第四节 "跟跑"的政策：网络视频的三重危机

从 2005 年到 2008 年，经过 4 年的发展，网络视频用户从 2005 年的 3330 万人激增到 2008 年的 2.98 亿人，市场规模达到 13.2 亿元，网络视频已成为中国最为普及的网络服务之一和中国互联网经济的重要组成部分。[①] 截至 2008 年 6 月，网络视频的使用率为 71％，已是中国网络应用中的第四大应用。网络视频行业的快速发展是我国经济的快速发展、信息化建设的不断投入、网络接入软硬件环境的不断优化和终端各类产品服务价格的不断下降综合作用的结果，其中国家用宽带的飞跃式普及为网络视频发展初期的探索奠定了发展的基础。2005 年至 2008 年，我国网民规模分别为 1.11 亿、1.37 亿、2.1 亿和 2.98 亿；宽带网民规模分别为 0.64 亿（普及率 57.66％）、0.91 亿（普及率 66.42％）、1.63 亿（普及率 77.62％）、2.7 亿（普及率 90.60％）。网络视频作为一种互联网服务，与新闻、论坛、播客等本质不同的一点，就是其对上网条件的要求。回望 2004 年以前，在以拨号上网 56k 线路为主的网络条件下，用户难以获得流畅的观看体验。此后，网络视频的星火借助中国互联网发展的东风终于得以燎原，2008 年，以北京奥运会、汶川地震等重大事件为契机，网络视频受到了更广泛的关注。

除了上文提到的，依靠网络视频服务起家、业务与盈利模式完全围绕网络视频展开的视频网站之外，电视媒体网站凭借内容优势和版权优势、门户网站凭借庞大的用户基数导流优势、电信类平台运营商凭借流量优势、搜索引擎凭借全网检索能力，继续开展网络视频业务，典型代表有 21cn、东方宽频、央视、凤凰卫视、新浪视频、搜狐视频、互联星空、百度搜索等，但

---

① 《2008—2009 年中国网络视频行业发展报告简版》，艾瑞：http://www.doc88.com/p－947597062148.html。

网络视频服务只是其包括图文资讯等的众多业务之一。这种模式与视频分享网站或网络电视、网络视频直播平台相比，虽然用户基数较大，但缺乏知名网络视频平台的品牌号召力，且基于门户网站设计和以观看为主要诉求的界面用户交互性较差，用户黏性较低，同类网站较多，网站间用户的相互渗透率高。这也是网络视频发展下一阶段中，国家级网络电视台成立和传统四大门户网站、互联网头部企业加入专业网络视频平台争夺战的主要原因。此段时期，行业中还存在一些视频门户定义的视频点播、直播网站，如激动网、第一视频和奇艺网，以提供版权内容为主。

伴随着市场的迅速扩张，网络视频行业一直存在的两重危机也越加凸显。第一重危机是盈利模式。普遍来看，盈利依赖广告、模式单一，虽然新浪、土豆、PPS等都先后借优质体育赛事或独播影视内容试水付费观看，但也难以形成规模效应，对风险投资提供的资本依赖程度高，这也导致其在2008年受金融危机影响更加明显。第二重危机是内容。2008年之前，网络视频行业缺少监管标准和行业规范，网络视频内容层面问题频出，集中表现在两个维度：第一是版权问题。虽然我国2001年修订的《著作权法》中将"信息网络传播权"纳入了著作权保护范围，但《信息网络传播权保护条例》直到2006年5月才发布。在此之前，信息网络传播权的界定和保护一直缺乏明确可参考的规定，在保护条例实施之前的著作权权利人无法申明权利，首次上传视频的网站和网民也无法申明权利。同时，中国加入WTO时签订的《数字千年版权法案》（简称DMCA）中对用户上传内容的版权责任这样规定："当网络服务提供商只提供包括缓存、接入、搜索、链接在内的空间服务，并不制作内容，如果网络服务提供商被告知侵权，只有删除的义务，并不存在侵权，只有被告知的情况下还不删除才被视为侵权。"这被业内称为"避风港原则"。我国《信息网络传播权保护条例》中也有类似规定："网络服务提供者提供搜索、链接服务的，如在接到权利人通知书后立即断开与侵权作品的链接，则不承担赔偿责任。"由于网络信息量巨大，客观存在监管难度，所以这些规定在客观上为网站之间的盗版和盗链①留下了空间。第

---

① 盗链是指服务提供商自己不提供服务的内容，通过技术手段绕过其他有利益的最终用户界面（如广告），直接在自己的网站上向最终用户提供其他服务提供商的服务内容，骗取最终用户的浏览和点击率。受益者不提供资源或提供很少的资源，而真正的服务提供商得不到任何的收益。

二是低俗内容。网络视频刚兴起的状态下，平台普遍缺少内容审查标准和监管机制，也并无明确法律条例规定视频网站有义务和责任审查网民上传的内容。一方面是自由度高、随意性强、新鲜有趣、贴近生活、反映社会热点的网络视频娱乐创意层出不穷；另一方面是过度娱乐、过度猎奇吸引观众眼球的网络视频也频繁出现。网络视频内容一定程度上陷入了因过于追求娱乐而导致内容低俗粗鄙、缺乏深度的怪圈，这里除了用户自身的原因，也有网络视频平台的原因。2006 年 11 月，优酷网放出了女演员张钰与某导演的不雅视频，3 天内浏览量就已近 500 万人次。《北京青年报》在 2007 年 4 月一篇名为《搜狐优酷等删除近万条不良视频 张钰录像带被点名》的新闻中报道了北京市互联网宣传管理办公室负责人告诉记者的一段话："一家很有规模的视频网站，在出资购买了张钰的三段不雅视频后，刚把前两段放到了网上，流量就瞬间增大，不得不跑到电信运营商那里要求加买 3G 的带宽。"这段话也侧面印证了一些网站打"擦边球"换取流量的行为，在社会责任和商业利益中，使后者实现最大化，成为当时不少网站的选择。

除了上述两重危机外，2007 年底，《互联网视听节目服务管理规定》的出台则对网络视频行业赛场上的许多主体直接亮出了"红牌"。

从网络视频管制机构上来看，伴随着中国传媒业在网络时代的发展，广电系统与电信系统业务互不涉足的管理情况已不再适用，网络视频作为新生事物，其业务的行政管线划归既属于广播电视行政主管部门，又属于电信部门，由谁负责整体监管、又由谁负责落实，在 2007 年底的《互联网视听节目服务管理规定》出台前一直没有答案，新媒介与传统媒介在更替时引发的观念冲突与利益矛盾也越发明显。而网络视频市场的发展，受到传播大环境中多种因素的制约，在中国，政策因素起着十分重要的作用，在大多时候甚至是决定的因素。2008 年之前，管理与发展的矛盾表现得十分突出。如何面对这些发展中的新问题，并及时制定应对政策，成为决定网络视频行业发展前途的关键因素。当网络视频逐步成为国人的收视习惯，传统广播电视内容的把关模式已不再适用于网络视频，如没有进一步强力的监管，将出现失控的局面。

广电总局一直负责音视频内容在网上的传播管理，其从 1999 年开始出台一系列规定，具体如表 2-1 所示。

表 2-1 1999 年至 2004 年广电总局出台政策措施情况

时间	部门	文件	内容要点
1999 年 10 月	广电总局	《关于加强通过信息网络向公众传播广播电影电视类节目管理的通告》	在境内通过包括国际互联网络在内的各种信息网络传播广播电影电视类节目，须报国家广播电影电视总局批准
			在境内通过信息网络传播广播电影电视类节目，不得擅自使用"网络广播电台""网络中心""网络电视"等称谓
			经批准通过信息网络传播的广播电视新闻类节目（包括新闻和新闻类专题），必须是境内广播电台、电视台制作、播放的节目
1999 年 11 月	广电总局	《网上播出前端的设立审批管理暂行办法》	在计算机网络（包括国际互联网）上设立广播电视类节目播出前端以计算机点播等形式播放、转播广播电影电视类节目的，必须报经国家广播电影电视总局批准，并持有《网上传播广播电影电视类节目许可证》
2000 年 4 月	广电总局	《信息网络传播广播电影电视类节目监督管理暂行办法》	加强信息网络传播广播电影电视类节目的监督管理
2001 年 12 月	广电总局	《关于加强网上传播广播电影电视类节目监督管理的实施细则（试行）》	加强网上传播广播电影电视类节目监督管理的实施细则
2003 年 1 月	广电总局	《互联网等信息网络传播视听节目管理办法》（总局 15 号令）	重点在管理"在互联网等信息网络中开办各种视听节目，播放（含点播）影视作品和视音频新闻，转播、直播广播电视节目及视听节目形式转播、直播体育比赛、文艺演出等各类活动"
2004 年 7 月	广电总局	《互联网等信息网络传播视听节目管理办法》（总局 39 号令）	更新 15 号令，将管理的范围扩大到："以互联网协议（IP）作为主要技术形态，以计算机、电视机、手机等各类电子设备为接收终端，通过移动通信网、固定通信网、微波通信网、有线电视网、卫星或其他城域网、广域网、局域网等信息网络，从事开办、播放（含点播、转播、直播）、集成、传输、下载视听节目服务等活动"和"利用摄影机、摄像机、录音机和其他视音频摄制设备拍摄、录制的，由可连续运动的图像或可连续收听的声音组成的视音频节目"
			国家对从事信息网络传播视听节目业务实行许可制度，《信息网络传播视听节目许可证》由广电总局按照信息网络传播视听节目的业务类别、接收终端、传输网络等项目分类核发
			外商独资、中外合资、中外合作机构，不得从事信息网络传播视听节目业务

　　因为网络视频初期发展规模较小，39号令成为第一个较为细化的政策规范。广电总局39号令实际运作具有以下特点：（1）通过许可证制度前置审批并对许可证进行总量控制，截至2005年3月，仅有120多家网站获得许可证；（2）主流媒体获取牌照的占绝对多数；（3）对网上音视频内容管理最为严格的部分是时政新闻。获得新闻类内容许可的更是少数网站，且网站播放的音视频新闻，必须是国内广播电台、电视台播放的新闻报道，即使像TOM自办的《大话新闻》栏目，在2004年也被停播。但总体来说，广电总局并非互联网行业主管部门，上述规章并未发挥强有力的规范作用，虽然当时只有120多家网站获得了《网上传播视听节目许可证》，但没有该证的八九百家网站仍在从事信息网络传播视听节目服务。

　　2005年后，以视频分享网站和网络电视等为代表的专业视频网站纷纷崛起，其内容生产和传播方式都超出了先前相关规定的范围，39号令已跟不上行业发展的现实。所以在这个政策空档内，版权纠纷、侵犯名誉权、隐私权、歪解红色经典、存在暴力色情内容等问题频发。2007年12月，广电总局、信息产业部联合发布了《互联网视听节目服务管理规定》（简称56号令）。这一规定在内容上比15号令和39号令更加详细，明确了互联网视听节目的定义、主管部门、指导思想、准入资质等多项内容。在网络色情问题管理、隐私权管理、暴力及反政府等其他限制性内容管理上，也均做出了相应的规定，明确"互联网视听节目服务单位主要出资者和经营者应对播出和上载的视听节目内容负责"。但其中"申办单位为国有独资或国有控股单位"这一规定使得私营企业不得不收购有证的国企，或者挂靠在国资背景企业名下，才能获得经营资质。原有的39号令虽然对申请许可证提出了资质限制，但并没有限制民间资本。截至2007年，市场头部位置的视频网站中也没有一家是国有独资或国有控股。政策一出，所有网络视频平台均面临关停。但最终政策在执行阶段做了调整，"在56号令发布前依法开办、无违法违规行为的互联网视听节目服务单位，可重新登记并继续从业"，所以土豆网、优酷网、酷6网、56网等视频网站都顺利获取了许可证。

　　56号令的出台对我国网络视频行业影响深远：该规定实施许可证制度，从根源上加强了从业者的资质审查；针对大量传统媒介版权内容，进行了适当的行业保护；对于低俗内容的监管有了更细化的规范，明确了互联网视听节目服务单位应对播出和上载的视听节目内容负责。

依据56号令，截至2008年6月14日，广电总局先后勒令58家网站停止提供网络视听节目服务，警告包括土豆网在内的52家网站加强内容监管；截至2008年12月19日，共有332家提供网络视听服务的机构获得广电总局颁发的许可证；没有获得许可证的机构逐步关闭。

不过，56号令仍带有明显的广电行业色彩，从标题的制定和第二条"互联网视听节目服务"的定义就可以看出。"节目"是广播电视行业中的概念，是无法概括网络视频日日新、月月异的内容类型的。每一种媒介都有其自身独特的语言和发展规律，立足前景传播，才是网络视频科学管理的基础。

第五节　结语：生产关系重塑重构的逻辑进路

社区模式的探索和PC端秀场直播的探索中，用户成为视频内容的生产者和传播者，重构了生产关系，解放了生产力；媒体模式探索中，传统视频的线性传播关系被打破，"点播"的新模式和互联网巨大的渠道作用都在重塑着新的生产关系。生产关系重塑重构是中国网络视频探索期的核心特征。

英国人类学家罗宾·邓巴（Robin Dunbar）通过研究在1992年指出，灵长类动物中，新大脑皮层的大小和群体规模联系紧密，"人在社交关系网中评估和维持自己地位的一个主要方法是与别人交流信息和交流关于别人的信息。"[①] 人类大脑就是为了建立社交关系网而生成的。灵长类动物拥有的社会性大脑，决定人生来就是社会性动物，与社交圈的其他成员分享信息是人类的天性。高效的全球互联网可以让用户之间的信息交流变得轻而易举，人们对社交的需求是根植于史前就有的渴望。网络视频作为数字流的物质性，决定了其可被普通用户在个人电脑和自由开放网络上复制、截取、传播，分享性成为网络视频的本质特征之一，这种媒介特性是生产关系重塑的基础。

从机构和用户的角度来看，围绕网络视频生产关系的重构，网络视频开始广泛发挥传播媒介作用，正是以中国本土视频分享模式商业网站的成立为标志的。萌芽期的网络视频很多是通过下载、电子邮件的方式来传播的，流

---

① 汤姆·斯丹迪奇：《社交媒体简史：从莎草纸到互联网》，林华译，中信出版集团，2019。

媒体视频分享网站的成立，建立了人人平等的开放新影像空间，网站设置鼓励陌生人之间的交流，也方便人与社交关系网内的朋友或粉丝分享信息，阶级和社会地位的差别被抛在一边，这个空间对所有人都开放。使用视频分享网站的用户不只是被动观看网络视频，他们也可以制作、上传、分享网络视频，对网络视频进行评论、讨论，甚至改动。网站的分类还增加了网络视频的流传速度和效率，给当时混乱的网络视频传播环境带来了秩序，用户更容易找到特定类型的网络视频以及与之讨论某类视频的人。在电视观看时代，播送与无数名观众之间隔着一条区分"我们和他们"的鸿沟，但是这条鸿沟在视频分享网站消失了，生气勃勃、随意率性的气息悸动于视频分享网站。此外，互联网使视频分享网站的触及范围和规模有了空前的扩大，这意味着一个视频的流行，取决于它是否能够引起用户的共鸣和分享欲望，不论这个视频的作者来自何方。网络视频直播以 PC 端秀场为代表的发端，本质上也是围绕分享信息用实时流达到共情、共景的媒介使用效果。但是另一方面，我们也需要看到，用户参与传播的视频分享或视频直播模式中，传播内容也会因为制作者的原因良莠不齐，加上网络的匿名性助长了低俗和盗版内容的传播，导致视频分享网站和网络直播平台在探索期纷纷出现内容瓶颈。

从文化角度来看，芝加哥学派社会学家罗伯特·帕克（Robert Park）认为："传播对于文化过程而言是不可或缺的，传播本身就是文化过程。"[1]从内容角度来看，视频分享网站早期出圈的核心助力之一是恶搞视频。一方面是因为中国没有国外的家庭录像传统，家用拍摄设备还没有普及；另一方面是因为当时的中国互联网文化从崇尚权威到崇尚个性转变，以《一个馒头引发的血案》为代表的恶搞视频风靡及用户对这一特殊网络视频内容形态的喜爱，都是当时社会文化和互联网文化的产物。罗宾·邓巴还在他的研究中指出，语言得到发展源于人类的交往用途。本书认为，最早以一种流行青年亚文化形式"出圈"的网络视频在当时得到发展的原因是网民对娱乐的渴求，是抵抗姿态网络亚文化的狂欢表达。从这个角度看，当时的文化侧面释放了网络视频生产力。

从技术角度来看，P2P 流媒体的出现解决了用户在带宽不足的情况下收

① Robert E. Park. "Reflections on Communication and Culture," in Henry E. Elsner, Jr., ed., *The Crowd and the Public and Other Essays*, University of Chicago Press, 1972, p. 101.

看或收听海量电视、电影、广播音视频内容的问题，丰富的可供点播、直播的优质影像内容突破了传统媒体的线性播放，为用户提供了"流动的视频内容盛宴"，成为用户选择通过网络视频媒介进行观看的另一重不同于视频分享模式的吸引力。虽然不是对生产关系的重构，但是这种重塑也大大促进了网络视频媒介的使用和发展。

　　从政策角度来说，这个"看得见的手"对于尚在探索期的网络视频的认知和管理相对来说是滞后的，更多是从"电视为主阵地"和"网络传播视听业务内容涉及意识形态和本土文化"的角度出发，所以出台的政策以"管"为主，政策细则中也会出现前后矛盾的情况。滞后的管理主要源于面对互联网管理新形势在各部委权责范围划分上和三网融合推进细则的不清晰。总的来说，因为一系列政策的出台，部分早期成立的商业视频网站受益于许可证制度，少了很多后到的竞争者而加速发展；数字电视与 IPTV 的各自为政，耽误了宝贵的电视互联网化的建设进程，客观上将更多的观众推向飞速发展的互联网，让网络视频拥有了更多的用户。

第三章 竞争与整合：中国网络视频的竞合期（2009—2013）

　　2009 年到 2013 年是中国互联网进入移动、社交、视频时代的时期。这一时期，政府继续加大对通信网络基础设施建设投入力度，我国网民规模从 3.84 亿人增至 6.18 亿人，互联网普及率从 28.9％增至 45.8％，宽带网民普及率已从 9 成无限接近 100％。苹果公司于 2007 年陆续推出的系列 iPhone 手机，用"大屏＋手指多点触碰＋应用商店"直接定义了智能手机行业新基调，手机生态的交互逻辑发生了天翻地覆的变化，能提供更好交互体验和互联网体验的手机逐步在我国普及。2009 年 1 月，第三代移动通信系统（3G）牌照正式发放，3G 网络建设大规模铺开，中国运营商也开始同步加速 WLAN 热点建设。3G 传输速度的提升和稳定性的提高，加上智能终端价格的继续走低和流量资费日益平民化，共同推动互联网进入移动时代，手机上网成互联网用户新的爆发式增长点。手机网民规模从 2009 年的 2.33 亿增至 2013 年的 5 亿，普及率从占网民总体的 60.8％提至 81％，3G 用户突破 3.6 亿（截至 2013 年 9 月），WiFi 热点总数接近 400 万个（截至 2013 年 6 月），网上支付等更多新的应用模式和应用场景诞生，带动互联网经济规模迅猛增长。

　　2009 年 8 月，新浪微博公测版发布并上线；2011 年 1 月，腾讯推出微信；同年 8 月，今日头条上线并于次年推出"头条号"，1 万多家自媒体受邀加入，头条号一跃成为仅次于微信公众号的自媒体平台。此后，微博、微信、头条号先后成为中国网民使用的主流应用，大众媒体信息生产和传播机制开始被社交媒体和自媒体重塑，报纸、电视等大众媒介在人们生活中的重要性日益走低，无处不在的社交和通达一切场景的信息正养成用户新的互联网使用习惯。

在这样的互联网大发展的外部条件下，网络视频行业经过探索期的草莽岁月开始了为期 5 年的竞合发展。面对网络视频展现出的媒介力量，"中国国家网络电视台"（CNTV）作为"国家队"正式上线，改变了商业视频网站独秀的行业格局；面对 2008 年的资本危机，网络视频平台在痛苦的发展模式抉择后纷纷开启对专业影视内容的版权争夺；面对家庭大屏和个人小屏，OTT 业务和移动短视频作为星星之火启动发展探索，网络视频的经营竞争主体更加丰富；面对市场竞争和政策的大浪淘沙，网络视频呈现出价值与权力共塑的集中化趋势，商业层面头部阵营初步形成，网络视频服务进一步深入民生，媒介价值及影响力继续提升。2009 年到 2013 年，网络视频用户规模从 2.4 亿增至 4.28 亿，网民使用率从 62.6% 提升至 69.3%，从传统到高清、从草根原创到版权精品、从风投热捧到风光上市，网络视频的内容服务、用户基础、技术水平、行业发展都有了明显提升，逐渐成为互联网行业的重要组成部分。

第一节　"国家队"出击网络视频

2009 年 12 月 28 日，"中国国家网络电视台"（CNTV）正式上线，汇聚央视历年共 45 万小时的历史影像资料、每天播出的 1000 多个小时的视频节目和全国 41 个上星卫视的视频资源，[①] 为全国用户提供免费观看的网络视频平台。初上线的中国国家网络电视台推出了新闻台、体育台、综艺台、播客台、搜视台及客户端 CBox。新闻台的视频几乎全部来自央视各个新闻栏目；体育台点播节目全部来自 CCTV5 体育频道；综艺台由电视综艺节目、版权影视内容和版权音乐等构成。"爱布谷"即为网络观看电视直播节目的终端页面，网民可选择在网页上直接观看或搜索自己喜爱的电视节目；"爱西柚"页面，用户可以上传分享视频节目，建立"个人电视台"空间，运营方式与视频分享网站类似。CBox 观看软件中，提供 19 个央视台、32 个地方卫视台节目，均有标清和高清两种格式，运行方式与流行的 PPS、PPLive 网络电视类似，但整体视频清晰度较高。根据央视网可查的关于中

---

① 《央视网将并入 CNTV 成子品牌　内容将以视频为主》，京华时报：https://tech.qq.com/a/20100506/000041.htm。

国网络电视台上线开播后的官方介绍，其定位是融网络和电视为一体、以视听互动为核心的公共服务平台，是传统电视台的延伸、拓展和提高，是央视推进国际传播能力的重要步骤；其发展目标是提供网络视频直播、点播、搜索、分享、上传等全方位服务，致力于成为最具权威性和公信力的、深受用户喜爱的公共信息娱乐网络视频平台。[①]

一、天时地利的生长期

截至 2010 年 6 月 28 日，拥有 2010 年南非世界杯比赛独家新媒体转播权的 CNTV 赛事直播累计观看人数超过 3.5 亿人次，央视独家资源的优势强力助推刚成立的 CNTV 迅速走向千万网民。2010 年 7 月，央视网与 CNTV 业务合并，全新改版，强强联合：网站可供 6 种语言浏览，彰显国际化传播理念；首屏显要位置重点推出央视强大的新闻资源优势；隶属于中央人民广播电台的中国广播网和隶属于中国国际广播电台的国际在线的品牌音频节目也被收入网站，凸显全国广电精品节目的汇聚平台；内容分类扩充并细分成 16 个专业台；强化直播、点播、分享、搜索、游戏等应用服务；完善博客、论坛、访谈等互动服务。

除了中国网络电视台，地方广电也全面挺进网络视频行业。上文提到的隶属于上海文广的"东方宽频网"于 2009 年 7 月上线了"上海网络电视台"公测版，用户在东方宽频网中即可登录，上海网络电视台提供 7 天内上海文广旗下所有频道节目的回看，一周的公测期间，上海地区的用户数迅速破万。12 月，湖南广电把"芒果网络电视（简称'芒果 TV'）"从"金鹰网"旗下独立出来，按照新域名（www.imgo.tv）进行独立品牌运营，旨在打造基于互联网的手机电视与数字电视平台。12 月，浙江广电集团旗下的网络电视台新蓝网上线，依托浙江广电集团 18 个电视频道的产品"打造浙江视频第一媒体"。2010 年 4 月，"安徽网络电视台"上线；12 月，"江苏网络广播电视台"上线；2011 年 3 月，"黑龙江网络广播电视台"上线；6 月，"甘肃网络广播电视台"上线；7 月，"湖北网络广播电视台"上线。国家新闻出版广电总局发展研究中心 2013 年发布的《中国视听新媒体发展报告》

① 《中国网络电视台简介》，央视网：http://museum.cctv.com/special/ccbn/20100305/103445.shtml。

显示，截至 2012 年底，我国获得"网络广播电视台"运营牌照的分别为 1 家城市联合网台和 19 家广电机构。

　　传统广电纷纷建立网络电视台的原因主要有四点：一是扩大主流媒体的影响力。2008 年 12 月，"纪念中国电视事业诞生暨中央电视台建台 50 周年大会"上时任中共中央政治局常委的李长春在讲话中提出："要加强网络电视建设，创新网络电视节目的生产制作模式，最大限度地扩大主流媒体的影响力，占领网络视频新阵地。"[①] CNTV 就是在该讲话的精神下筹备成立的。广电总局 2010 年 5 月下发的《关于开办网络广播电视台有关问题的通知》中，也明确提出"向社会传达政令、宣传党和国家方针政策、引导舆论"是网络广播电视台承担的重要任务。这事实上对主流媒体网络电视台建设提出了明确的政治要求，这也成为其与一般商业视频网站的本质区别。二是增强国际传播能力。2008 年底，CNTV 副总经理夏晓辉曾在媒体公开采访中表示，央视网与 CNTV 合并是国家在新闻领域对外推广的一部分，电视媒体传播范围有限，而网络无限，可以以最快的速度在全球范围传播。[②] 截至 2010 年底，CNTV 已开设 5 个外语频道，在国内外建成包括 30 个镜像站点在内的全球网络视频分发体系。三是作为"三网融合"的关键试点。2010 年底，中国网络电视台已建成包括网络电视、手机电视、IPTV、移动电视在内的集成播控平台。四是以创新业务带动央视整体发展。2007 年，央视网通过向各大门户网站和视频网站出售 2008 年奥运会的视频转播权就收获了近 6 亿元的收益。奥运转播权分销的成功，也侧面加速了央视在网络视频领域参与渗透性竞争的意愿。

　　CNTV 的开播以及网络视频"国家队"的集群出击，标志着主流媒体力量在网络视频行业的强势进入，主流声音开始在网络视频领域变强，"国家意志将通过网络视频这一渠道在互联网中的影响放大，互联网的声音将变得更为权威。"[③] 网络视频从原来以"草根表达"为主导开始变成"精英权威"与"草根"竞合并存的格局。媒体在当时采访报道了各大商业视频网站

---

　　① 李长春：《在纪念中国电视事业诞生暨中央电视台建台 50 周年大会上的讲话》，《光明日报》2008 年 12 月 23 日第 2 版。

　　② 《央视网将并入 CNTV 成子品牌 内容将以视频为主》，京华时报：https://tech.qq.com/a/20100506/000041.htm。

　　③ 黄升民：《网络视频：声音更权威，市场更精彩》，《广告大观（综合版）》2010 年第 3 期。

对 CNTV 上线的态度。① "促进市场规范、差异化共存、寻求合作"成为民营视频网站对网络视频国家队的普遍态度。

二、台前网后的探索期

　　除了网络电视台业务，按照 CNTV 成立时的定位和运营目标，CNTV 开始了为期 4 年的运营探索。在电视端，CNTV 在成立后的次年 3 月获得了广电总局颁发的互联网电视（IPTV）牌照，次年 5 月，CNTV 与清华同方合作推出了装有"央视国际集成播控平台"的网络电视机"尚网电视"，成为首款符合国家行政规定的互联网电视机，可推出之后不久便销声匿迹。在电脑端，2010 年 4 月，CNTV 携手暴风影音，央视海量版权内容与播放器软件庞大用户基量优势互补。在主场平台，一是尝试视频搜索业务，2011 年 8 月，涵盖影视音乐、商业金融、游戏动漫、教育科研、协会组织等各个领域机构成员的 CNTV 机构联盟频道正式上线，用户可以通过该频道开展视频内容检索。二是图文内容增量、扩大盈利，2011 年 2 月，CNTV 首页又尝试改版，图文类报道重新回归，而在此前的 2010 年改版时，CNTV 界面设计已是纯视频网站设计。有媒体报道称，新改版一个最为现实的考量是，在转变为纯视频网站后，CNTV 在流量和广告收入方面，并没有达到预想中的水平。② 三是与互联网科技公司结盟，加强技术投入，同时导流用户。2012 年 1 月，CNTV 与 360 公司达成"全平台战略合作"，依托 CNTV 的视听节目资源和 360 公司的用户资源提供互联网电视服务。2013 年，PPTV 与 CNTV 在互联网电视业务上结为战略合作伙伴，就内容运营和视频技术展开合作。四是抢占电视端大屏，发展 OTT 业务。2012 年 1 月，CNTV 与乐视网宣布达成合作，进军互联网电视机顶盒市场。不同于运营上的诸多尝试，在视频内容上，CNTV 从成立到 2013 年，没有太大的变化，内容绝大部分仍是电视内容的平移，自制网络视频和网民上传的原创视频都很少。

　　经过三年多的发展，截至 2013 年 7 月，我国网络电视台的日均用户量、

---

　　① 《国家网络电视台 CNTV 下周一上线　据称投入超 2 亿》，新京报：http://news.iqi-lu.com/china/gedi/2009/1225/149419.shtml。

　　② 《CNTV 首页悄然改版：从纯视频网站回归图文报道》，新浪科技：https://news.pedai-ly.cn/201102/20110217205646.shtml。

日均点击量等数据仍不理想。根据 Alexa 排名，CNTV 国内排名为 72 名，省级网络电视台中在 1000 名以内的有江苏网络电视台、金鹰网、新蓝网、城市联合网络电视台、湖北网络电视台 5 家，在 10000 名以内的有安徽网络电视台、北京网络广播电视台、黑龙江网络广播电视台、四川广播电视台 4 家，在 20000 名以内的只有陕西广播电视台 1 家，云南、陕西、山东、甘肃、辽宁、吉林等网络电视台都在 20000—100000 名。即使是 CNTV 的出现，也并没有撼动优酷网（国内排名第 16）、乐视网（国内排名第 31）、土豆网（国内排名第 37）、爱奇艺（国内排名第 42）等商业视频网站的头部地位。回顾 CNTV 和各省网络电视台成立的根本目的，广电主流媒体的影响力并没有成功占领网络视频新阵地，原有的商业视频网站巨头依然无人撼动。

广电国家队出击网络视频有着天然的竞争优势：一是海量的版权资源减轻了巨大的运营成本；二是海量的专业内容制作力量蕴含的内容产出富矿；三是国家政策的保驾护航。伴随着广电国家队出击网络视频，广电总局开展严查互联网视听许可证的行动，仅 2008 年底两个月，广电总局就宣布关闭700 多家网站。可是广电国家队依然在与商业视频网站的比拼中位居下风。究其根本原因，还是对网络视频的本质认识不清，运营能力不足。对于网络视频运营商来说，能够适配网络视频平台的内容、技术、运营的重要性缺一不可，网络电视台借助外部力量，在技术上可以补齐短板，但是在组织架构上，网络电视台很少有自己的采编人员，所有的内容产出均来自电视播放端的制作力量；网络视频本质的"交互、多元、社交"特点并没有在网络电视台的内容中得到体现，受众在传播中的地位并没有真正由被动变为主动；网络电视台在运营中也缺乏重要的"产品"意识，比如视频网站在同时期已经开发出弹幕、视链、断点续播、2D 转 3D、匿名上传与评论等一系列视频应用，与之相比，网络电视台缺乏互联网运营和产品思维，盈利模式问题没有得到重视，无法形成独属于网络电视台的运营体制和系统。同时期，社交·本地·移动（Social·Local·Mobile，SoLoMo）已经成为互联网营销的发展趋势，头部商业视频网站纷纷围绕此进行布局和应用尝试，可是网络电视台仍然停留在电视内容在网络端的大荟萃定位上，主阵地仍然集中在电视端，网络电视台开始逐渐沦为用户"看电视"的一种替代选择。

第二节　版权争夺战

2007年，美国国家广播环球公司和福克斯共同注资成立HULU。HULU的经营思路与CNTV、PPTV、PPS一致，走的是帮助用户通过网络端观看专业媒体内容的网络视频媒体化道路，其内容供应商包括迪士尼、华纳兄弟、狮门公司在内的200家机构。HULU发布的BETA版本并没有受到硅谷乃至整个IT业的看好，很多人认为这是旧媒体的"垂死挣扎"，但HULU结束公测时获得的500万用户震惊了整个行业。2008年3月，HULU正式上线，一跃成为仅次于YouTube的世界第二大视频网站，被业界公认为"在线体验电视的新途径"和"电视电影业向互联网转型最成功的案例"。2008年，深陷盈利困境的视频分享网站普遍开始由"纯视频分享"向"视频分享模式＋HU-LU"的经营模式转型。但是HULU成功的精髓是其天生影视资源带来的版权，而国内大部分版权资源被电视台和专业影视公司掌握，很多权利归属也不清晰。围绕"版权"，国内各类型的视频网站开始了为期5年的艰难探索。

一、版权之殇：视频行业的诉讼互攻

对视频网站来说，日均IP（独立IP登录数）和日均PV（页面浏览量和点击量）都是其经营状态的重要衡量指标之一，而吸引用户登录和点击的关键竞争力就是内容。2008年开始，在用户自制内容无法设专区流量和收广告费时，专业影视内容成为各大网站新的"试金石"。尽管经过2008年的建设发展，头部视频分享网站和P2P网络电视软件已经拥有了部分版权内容，但仍然存在大量盗链和侵害版权的情况。

继《互联网视频节目服务管理规定》（56号令）后，2008年3月，广电总局发布《互联网视听节目服务抽查情况公告》，经过对视听类网站开展的首次抽查，责令猫扑视频等25个网站停止视听节目服务，土豆网等32个网站受到警告。2009年3月，广电总局发布《关于加强互联网视听节目内容管理的通知》，强调"互联网视听节目服务的单位所播节目应具有相应版权"。配合政策发布，执法力度也不断升级。2008年6月，国家版权局、公安部、工信部联合开展"2008年打击网络侵权盗版专项行动"，该次行动中重点把"视频类网站侵权盗版问题""视频网站未经授权传播他人作品"等国内外社会各界关注的问题进行了重点清理整顿和依法严肃查处。2008 年 6 月，著名视频分享网站 56 网关站 3 个月，原因就与盗播电视剧、传播恶搞汶川地震视频有关。2010 年起，专项行动升级为打击网络侵权盗版专项治理"剑网行动"，力度更强，持续时间更长达 3 个月。一系列国家政策的发布和专项行动的开展，表明了国家对转变经济发展方式、促进版权产业健康发展的高度重视。

在大的政策背景下，依照国家颁发的一系列法律法规，视频版权纠纷在 2009 年集中暴发。不同网络视频阵营纷纷成立联盟、组织或基金，对侵权开展诉讼，很多网站一边被诉讼、一边又诉讼别家网站，通过这种"互攻"的方式共同打击网络视频盗版，具体情况如表 3-1 所示。

表 3-1　2009 年视频版权纠纷情况

时间	主体	事件
2009 年 1 月	激动网、北京保利博纳、橙天娱乐、上影英皇等 80 多家版权方	联合组建"反盗版联盟"，向不少视频分享网站提出诉讼
2009 年 1 月	华谊兄弟诉讼搜狐网、新浪网、悠视网	以盗播《集结号》《非诚勿扰》等片为由
2009 年 7 月	中国国际电视总公司	对 6 家视频网站提出 162 起诉讼
2009 年 8 月	央视网、凤凰网	携手成立"网络视频版权保护联盟"
2009 年 8 月	央视网、上海文广、湖南金鹰网、北京电视台等	签署了《2009 年版权保护宣言》
2009 年 9 月	搜狐网、激动网、优朋普乐等	组建"中国网络视频反盗版联盟"，提出国内最大的下载商迅雷是盗版基地，向优酷和迅雷等视频网站提出高达上亿元的索赔
2009 年 10 月	光线影业	上映不久的《阿童木》在网上发现众多盗播，光线影业起诉设施网站并索赔 4000 万元
2009 年 11 月	优酷、新浪等数十家视频网站和版权方	成立"网络影视发展 CEO 联席会"
2009 年 12 月	酷 6 网	宣布全面删除没有版权的视频内容，停止用户上传版权影视剧
2009 年 12 月	酷 6 网、搜狐网	联手成立千万美元"国际影视版权联合采购基金"购买海外影视剧

二、版权之稀：内容购买的费用飞涨

2010 年 4 月，中国电影著作权协会在北京成立，并决定向网吧和长途汽车收取版权费用；11月，广电总局出台《广播影视知识产权战略实施意见》，版权和著作权的知识产权保护力度仍在进一步加码。

一直以来，视频网站都是靠网民自发上传来获取内容，借助长尾来节约成本，不仅不用担心版权问题，还节省了视频网站购买内容的花销，但是随着相关政策开始严格要求视频网站的资质和版权，还有2009年各类诉讼的频繁发生，"正版"内容开始变成稀缺资源，版权费自2010年起开始飞涨。PPS CEO徐伟峰曾表示，2010年前后版权成本增长了十余倍，版权费用支出占到公司日常运营支出的40%。当时的版权费堪比同时段中国飙升的房价，而其中又以热播电视剧的版权价格攀升最为明显，表3-2是几年间电视剧版权的飙升示例。

表3-2　2008年至2011年电视剧版权飙升示例

时间	剧名	网络播放版权价格
2008年	《金婚》《士兵突击》	3000元/集
	《武林外传》	2500元/集
	《潜伏》	10000元/集
2009年	《我的青春谁做主》	20000元/集
	《神话》	30000元/集
	《我的团长我的团》	100000元/集
2010年	《借枪》《步步惊心》	100000元/集
	《西游记》	280000元/集
2011年	《新还珠格格》	330000元/集
	《太平公主秘史》	1110000元/集
	《宫锁珠帘》	1850000元/集

国家政策和高昂的版权成本，带动了视频网站版权意识的增强，运营逐步走向规范的同时，部分网络视频网站的运营开始出现困难。除了因没有及时拿下视频牌照的土豆网和56网外，PPS从2012年起营收增长率全面放缓，截至2009年用户总数已有2.8亿的暴风影音也因没有加码版权采购在2010年错失国内上市的机遇。而从2004年成立到2010年陆续积累了大量版权资源的乐视网，以拥有超过7万小时电视剧、4000部电影成为当时国内商业视频网站中最大的正版资源库，为其在2009年之后的版权升值时期带来了巨额的版权价值回报，2010年借助版权分销的良性商业模式在商业

视频网站中率先登陆 A 股市场。

三、版权之利：视频网站的运营转型

当高昂的版权费开始成为网络视频运营商成本中的主要成本时，部分运营商开始寻求解决方案，加大自制内容的产出、引进海外版权、向影视内容生产产业链上游市场发展、合并或联合采购版权成为主要的四种方式，版权价格被有效压低，影视剧网络版权在 2012 年上半年开始大幅缩水。

视频网站自 2011 年起开始自制内容建设，如 2011 年 1 月，优酷网发布的全年内容战略计划中，"自制剧"成为其核心之一。搜狐网《搜狐大视野》和《钱多多嫁人记》、优酷网自制时尚剧《泡芙小姐》、土豆网自制剧《乌托邦办公室》、爱奇艺视频的网综《爱 GO 了没》、乐视网的网综《我为校花狂》等一批视频网站自制的新闻节目和自制剧、自制综艺节目开始陆续出现，虽然相较于传统平台的专业节目还略显粗糙，但依托时兴网络文化和热点、紧贴网民表达方式的自制内容有不少都受到了网民的喜爱，用户黏性和网站品牌影响力不断提升，也为网站盈利模式探索开辟了全新路径。部分优秀的自制内容甚至开始反向输送给电视平台进行播出，如：PPTV 作为联合出品方之一的《囧人的幸福生活》在江苏卫视播出；优酷网自制脱口秀与浙江卫视纪录片《艺术：北纬 30 度》合作制作，并在其黄金档播出。

同时，视频网站纷纷加大对海外版权内容的购买力度，包括美剧、韩剧、港台剧、海外综艺等，不断丰富内容库建设，开展内容差异化竞争。2010 年 4 月，优酷与韩剧资源丰富的韩国 SBS 电视台、KBS 电视台分别达成版权合作意向；同年 6 月，搜狐上线"韩剧高清频道"，并与韩国三大电视台签下 2010 年至 2013 年热播剧和近 10 年经典韩剧在中国的网络传播权。2013 年 4 月 27 日，腾讯视频宣布，与 BBC Worldwide、ITV Studios、Fremantle Media、All3Media International、Endemol 等六大制作公司达成中国最大英剧资源引进合作。

向影视内容生产产业链上游市场发展也是视频网站旨在降低版权费用的主要做法之一。2012 年 1 月，优酷完成对境外版权服务商 Trade Lead 公司的收购，并借此获得了对专业影视内容生产企业浙江东阳天世公司的控制权，成为视频网站走向产业链上游市场的先行范例。

此外，视频网站间合作联合采购版权也有效压低了版权价格。2012 年 4 月，

视频网站头部企业中的爱奇艺、搜狐视频、腾讯视频宣布三方将合作共建"视频内容合作组织"，在版权领域资源互通，三家将联手对版权内容进行采购，同时就各自已采购的视频版权内容进行资源合作，共促版权价格回归理性。

第三节　OTT 业务的客厅争夺战

中国巨大的家电市场和海量的电视大屏，使得互联网对电视大屏的征战从未止息。2009 年到 2013 年，以"电视盒子"和"互联网电视一体机"两种硬件为依托的"OTT 业务"，开始了一场客厅争夺战。

OTT 是"Over The Top"的缩写，这个词源于篮球运动中的一个动作"过顶传球"，用在电视上是指跳过有线电视系统或卫星电视系统等为用户提供视频等业务。国际上，OTT 的概念最早出现在 1998 年。美国微软公司"维纳斯"计划于当年 3 月正式启动，该产品是在 VCD 或机顶盒中内置 Windows CE 操作系统，使电视也可以上网，让非 PC 用户享受网上的生活方式，且仅为当时普通个人电脑价格的 1/5。在国内，OTT 的概念起始于微软公司 1999 年在我国对"维纳斯"的业务推广。1999 年 3 月 10 日，刚参加完亚洲 CEO 高峰会议的比尔·盖茨抵达深圳，这是他第 6 次到中国，而他此次中国行的主要目的就是推广"维纳斯"，当时中国巨大的家电市场和并不发达的电脑市场形成的强烈反差，为该项业务在中国的推广预设了巨大的市场空间。

维纳斯计划和数字家庭、信息家电等概念的提出，促使国内彩电厂商、商业视频网站和智能硬件、电子产品研发科技企业等民营企业纷纷围绕"电视＋网络"开始布局，最早一批"互联网电视一体机"探路者是长虹"网络回放电视"、康佳"E 视通网络电视"等产品，当时的产品用户均可以进行上网和收发邮件等简单操作，但还没有网络视频观看、电视回放等功能；最早的电视盒子（机顶盒）探路者就是微软在中国实施的维纳斯计划。但在当时的带宽条件和互联网应用的总体匮乏情境下，"互联网电视机"没有产生太大的影响力，实现了一部分电脑功能，但没有凸显电视机"观看"的核心作用，旨在将电视端升级成电脑端的维纳斯计划最终也以流产告终。

OTT 的核心业务还是以网络视频观看为主、其他网络应用为辅助，OTT 业务的真正爆发也是在商业视频网站在国内风靡之后，这取决于"客厅"的场景，OTT 用实际发展证明，客厅场景的主要诉求依然是"观看"，而不是上网浏览信息、收发邮件等个人独处场景。

一、电视盒子：客厅屏的升级之路

2003 年，结合国内超 3 亿的电视机家庭和 3C 融合趋势，最早以网络游戏起家的盛大就制定了一项"家庭娱乐战略"——通过电视盒子升级电视为网络终端，搭建一个使用户通过电视享受互动娱乐和资讯等服务的数字家庭娱乐平台。以此为目标，盛大于 2004 年启动"盒子计划"，收购了边锋游戏、浩方对战平台，并积极与内容方、硬件制造商、技术企业、广电在内的产业链上下游企业对接。2005 年 7 月，"盛大互动娱乐中心"主机正式推出，TCL、康佳、长虹、海信等大牌家电制造企业随后都参与到"盛大盒子"计划中，并已有相应多款产品开发上市。但盛大盒子因采用成本高昂的英特尔芯片和微软系统，市场售价达 6000 多元，市场推广困难重重。2005 年 12 月，盛大又推出了带遥控器的家庭娱乐产品 Ezpod（易宝），可通过遥控器操作与电视相连的电脑来最终实现电视机上网。

在电视盒子获得市场影响力之前，国家对 OTT 业务都没有明确的政策规范。但在 2006 年 4 月，广电总局向电信和网通正式发函叫停包括"盛大娱乐"在内的"准 IPTV"业务，函件发出后 7 天，盛大就宣布放弃斥巨资打造的"盒子计划"。

2006 年到 2008 年，各类型视频网站的兴盛发展、互联网视频内容和应用的不断丰富以及宽带条件的极大改善，"电视互联网化"已成为趋势，通信、家电、消费电子等国内外 IT 企业对电视终端的互联网化改造愿望又重新燃起。同时期 IPTV 和数字电视由于各种原因仍未取得较大进展，国家 2006 年的发函后也未出台更具体的规范，所以相较于制作生产门槛较高的"互联网电视一体机"，OTT 电视盒子使用方便、价格便宜，且能让电视"升级"，2009 年就在市场上重新出现并迅速打开市场，原力、美如画、闪联、海美迪、开博尔、蓝碟、亿格瑞、一言、迪优美特、第五元素等机顶盒品牌也相继问世。不过此时的机顶盒并没有得到国家政策的认可，依然属于暂时没有明令禁止政策出台的灰色地带。

2010 年被誉为三网融合元年。互联网电视也获得了合法发展的机会，但各类监管文件对于互联网机顶盒的产品形态并未做相关规定。2011 年 7 月，北京市广电局发出通知，严禁视频网站在未取得许可前从事机顶盒形态的互联网电视服务。[1] PPTV 向金运、蓝碟等电视机顶盒厂商提供互联网视频内容的服务也被叫停。

仅 3 个月后，广电总局下发《关于印发持有互联网电视牌照机构运营管理要求的通知》（181 号文），正式将互联网电视机顶盒纳入互联网电视一体机的管理范围，OTT 业务规范发展的转机出现。但通知规定，互联网电视机顶盒应在"三网融合"试点地区投放，不得擅自扩展地域范围；同时，机顶盒厂家需要先与牌照方合作，牌照方将编号授予机顶盒厂家，盒子才能销售，而盒子上的内容，也必须是自有版权内容。也就是说，此前游走在灰色地带的 OTT 电视盒子终于拥有了合法身份，可是播放的视频内容有了严格的规定，而且基于中国已有的海量电视屏幕，用 OTT 电视盒子对其进行互联网化改造，是当时最便利实惠并且可以迅速推广使其获得业务增值的最经济便捷的渠道。通知一出，市场热情再次被唤起，运营商、网络电视牌照商、盒子制造硬件企业和视频网站纷纷开始各种形式的合纵连横。短短 3 个月时间，中国的互联网电视机顶盒的市场销量已达到 300 万。[2]

2012 年，OTT 领域没有迎来新的监管政策。由于网络视频的用户渗透率已经趋于饱和，部分视频企业希望通过客厅端战略布局，抢占用户观看时间、提升广告营收，来缓解高昂版权"烧钱"的困局，所以 OTT 概念在这一年彻底爆发，运营商、广电、硬件企业、视频网站纷纷入局。2011 年 12 月，百视通表示 2012 年将联合终端厂商推出 100 万高清互联网电视机顶盒并在上海投放；2012 年 1 月，百视通和联想联合推出内嵌百视通客户端新闻、娱乐、体育等视频内容服务的首款互联网电视机顶盒 A30；同月，华数与 PPTV 宣布将共同开拓互联网电视一体机及机顶盒市场，乐视网宣布与 CNTV 达成合作进军互联网电视机顶盒市场；5 月，百视通与国广东方网络（中国国际广播电台旗下）签署就互联网电视业务开展战略合作的协议；7 月，央广旗下的央广新媒体公司与江苏台、爱奇艺共同成立银河互联网电视公司，融互联网电视集成运营商、内容服务商及互联网视频公司的优势于一身，合作发展互联网电视业务。2012 年 11 月 14 日，小米发布售价 399 元

① 金朝力：《PPTV 再违规遭广电总局批评》，《北京商报》2011 年 11 月 2 日第 3 版。
② 中国网络视听产业基地：《2012 年中国网络视听产业报告》，上海科学技术文献出版社，2012。

的电视机顶盒产品"小米盒子"。基于 Android 4.0 开发系统的小米盒子可以播放在线视频和本地文件，还有第三方应用扩展功能，小米盒子的高性价比彻底将电视盒子变成家喻户晓的产品。2013 年上半年，央广银河的"木星"OTT 电视机顶盒、华数的彩虹 BOX、乐视 3D 云视频智能盒子 C1S、芒果 TV 与华为联合推出的芒果派、TP-LINK 的 TP mini 大眼睛等各种盒子不断出现。7 月，阿里巴巴发布智能 TV 操作系统，华数彩虹盒子成为搭载该系统的第一代产品，并接入"聚划算、支付宝、水电煤缴费"等网络服务。之后，阿里借双 11 推出"凭订单免费得天猫魔盒"活动，11 日当天，阿里许诺送出的百万天猫魔盒，有一多半被领走。9 月，TCL 与爱奇艺联手推出"TCL 爱奇艺电视 TV＋"。

2013 年上半年，OTT 电视盒子已卖出 600 万台，如果说互联网电视一体机入局还有门槛的话，那么对于 OTT 盒子而言，就真是来者有份了，电视盒子市场彻底走向了高潮。

二、互联网电视：家庭屏的演进之道

2009 年 3 月起，长虹乐教电视、创维酷开电视、海信蓝媒电视、TCL MiTV 互联网电视、海尔模卡电视等"互联网电视一体机"相继面向市场发布，电视可以实现上网浏览信息、在线观影等多种互联网功能。

8 月 14 日，广电总局发布《关于加强以电视机为接收终端的互联网视听节目服务管理有关问题的通知》，要求厂商除了要取得《信息网络传播视听节目许可证》外，传播的影视剧也需要具备资质（《电影片公映许可证》《电视剧发行许可证》或《电视动画片发行许可证》）和著作权人授权。

除了播出内容，工信部和广电总局也积极推动互联网电视的技术规范制定。2010 年 4 月，工信部组织中国电子技术标准化研究所、电视机生产企业、广电企业、科研院校等启动"网络电视机应用技术要求"和"网络电视机用户认证管理系统技术要求"标准的制定。

2010 年 1 月 13 日举行的国务院常务会议，定下 2010 年至 2012 年重点开展广电和电信业务双向进入试点工作。随着国家"三网融合"的实质推进，中国网络视频接入渠道更加多样，发展空间更加广阔。2010 年 3 月至 4 月，广电总局先后给央视、浙江广电、上海广电下发《广电总局关于同意筹备开展互联网电视服务相关业务的批复》；4 月，广电总局在 CNTV 有关互联网电视的座谈会上，宣布广电总局将采取"集成服务＋内容服务"的互联网电视牌照管理制度。随着总局相关批复和规范的出台，互联网电视获得了合法发展的机会。2010 年 5 月 19 日，谷歌研发的 Google TV 在世界瞩目中亮相。

政策的出台和国际头部 IT 企业类似产品的推出，都为国内家电企业发展互联网电视一体机业务增强了信心，2010 年起，互联网电视产业开始风生水起，产业链上下游企业积极入场、积极开展资源匹配，共筑了持续三年的繁荣发展景象。

根据中广研究的调研结果，2011 年中国互联网电视一体机的销量为 1100 万台左右，用户数量已超 IPTV 用户数量（1350 万）。2012 年上半年，我国互联网电视渗透率超过五成，截至 2013 年底，互联网电视一体机保有量达到 4408.2 万台。

火爆之余，大量的盗版、盗链问题越发成为发展的核心掣肘。2009 年 8 月，影视数字发行商优朋普乐向新闻出版总署举报 TCL 生产销售的互联网电视机存在未经授权向用户提供大量盗版影视剧内容的行为，并向北京市相关法院提起诉讼，成为我国首宗电视机生产企业因涉及影视侵权而被诉上法庭的案件。与互联网电视一体机类似，2013 年开始，山寨盒子也愈加泛滥，违规现象也愈演愈烈，淘宝上许多售价不足百元的机顶盒都可以实现观看未经授权影视剧内容的功能。

电视大屏作为主流媒体舆论宣传的核心阵地，监管层自然不会允许如此乱象的存在。2014 年 6 月，广电总局下发了立即关闭互联网电视终端产品中违规视频软件下载通道的函，互联网电视行业开始迎来史上最严监管。7 月 11 日和 15 日，广电总局分别约见央视、央广、国际台及浙江、湖南、广东、上海四大台，将互联网电视的管理上升到国家根本利益的高度，并就当前互联网电视管理与经营中存在的问题和整顿方向提出明确要求。7 月 22 日，广电总局网络司要求各省网络管理处就本地互联网电视违规整改情况开展核查；8 月，广电总局办公厅下发通知，要求各省局对辖区内互联网视听节目服务单位进行全面检查；9 月 20 日，广电总局围绕打击盗版、保护版权要求视频聚合应用进行自查和整顿。

在一系列雷厉风行的监管动作下，不少视频网站 TV 版下线，盒子市场一时风声鹤唳。2015 年 9 月，《关于依法严厉打击非法电视网络接收设备违法犯罪活动的通知》出台，这一广电总局针对非法互联网电视终端最严厉的查处文件，将相关违规行为上升到违法犯罪的层面。该政策一出，宣告着OTT业务野蛮生长时代的结束，很多企业的产品在此时间段相继倒下，OTT用户出现了首次下滑。

这5年的OTT业务的客厅争夺战，从整体趋势来看，伴随着政策的不断变化经历了从热浪到寒潮的变化，但是OTT业务在中国的迅猛发展离不开网络视频从2004年开始爆发式增长给人们观看习惯带来的变化，而OTT业务也反向为网络视频扩展了用户群，为网络视频内容向电视端的输入奠定了渠道基础。

第四节 移动短视频的星星之火

在短视频的概念出现之前，从2002年开始火爆的戏仿视频，到2010年筷子兄弟《老男孩》等网络微电影、《故宫100》等网络微纪录片，网络短片用"微"区分了网络端和传统媒体端内容最明显的不同。在网络视频发展早期，"微"和"短"很大程度上是因为视频受"带宽条件"的限制，为了流畅播放而不得不短；同时大量网友自制内容也因为制作能力而不得不短。2009年之后，3G、WiFi、宽带的极大普及，版权长视频成为网络视频播放内容的主力，但在长视频的大潮下，短视频的星星之火点亮，"短"开始成为一种网络视频新的主动选择。

一、星桥火树：视频网站重返 UGC

早期视频分享网站的UGC内容，都是时长不超过30分钟的短视频。2008年，土豆网才把普通用户上传时长权限从30分钟提升到60分钟。2008年后，UGC内容对于带宽消耗等的成本与收益不成正比，在日趋规范的政策框架下还会牵扯版权纠纷，UGC一时间成了"费力不讨好"的代名词，2008年，时任土豆网CEO的王微甚至抛出了"工业废水"理论，行业一时间充斥着UGC唱衰之声。视频网站的盈利压力日渐增大，买版权、卖广告，像电视台一样的盈利，成为更加清晰的商业模式。2008年起，视频分享网站普遍转型"版权长视频＋用户自制短视频"的模式，且版权长视频的观看和经营已成为商业视频网站的主营业务，UGC业务被一定程度搁浅。

2011年后，在版权大战中，因"烧钱"而伤痕累累的视频网站也终于意识到忠诚用户的重要性。众多视频网站斥巨资购买版权剧吸引用户，可是视频网站慢慢发现，用户永远跟着内容走，当你不拥有某部剧版权的时候，用户就会切换平台进行观看。此时，UGC 短视频相比长视频更强的用户参与度、更多的流量，都促使老牌视频分享网站开始重回 UGC，开始以短视频的形式重返 UGC 战场，寻找差异化竞争道路。此外，当外部互联网大环境中 UGC 社交化成为行业大势，在社交化时代更具传播价值的短视频营销价值开始被重视，最早在 YouTube 上播放的《江南 Style》MV 的火爆也是得益于社交网络和视频网站的推波助澜。2012 年，酷 6 网推出"新酷 6"，启动千万基金支持原创力量养成计划；56 网携人人网推出"分享＋"计划；PPS 推出"爱频道"；土豆网推出"豆泡"，纷纷加大 UGC 短视频布局。

同时期，3G 的普及，智能手机功能的不断提升和费用的不断降低，配合已成为主流应用的手机社交软件，让普通民众随手拿起手机、随手拍摄、随手传播短视频变成可能，而移动短视频工具性应用的出现，让用户可以轻松通过手机变身"剪辑师、特效师"，通过非常简单的操作让非影视专业人士拍摄的视频可以被美化，原本属于 UGC 短视频"低俗、粗糙"的风貌开始有一定改善。经由移动短视频工具性应用美化的网络视频让用户有了展示的成就感和"被看见的欲望"，又进一步促进更多的用户加入短视频的制作生产中，UGC 短视频内容也因此更加丰富。

香港十大市场研究公司之一的精确市场研究集团（CSG）发布的《短视频用户研究报告》显示，截至 2012 年 9 月，视频网站的日均观看时长（1.8 小时）已超越电视（1.68 小时）。在网络视频用户中，除电影、电视剧、综艺节目以外的网络短视频（时长在 20 分钟内的视频）使用比例为 62.2％，低于长视频 14.7 个百分点。报告还显示，在用户、成本上有着独特优势的短视频用户中，25—35 岁的年轻用户占 64％；短视频用户与长视频用户相比，主动分享视频的频率较高；调查中，有 29％的用户制作并上传短视频。《报告》还指出，国内几大主流视频网站的上传者与浏览者之比中排名前四位的分别是酷 6 网、56 网、优酷网、土豆网。[①]

二、星火燎原：网络视频成为一种社交语言

2011 年，制作分享时长以"秒"来算的短视频应用首先在国外出现。

---

① 王方：《网络视频收看时长超电视短视频市场成香饽饽》，《中国广播》2012 年第 12 期。

2011 年 4 月，最早的移动短视频应用 Viddy 登陆苹果应用商店，用户可以通过 Viddy 对拍摄视频添加音效、特效等美化效果，最终呈现为 30 秒的视频短片。Viddy 上线后就被评为"一周最佳应用"，在 49 个国家排名第一，用户用 Viddy 剪辑的内容可以直接分享到 Viddy 社区、Facebook、Twitter、YouTube 等平台。2012 年 4 月，该应用平台的注册用户就已超过 1000 万，5 月，Viddy 宣布已经获得来自机构投资者的 3000 万美元投资，估值已达 3.7 亿美元。2013 年 1 月，Twitter 发布 Vine，用户可以拍摄 6 秒钟的短视频并通过社交平台分享。Vine 发布仅 6 个月，活跃用户就达到 1300 万人。2013 年 6 月，Facebook 旗下的图片分享应用 Instagram 推出了视频功能，用户可以将不同的 15 秒的视频分段录制，最后拼接在一起在社交平台分享。

以"秒"计算的短视频应用在国外的流行也逐渐来到国内，被誉为视频编辑工具届的"美图秀秀"的"小影"于 2013 年 1 月正式在安卓手机端上线，可为用户提供便捷的视频剪辑功能和滤镜、配乐、海报等多种剪辑素材，"小影" 10 个月内注册用户已超过百万，用户每天在剪辑后将视频上传分享的超 1000 条。同期，微拍、啪啪奇、微可拍、微录客等一批短视频分享应用先后出现。微拍的产品形态类似一个视频微博，啪啪奇是爱奇艺在 2013 年推出的一款手机视频拍摄、编辑和分享的应用。2013 年下半年，拥有当时最大用户量的社交软件微博和微信的新浪和腾讯，也先后发布短视频应用，并很快以"巨头之姿"占据了行业头部。2013 年 8 月，新浪发布的微博 4.0 版客户端可供用户在手机客户端唤起"秒拍"应用，实时拍摄或分享 10 秒短视频，该版本上线不到 8 个月，用户已超千万。9 月，腾讯"微视"上线，支持 2—8 秒的短视频拍摄及分享，"微视"既可以作为单独的短视频社交平台应用，也可以实现在腾讯微博、微信朋友圈上的联动更新，微视的日活用户数量在 2014 年春节期间已达到 4500 万。

按秒计时的短视频相比最初的视频分享网站，将"短"的特点发挥到了极致，但细究原因，这种"读秒"短视频与技术和商业的发展息息相关。视频分享网站在最初建立时只能上传 30 分钟以内时长的内容，是因为受限于当时的带宽和网络播放条件，长视频在当时的带宽条件下根本无法在网页实现流畅播放。短视频出现的档口，正是 3G 业务开始发展的阶段，手机移动端成为整个互联网行业新的征战热点，在"手机＋3G＋资费"条件下，同样无法支撑过长的视频，在目的是人们可以移动性、跨场景性和随时随地分享视频的背景下，出现 6—15 秒的短视频也是情理之中。短视频也因为其"极短"带来的制作便捷、门槛低、传播便捷而成为网络视频对移动手机端征战的排头兵。这一趋势与电脑端视频分享网站初创阶段的 UGC 视频发展趋势是类似的。

视频时长计量单位从分钟变为秒的"读秒时代"重构了视频传播与影视表达的"语言规则"。心理学研究曾证明，人类存在着"生动性偏见"，具有视觉显著性的信息容易左右人们的判断，作为一种记录、分享用户真实生活与感受的社交载体，视频本身就比文字和图片有更强的表现力和感染力，而这种"读秒规则"又带动了短视频与社交平台的相融关系：短视频"眼见为实"的真实和感染力可以促进社交的亲密感；时长极短、制作门槛低、易于应用传播的短视频吸引更多的非专业人员加入，从各个角度展现着丰富万千的真实世界和缤纷创意，从内容角度为社交平台贡献了更强的吸引力和用户黏性；而社交平台为短视频的快速传播提供了平台和渠道，让优质内容更容易被挖掘和传播，"被更多人看到"的社交需求也吸引着更多用户加入短视频的创作中，增加短视频用户流量。正因为"读秒规则"的短视频，网络视频开始成为融入以碎片化特点见称的社交平台，开始变成除了文字、图片之外的常态社交"语言"，这种与社交平台的深度融入对于网络视频未来的发展至关重要。

伴随着 4G 时代的即将到来，短视频在之后的形态显著变化就是时长变长，但最初网络视频与社交平台的相融却是因为以秒计算的短来做星火才得以未来的燎原。

第五节　资本政策双驱动的格局重组

2009 年到 2013 年，从"国家队"出击开始，网络视频不再只是民营企业和商业资本的竞技场，传统媒体凭借专业内容和品牌影响力的双重天然优势，点燃了网络视频的全平台竞争。也正是由于全平台的充分竞争，更多优质的专业影视内容在版权大战和 OTT 业务客厅争夺战硝烟弥漫中，从电视网来到互联网，网络视频专业内容的丰富度极大提升。加之不断拓展的带宽、高清网络视频的推出等技术升级的助力，用户的观看体验不断提升，网络视频的用户规模和用户黏性大幅提升，通过网络的"观看"正成为越来越多网民的一种习惯。

当新的剧幕打开，很多老故事的主角也在悄悄谢幕，与行业"大发展"

一直相伴的是"大变化"。经过最初筚路蓝缕的历程，草莽年代的数百竞技者，只剩下其中的数十翘楚，市场的"无形之手"通过合并、结盟、并购、互换等措施开启行业整合大潮，以降低版权成本、提高资源效率、提升企业盈利能力，行业已显示出规模化、集约化和专业化的发展趋势。政策不再是跟跑的角色，"有形之手"开始向领跑者转变，联手市场的"无形之手"共同驱动着网络视频行业新的格局重组。

一、市场逻辑驱动的整合之潮

从 2008 年金融危机开始，一大批实力不佳的视频网站先后因资本和政策原因退出舞台，经过大浪淘沙留下的头部网络视频企业，用户数量基数巨大，带宽成本、内容成本持续增加，最初的风投和银行贷款将其送入头部梯队后，已经拥有"金字招牌"的企业开始需要更大规模的资金支持来获得进一步的发展壮大。一部分企业选择上市募集资金，而另一部分企业选择兼并重组降低生产成本。

2010 年被称为视频网站的"上市元年"：8 月 12 日，乐视网在国内创业板挂牌上市；8 月 17 日晚间，在美国纳斯达克上市的华友世纪正式发布公告，更名为酷六传媒，股票代码从 Hurray 改为 Ku6Media，酷 6 网成为首家海外上市的视频网站；10 月 19 日，华数传媒在深圳证券交易所挂牌上市；11 月 10 日，土豆网向美国证券交易委员会（SEC）提交了 IPO 文件（土豆网于 2011 年 8 月 18 日登陆纳斯达克）；11 月底，酷 6 网和盛大旗下的华友世纪置换其全部股权后，酷 6 网通过曲线上市登陆资本市场；12 月 8 日，中国在线视频公司优酷网登陆纽交所公开发行上市，股票代码为 YOKU，融资总额增至2.33 亿美元。无论是依附型上市还是独立型上市，无论是在国内还是国外上市，视频网站都通过进入股票市场获得了充足的发展资金，拥有了在内容版权、人才、技术等方面更大投入的能力，强者越强的情况相伴而生。

视频网站从成立起，一直盈利艰难，很多企业选择海外上市的原因也是中国证券市场规定，凡是申请上市的企业都要拿出连续两年实现盈利的证明。一直高昂的流量成本和飙升的版权内容成本，让很多视频网站的运营陷入困境，2011 年起，网络视频行业开始出现兼并潮，不同企业通过并购，聚集品牌力量、版权内容资产和用户基量，形成规模效益，以谋求收益最大化。2011 年 8 月 17 日至 8 月 25 日，新浪以 6640 万美元购买了土豆 9.05%

的股份；9 月 27 日，人人网以 8000 万美元现金收购在线视频网站 56 网，56 网成为人人公司的全资子公司，人人网计划将 56 网的用户生成内容（UGC）与自己的 SNS 业务进行协同借力；11 月，搜狐视频与微软 MSN 中国达成视频业务战略合作，由搜狐视频负责 MSN 中文网视频业务的内容运营。2013 年 3 月 12 日，优酷网宣布以换股方式收购其竞争对手土豆网 100% 股权，合并后二者分别持有新公司优酷土豆 71.5% 和 28.5% 的股权，交易额约为 10.4 亿美元；3 月 27 日，百视通晚间发布公告称，董事会全票通过，拟出资现金 3000 万美元以受让股权及增资的方式获得风行 35% 的股权，投资后，百视通将成为风行的第一大股东，从广电背景正式转型参与网络视频市场的竞争；5 月 7 日，百度宣布以 3.7 亿美元收购 PPS 视频业务，并将其与百度 2010 年投资组建的独立视频公司"爱奇艺"合并，以此扩大爱奇艺在移动客户端和 PC 端方面的优势，合并后的新爱奇艺立刻成为在用户数量、使用时长等维度全面超越竞争对手的中国网络视频第一大公司；10 月 28 日，苏宁宣布联合弘毅投资战略投资 PPTV，苏宁云商出资持股 44% 后成为 PPTV 第一大股东。

　　高效优化的资源配置、优胜劣汰和最大限度的资本增值是市场的基本逻辑，网络视频行业也不例外。市场洗牌下的整合大潮只是市场这只看不见的大手推动行业前进的新一步，伴随着行业继续呈现出的井喷式增长态势，受市场基本逻辑的驱动，网络视频企业在此轮整合短暂的安全、守擂或攻擂成功后，又开始了新一轮的探索征战。

二、政策锚定核心的领跑之势

　　网络视频从产业特质来看，最大的特点是其产品形态为"视频内容"，不同于衣食住行等物质层面的需求，该产品形态涉及广大人民群众的精神文化需求，归根结底是文化消费市场的一员，仅按照经济的逻辑运转，在市场逻辑和资本逐利性、增值性本质的驱动下，低俗、盗版等乱象难以禁止，最终会败坏社会风气、危害普通民众的身心健康。面对迅速发展的网络视频行业和商业视频网站占主流的市场环境，面对数以亿计的用户，传统媒体中"把关人"角色消失，经过前一阶段的经验积累，政策开始由"跟跑"状态加速起跑，通过"政策立规＋政策严打＋政策促进"锚定核心，担当起行业第一"把关人"角色，促进行业健康、积极发展。

政策"立规矩、明尺度、定标准"，是行业绿色发展和科学发展的重要支撑。这是从最低处，为行业发展设置明确的红线和可操作的明晰标准。2009 年到 2013 年，政策围绕牌照准入、互联网电视、IPTV、视频网站内容审核责任等关键词，做出了具体的界定，具体如表 3-3 所示。"56 号令"之后，网络视频行业监管责权日渐明晰，"关停"之压犹如一直悬在网络视频经营者心中的"德摩克里斯之剑"，对政策的关注度和响应度明显提高，政策出台的频度、力度、规范度、清晰度和影响力也日渐加强。

表 3-3　2009 年至 2013 年广电总局出台政策措施情况

时间	部门	文件	内容要点
2009 年 3 月	广电总局	《关于加强互联网视听节目内容管理的通知》	未取得许可证的电影、电视剧、动画片、理论文献影视片，一律不得在互联网上传播
2009 年 9 月	广电总局	《关于互联网视听节目服务许可证管理有关问题的通知》	重申互联网视听节目服务网站须持证运营；多家知名 BT 网站因为"无证上岗"而被关停
2010 年 3 月	广电总局	颁发了国内首批互联网电视牌照	中国网络电视台、上海文广新闻传媒集团、杭州华数数字电视传媒集团有限公司相继获得
2010 年 11 月	广电总局	《广播影视知识产权战略实施意见》	加大对版权和著作权的知识产权保护
2011 年 6 月	广电总局	《关于加强互联网传播新闻类视听节目管理的通知》	对互联网传播新闻类视听节目提出明确要求
2011 年 10 月	广电总局	《持有互联网电视牌照机构运营管理要求》	规范互联网电视服务秩序
2012 年 6 月	广电总局	《关于 IPTV 集成播控平台建设有关问题的通知》	IPTV 集成播控平台和分平台、全国性 IPTV 内容服务平台和省级内容服务平台、IPTV 传输服务企业，均应分别取得广电总局颁发的相应项目许可证
2012 年 7 月	广电总局	《关于进一步加强网络剧、微电影等网络视听节目管理的通知》	规定互联网视听节目服务单位按照"谁办网、谁负责"的原则，对网络剧、微电影等网络视听节目一律实行自审自播、先审后播

* 2013 年无相关政策措施。

"严打措施"是政策落地的强力保障。2009 年至 2013 年，国务院新闻办、公安部、文化部、工商总局、广电总局等七部委联合以"无证、低俗、盗版"为重点集中整治对象，整治力度不断加强。2009 年 1 月全面开展的

"互联网反低俗专项整治行动"，持续了一整年以低俗内容为主要任务开展集中整治专项任务。专项行动势头十分猛烈，通过查处服务商、关闭网站、停止接入、公开曝光等有力措施，一批无证的或含有低俗内容的网络视频网站被关闭。2010年起，已持续6年的"打击网络侵权盗版专项行动"升级为力度更强的打击网络侵权盗版专项治理"剑网行动"，持续时间长达3个月。每年针对"无证、低俗、盗版"整治行动的固定开展，使网络环境得到明显净化，网上低俗之风得到了有效遏制。

"定方向、给支持"，是促进行业蓬勃发展的催化剂，是从最高处为行业发展设置发展方向和助力措施。互联网管理经验的不断丰富和国家对精神文明建设的日益看重，政策开启了全新的"领航员"角色。2009年至2013年，"文化产业振兴规划""三网融合规划""推动社会主义文化大发展大繁荣若干重大问题的决定"及"'十二五'时期文化改革发展规划纲要"等重大国家战略规划先后出台（具体如表3-4所示），网络视频行业迎来了重要的发展机遇和更广阔的市场空间。

表3-4　2009年至2013年重大国家战略规划情况

时间	部门或事件	文件	内容要点
2009年9月	国务院	《文化产业振兴规划》	支持发展移动多媒体广播电视、网络广播电视等高科技技术
			通过降低准入门槛，加大政府投入、提供金融支持、落实税收政策、设立中国文化产业投资基金等措施予以落实
2009年2月	国务院	《电子信息产业振兴规划》	提出推进三网融合
2009年5月	国务院	《国务院批转发展改革委关于2009年深化经济体制改革工作意见的通知》	现广电和电信企业的双向进入，推动三网融合取得实质性进展
2010年6月	国务院	三网融合试点方案	国务院三网融合协调小组会议通过了三网融合试点方案
2011年10月	中国共产党第十七届六中全会	《中共中央关于深化文化体制改革　推动社会主义文化大发展大繁荣若干重大问题的决定》	建设国家新媒体集成播控平台，创新业务形态
			实施网络内容建设工程，推动优秀传统文化瑰宝和当代文化精品网络传播，制作适合互联网和手机等新兴媒体传播的精品佳作，鼓励网民创作格调健康的网络文化作品

时间	部门或事件	文件	内容要点
2011年12月	中共中央办公厅、国务院办公厅	《国家"十二五"时期文化改革发展规划纲要》	加强互联网等新兴媒体建设 制作适合互联网和手机等新兴媒体传播的精品佳作，鼓励网民创作格调健康的网络文化作品

*2012年、2013年无相关战略规划。

此外，网络视频行业协会成立，行业协会开始作为网络视频行业管理的主要抓手，行业自律也作为新的管理办法开始出现。2011年8月19日，经民政部批准，中国网络视听节目服务协会成立，成立大会审议通过了《中国网络视听服务协会章程》，选举产生了协会执行机构和负责人。2012年7月13日，中国网络视听节目服务协会理事会第一次会议在北京召开，会议通过了《中国网络视听节目服务自律公约》及《网络剧、微电影等网络视听节目内容审核规则》，以及组建网络视听节目专家评议委员会的决议等。

至此，政策锚定核心的姿态在网络视频行业已经完整出现，与市场一起，成为行业的核心驱动力之一。

第六节 结语：价值与权力共塑的集中化

2009年到2013年是网络视频的竞合期，通过文化技术凸显的媒介价值与资本政策的共塑，产业微观领域呈竞争的面貌。同时，从网络视频作为媒介的整体传播层面来看，如果说此前网络视频与电视的传播力无法同日而语的话，竞合期的网络视频开始与电视进行正面竞争。多维充分竞争的结果是政策、产业、渠道集中化的开始，网络视频展现出更多类似"电视般"大众媒体的发展面貌，这也是中国网络视频竞合期的核心特征。

从文化层面来看，迅速崛起为一个新的文化领域的互联网在21世纪的最初8年中，已对浸润在电视文明中的中国人的文化接受习惯构成温和的冲击，在网络视频竞合期同时段内，伴随着社交媒体的集中出现，互联网文化对社会文化的影响和冲击力度不断增大。此外，随着人类视觉文化生产和视觉传播的多屏时代的到来，以及当代全球文化正全面实现视觉转向过程的深化，浸润在互联网文化中的网络视频价值受到了更多机构主体、用户、资本的注意，媒介影响力持续增大。

从技术层面看，互联网进入移动时代和能提供更好交互体验、互联网体验、拍摄体验的智能手机逐步在我国普及，让适配小屏播放的网络视频随着便携的手机小屏开始释放能穿透生活各个场景的价值，手机逐渐成为集通信、工作、娱乐、学习、拍摄等功能于一身的综合性工具，移动端的大发展为网络视频在计算机端之外扩展了更为广阔的用户市场，进一步抢夺了用户"看电视"的时间。移动短视频星星之火的萌发也是以此为物质性基础。

英国作家汤姆·斯丹迪奇（Tom Standage）在其所著的《社交媒体简史》一书中指出："新技术问世后总要有一段调整期，社会需要制定使用新技术的适当规矩，而新技术也需要随之做出调整。"从政策上来说，已经初步积累了互联网管理经验的监管部门，随着相关职能的捋顺，开始对这一内容涉及意识形态和本土文化的网络传播视听业务进行更严格、更细化的监管，对"低俗、盗版"的严打让商业视频网站在用户分享模式的经营上，由于内容过多、监管难度过大所承担的运营风险更高。头部视频分享网站纷纷在经营风险较小的"媒体化"发展道路上押注更多筹码，版权争夺战也是在这个背景下发生。

政策调整的同时，资本作为市场的"无形之手"，在2008年金融危机后，陆续通过合并、结盟、并购、互换等措施开启商业视频网站整合大潮，以降低版权成本、提高资源效率、提升企业盈利能力，商业视频网站行业显示出规模化、集约化和专业化的发展趋势。

在日益凸显的媒介价值和政策资本背景下，商业视频网站和广电集团都对自身的内容、平台、渠道、效果及影响力等构成要素进行不断的调整重构。国家队出击网络视频、争夺主流声音对网络视频媒介的控制权，一批主流广电媒体的网络电视台相继成立，形成传统媒体在网络视频领域的集群力量。处在同一赛道的两者：浸润在互联网文化中的商业视频网站以用户喜好为第一诉求，开始了对精品影视剧这一网友喜好内容的资源进行抢夺，还通过OTT业务，试图通过更多用户的获取，分摊版权成本，获得更大的商业利润；而同时期被国家的垄断资源庇佑的电视台，无论在电视端还是在网络电视台平台均以电视平台和电视文化为本，并未依据网络视频的本质和日渐成为主流化的互联网文化开展对自身的颠覆式反思和重塑，所以日渐式微，在新的社会与文化语境下开始变得难以生存。这些机构不同的经营策略和运营发展结果，导致传统电视在与网络视频正面竞争中，已不再占据上风。

　　总的来说，国家主流媒体力量的加入、资本的追捧和产业规模化发展，促进了网络视频媒介影响力、用户、传播力的不断提升。网络视频在竞合期的发展，其打破线性播放的观看魅力被极大放大，其分享本质、互动本质却因为视频分享网站的运营转型和政策严管而较上一发展阶段没有得到充分的展现。毕竟商业拥有的是逐利本性，而政策有维稳诉求，在当下时代更加适配这两者的是网络视频媒体化的发展道路。大众传媒时代的内容生产容易让内容失去个性，网络视频在萌芽期所展示的鲜明个性特征也伴随着网络视频媒体化发展大潮而略显暗淡。但在竞合期的尾巴上，短视频燃起了星星之火，成为未来网络视频还原媒介特性全貌的火种。

第四章 变局与破局：中国网络视频的
转折期（2014—2015）

2013 年底，我国 4G 网络建设正式铺开，移动互联网踏上发展快车道，移动上网网速瓶颈基本破除。实时性要求较高、流量较大、需求较大的网络视频迎来移动应用大发展的新窗口期。当桌面互联走向移动互联，视频化成为中国网络媒体的发展趋势，网络视频也伴随移动应用场景的极大丰富与用户日常生活跨场景如影随形。

CNNIC 发布的《第 34 次中国互联网络发展状况统计报告》显示，2014 年 6 月，手机首次超越电脑端成为第一大上网终端设备，手机视频业务迎来爆发期。商业视频网站全面启动专业自制，启航寻找新大陆，摆脱对传统媒体的版权依赖；在与商业视频网站一争高低的尝试中，主流广电媒体先台后网的运营开始将"网台融合"作为媒介融合的突破点；二次元作为网络亚文化的代表开始以网络视频作为表达方式进行聚集，由此诞生的弹幕视频网站从"奇怪"的存在逐步变成流行的"新奇"；移动支付的席卷为视频网站的盈利搭建了桥梁，彼岸的视频网站开始真正从"免费"向"付费"跨越；网络视频行业马太效应明显，巨头鼎立，网络视频从单纯的泛娱乐文化服务变成多功能、跨平台、多屏幕、全媒体互联网科技巨头公司产业生态中连接平台、内容、终端以及应用的核心媒介。

2014 年到 2015 年，网络视频用户规模从 4.28 亿增至 5.04 亿，网民使用率从 62.6％提至 69.3％，手机端网络视频用户规模从 2.47 亿增至 4.05 亿。走过探索期和竞合期的网络视频，乘着技术、产业、资本、政策的东风，被手机端移动观看赋能，以内容为核心突破口进入了关键转折期：开始摆脱电视、电影等大众媒介的从属补充地位，以与它们同等重要的媒介身份开始高歌猛进。

第一节　自制突围：网络视频登上新大陆

"差异化"是商业网络视频平台在面对全平台竞争时选择的生存之道，而自制战略就是商业视频平台差异化竞争的重要手段之一。面对高昂的版权费用和国家对盗版内容的严厉打击，商业视频网站纷纷把目光投向了成本相对较低且可获得独家播出权的网络自制内容，减少运营成本的同时试图获得差异化的竞争力。

2008 年之前，视频网站多采用"扶持 UGC 创作＋购买专业影视版权"的"平台"运营思路，搜狐娱乐的网综《大鹏嘚吧嘚》、东方宽频网出品的网络互动剧《迷狂》、凤凰宽屏出品的网络互动剧《Y.E.A.H》都是视频网站最早的自制探索代表。2009 年后，鉴于商业视频网站多年对网络短片、微电影等自有原创内容创作力量的扶持和输出，加上我国影视剧年产量与播出量巨大悬殊造成的传统影视产能过剩的现状[①]，以及制播分离背景下大量传统媒体人走向内容生产前沿的情况，在内力与外力的结合下，视频网站开始频繁与专业影视内容生产商（PGC）合作生产依靠网络渠道独家播映的自制内容。2009 年，中影集团和土豆网联合出品的《MR.雷》、优酷网出品的《嘻哈四重奏》是最早一批在互联网获得影响力的网剧代表；2010 年，优酷网与中影集团联合出品的《11 度青春系列电影》之《老男孩》成为网络微电影的初代爆款；2011 年，视频网站陆续启动自制战略；2012 年，搜狐视频出品的网剧《屌丝男士》单集平均播放量超千万、全六集累计破亿，乐视网出品的网剧《东北往事之黑道风云 20 年》开播一周点击量破亿，优酷的脱口秀网综每集平均播放量超过 200 万；2013 年，乐视网出品的《唐朝好男人》PC 端播放量共有 3 亿，优酷的《万万没想到》全集播放量近 2亿。虽然偶有现象级网络自制内容的出现，但是总体来说，2013 年之前只是商业视频网站自制内容的启动期和试水期，网络自制内容的数量、质量和影响力都还无法与同时期传统影视版权内容相提并论。

2013 年起，各大视频网站开始下血本发展自制内容，增加自身的竞争自主权，将"大力发展自制内容"上升到与高价购买独家版权同等重要的两

---

① 宋培英：《网络自制剧的历史、现状与突围路径》，《中国广播电视学刊》2017 年第 4 期。

条腿战略之一，一批大投资、大制作的自制内容从 2014 年开始登陆各大视频网站，点击量不断创新高，不亚于传统影视内容影响力的纯网自制内容开始成为全网的爆款流行，网络自制内容的制作、发行也开始走上产业化、规模化发展道路。

2014 年，优酷土豆自制方面的投入资金在 3 亿元以上，共自制 50 档综艺访谈节目、17 部周播自制剧、20 部微电影，联合出品电影 10—15 部；爱奇艺自制内容的投入资金约为 3 亿元，自制剧 15 部，其中包含 5 大超级网剧《盗墓笔记》《鬼吹灯》《心理罪》《活着再见》和《皮囊游戏》，自制综艺娱乐访谈等节目三四十档，联合出品 8 部电影；腾讯视频生产了 14 部自制剧集和 30 余档原创节目；搜狐视频延续自制《屌丝男士》与《极品女士》系列之外，上线《隐秘而伟大》《匆匆那年》等重头自制内容，针对自制的投入是 2013 年的 2 倍；乐视网全年播放自制剧 550 集。① 2014 年，网剧、网综和网络大电影等网络自制内容的数量都超过了之前数年总和。网络自制内容动辄数亿的点击量正式标志着我国网络视频自制内容突围战的初步胜利，网络自制内容正逐渐成为撼动 6 亿观众观看抉择的主导，商业视频网站率先登上网络视频新大陆。总体来说，网络自制内容呈现出以下几个明显的发展特征。

一、大制作、大投入的"精品自制"

2013 年以前，网民对大部分的网络自制影视内容都留有粗制滥造的印象；2014 年，一系列大制作、大投入、专业化的网络自制内容横空出世，开始扭转用户的刻板印象。

腾讯视频 2014 年出品的《暗黑者》改编自周浩晖的畅销小说《死亡通知单》，单集制作成本 73 万元，已经接近一部传统电视剧的制作水平，出品方是业内知名的传统影视公司慈文传媒。《暗黑者》采用美剧的拍摄手法，融合警匪、悬疑、推理等元素，一改当年网剧粗制滥造的面貌，一经推出便以精品网剧的形象获得播放量和口碑的双丰收，豆瓣评分 8.1 分，被冠以"网络探案剧鼻祖"的名号。收官时全剧播放量突破 4 亿，覆盖 2100 万用户，甚至超过了很多卫视播出的重量级电视剧。

---

① 钟大年、王晓红、周逵：《中国网络视频年度案例研究》，中国传媒大学出版社，2015，第 15 页。

搜狐视频 2014 年推出的《匆匆那年》单集投入超百万，并首开先河，运用了先进的 4K 技术，画面质感达到影院级别。这不仅是视频网站行业内首次使用 4K 技术，也是中国电视剧拍摄第一次使用。搜狐视频对自制剧品质的精益求精、重大投入彰显无遗。《匆匆那年》收官时累计播放量近 8 亿。

2011 年，美国流媒体服务公司 Netflix 靠提前支付的 1 亿美元制作费成功说服导演大卫·芬奇拍摄网剧《纸牌屋》，拍摄单集成本高达 400 万美元，远高于美国一般电视剧单集 150 万至 200 万美元的制作成本。同样的故事，3 年后也在中国发生。2014 年，爱奇艺以网剧史上创纪录的单集 500 万元投入的制作成本，邀请了当时的爆红明星和欢瑞世纪公司，以远超传统电视剧的成本，拍摄根据同名畅销小说改编的网剧《盗墓笔记》。2015 年 7 月暑期档上线的《盗墓笔记》开启收费模式后，视频网站在 5 分钟内收到 1.6 亿次播放请求与超过 260 万次的会员开通请求，按每人 15 元/月会员费计算，这部剧光是会员费就在开播时获得 3900 万元的收入。5 个月后，爱奇艺就宣布当年会员数量翻了一倍，突破千万。《盗墓笔记》的成功震惊了全行业。

2015 年，爱奇艺推出了"超级网剧"的战略布局，其中第一部作品《心理罪》于 5 月如期播出，单集制作成本达 300 万元，整体制作和宣发成本更是接近 8000 万元，制作水准看齐美剧，上线八集流量就已破亿，微博话题阅读量也近亿次，高品质的内容和高精尖制作水准最终形成了强大的影响力和吸引力。[①]

自媒体骨朵网络剧统计的数据显示，仅 2015 年各家视频网站单集制作成本超过百万元的超级网剧，就多达 27 部。其中，搜狐视频打算花掉 2014 年预算的两倍来实现多部超级网剧的计划，优酷土豆的自制剧年度预算也高达 6 亿元。

以网剧为代表，口碑、流量、品质俱佳的超级自制，正式成为行业自制的发展方向。

二、多题材、多风格的"差异利好"

网络自制内容的兴起得益于题材，涉及奇幻灵异、侦探推理、惊悚悬疑、热血励志、时空穿越、玄幻修真等内容的多元化题材弥补了电视、电影

---

① 《〈心理罪〉上线八集流量破亿 "超级网剧"叫好叫座》，爱奇艺：https://www.iqiyi.com/common/20150606/54bf35769687a15f.html。

荧幕内容类型缺失的"灯下黑"，在一定程度上满足了网民的"猎奇"需求，为日渐饱和的传统影视市场开拓出了崭新的发展空间。网络自制内容刚刚大量涌现时，内容监管尚不明确，这些题材普遍因为电视剧严格的审查制无法登上卫视，而这正成为视频网站弯道超车的捷径。

以《万万没想到》和《屌丝男士》为代表的网剧走的是爆笑、无厘头风格，笑点密集，剧情内容紧扣热点话题，输出鲜明的观点和价值观。《万万没想到》第二季在片头和片尾植入特色广告，将联想手机、银鹭等品牌分期在剧情的片头片尾中报道，将广告做成故事情节的一部分，被称为"网络神剧"与"广告神剧"。《灵魂摆渡》主打灵异题材，《暗黑者》走涉案内容推理剧路线，《STB 超级教师》模仿日剧风格，《唐朝好男人》与《太子妃升职记》为古装穿越，《盗墓笔记》为古墓探险。生于以上类型内容稀缺的时代，这些剧都大获成功。

2014 年 11 月，爱奇艺重点打造的大型脱口秀节目《奇葩说》第一季上线，采用有爆料、有看点的辩论方式，辩题包含"漂亮女人该拼事业 or 男人、精神出轨和肉体出轨你更不能接受哪个"等在电视栏目中从未出现但是网友普遍关注的"大尺度"辩题，以小人物草根气质、声色犬马的网络风尚以及新青年黑色幽默文化，吸引了大量有共鸣的青年观众。大获成功的《奇葩说》还在社交媒体引发了持续的话题讨论，火爆的讨论度为其传播推广进行了飞轮效应般的天然助力。搜狐的自制综艺节目《隐秘而伟大》用隐秘拍摄的手段，将明星不知情情况下操作的突发状况真实反映在网友面前，大大满足了受众对明星私生活的窥探心理，开播 48 小时就突破 1500 万播放量，上线 7 周 8 次登上微博综艺排行榜榜首，多次超过网台同步播出的《舌尖上的中国 2》。此外，爱奇艺的个人脱口秀节目、优酷《文房四宝》系列个人脱口秀节目《罗辑思维》《袁游》《鸿观》《梁言》、PPTV《天天"逗"文涛》、土豆网"看理想"文化脱口秀节目《一千零一夜》《局部》《听说》等一大批文化名人脱口秀集中在 2014—2015 年涌现，以"知识性和颠覆性并存""可看性和趣味性相融"成为网络自制内容中的亮丽风景。

三、移动端适配的内容形态变革

随着 4G 牌照的发放和移动互联网的发展，智能手机和视频应用的不断升级以及移动观看体验的不断改进，用手机随时随地看视频，已经成为日常生活中常见的场景。"观看"的场景不再局限于放置电视的客厅或放置电脑的书房，通勤路上、聚会间隙、独食时刻都可以成为用户"观看"的场景，"观看"时间变得碎片化、"观看"时注意力开始稀缺。生于移动端观看场景巨变的时代，网络自制内容在内容形态上展现出与传统影视内容的明显差异。

一是时长不再固定。在"观看"还以电视为主的时代，受限于播出时段和播出政策，电视剧、综艺、晚会等各节目类型都有基本固定的时长，电视剧一集 45 分钟左右，综艺节目一般为 90 分钟左右。而视频网站非线性播出的网络自制内容不再受限于播出时段，内容时长变成服务于内容本身的存在。热门网络剧中，《万万没想到》每集 5 分钟左右，《屌丝男士》每集 15 分钟，《STB 超级教师》《唐朝好男人》与《太子妃升职记》单集在 20—30 分钟，《灵魂摆渡》单集 20—50 分钟，《心理罪》单集 30 分钟，《暗黑者》30—40 分钟，《盗墓笔记》与《匆匆那年》单集 45—50 分钟。网综中，《隐秘而伟大》单期 25 分钟左右，《奇葩说》单期 35—80 分钟，也是时长不一。二是时长偏短。乐视网 2014 年 7 月上线的创新型百科喜剧《学姐知道》，每集 8 分钟，采用萝莉学姐脱口秀与小剧场情境结合的内容构成方式，为学生群体答疑解惑。8 分钟时长可以充分利用移动端用户的碎片化时间，根据艾瑞咨询数据显示，该剧 2014 年移动端月度使用时长占比已经超过 PC 端，短剧展现出移动端发展的广阔前景。三是播出周期不再固定。传统影视内容因为线性播放的限制，一般都有黄金档、非黄金档之分，电视剧基本采用每天播出，综艺节目采用周播的方式。网络自制内容根据各自的营销需求，周播、季播、一周两更等各种播出方式都开始出现，而且每天播出时间"黄金档"的概念也不再存在。

四、大数据驱动的生产模式变革

视频内容在电视端的传播效果是通过抽样调查得出的，业界对收视率统计的科学程度也一直存有争议。当视频来到网络世界，视频网站播放页面的点击量、评论量、转发量，社交媒体的讨论热度，搜索引擎的搜索指数，网络视频内容的"热度"开始有了大数据的直观呈现。2013 年初，Netflix 自制的号称通过大数据分析投拍的付费网剧《纸牌屋》播出后大获成功，投资方 Netflix 一跃成为美国主流视频网站。爱奇艺创始人龚宇在 2013 年 6 月举办的第 16 届上海国际电影节上表示："我们要学习《纸牌屋》，尝试用大数据拍电影。"

用户的大数据开始运用到选题、演员选择、环节设置、传播效果预测等网络自制内容制作的全环节。《奇葩说》的辩题根据百度知道、知乎、新浪微问的后台大数据和社交媒体话题征集中网友阅读量最高的问题产生，现场辩论中，大屏幕还会显示正反方观众支持票数的实时变化，将观众的参与作为节目中的一个环节增加节目看点。优酷网原 CEO 在接受采访时曾表示，在内容生产方面，大数据可以及时影响电影和综艺节目的制作，优酷网2014年推出的网综《男神女神》"基本上每一集节目一播就会做大数据分析，究竟哪个是笑点、哪个是尿点，可以看到不同的行为下面的评论，喜欢哪个女神，不喜欢哪个"，然后再根据反馈结果影响制作。[①] 乐视网 2014 年制作的网剧《光环之后》，剧本策划阶段就通过大数据调研结果选择"女人宫斗类型剧"进行开发，演员阵容也由网友投票选出。2015 年上线的网络自制婚恋综艺《百里挑一之女神约吗》，女生在对男生长相、声音完全未知的情况下，由观众和网友们通过弹幕的形式发表评论形成大数据结果，帮助女嘉宾做出最终的选择。2014 年在腾讯视频上线的《你正常吗？》是一档调查类真人秀，每期一位明星与一位普通人组成团队，回答 8 个大尺度的劲爆话题，如果答案和大众一致，就是赢家，首期互动测试数据参与人数就达到400 多万，在这档节目里，评委和专家不再重要，真正起决定作用的是腾讯针对数百万网友展开的调研数据。

五、粉丝经济推动的内容 IP 热

IP 是 "Intellectual Property" 的简称，是指通过智力劳动获得的成果，并且由智力劳动者对成果依法享有专有权利。内容 IP，成为网络视频界自2014 年起兴起的热词和追逐的新概念，是指对一个已有的创意成果的改编权以及由此带来的产业开发。网络小说、漫画、游戏等都有可能作为 IP 被列入影视拍摄计划，在互联网思维的催生下，IP 可以产生巨大的长尾效应，并不断延展产业链条的价值。《盗墓笔记》是有千万级粉丝的盗墓题材小说，被誉为超级 IP，同名改编网剧《盗墓笔记》上线后点击量两分钟内达到2400 万，不到 22 小时即破亿。2015 年 9 月，腾讯宣布成立企鹅影业（后改

---

① 《优酷土豆集团古永锵：大数据可及时影响内容制作》，凤凰科技：http：//www.pc-fly.com/a/bofangqi/article-108064-1.html。

名为企鹅影视），现场直接宣布已获得《鬼吹灯》系列共 8 部小说的版权，引来台下一阵惊呼。2014 年至 2015 年，热播的《暗黑者》和《心理罪》也都改编自小说。IP 之所以被视频网站热捧主要有以下两重原因：一是原著已经具有的巨大影响力和粉丝效应可以减少试错成本；二是希望垄断版权资源以提升资源价值。传统影视行业也把目光聚集到 IP 上，同视频网站一起加入对内容 IP 的追逐中。

在整个影视行业对内容 IP 的追捧和炒作中，国内网络小说的版权价格翻了近 10 倍，2012 年市场规模为 20 多亿的网络文学市场到 2015 年已增长到 70 亿。被炒高的 IP 价格一定程度上会影响到可被投入到网络自制内容实际制作的资金数额。《盗墓笔记》上线后，网友普遍表示，改编与原著小说出入巨大，"五毛特效"、赞助商抢镜、感情线奇怪，原本期待网剧上线的人开始通过社交媒体大规模吐槽，给这个超级 IP 泼了一大盆凉水。《中国青年报》社会调查中心进行的在线调查显示，64.9％的受访者看好 IP 影视发展模式，同时也有 66.2％的受访者赞同，影视创作假若没有脚踏实地的心态，任何模式的创新恐怕都不会走远。

此外，在疯狂开发背后，从业者也将面临无 IP 可创作、无 IP 可吸引观众的窘境。如何发掘好、利用好现有 IP，如何将创作逻辑与商业模式有效结合，成为网络自制内容发展中呈现出的新问题。

第二节　台网融合：传统广电的突围之路

如果说 2009 年，电视媒体出击网络视频还是由内而外的主动创新发展力，2014 年，已在新旧媒体交替时代备受打击的电视行业面对的则是由外向内来自新媒体的压迫力，短短 5 年，战略窗口期已过，原来的"出击者"需要面对的已是"突围之战"。

传统电视媒体伴随中国经济的高速发展，打败纸媒，成为最强大的大众媒体。面对在 10 年间异军突起的网络视频，传统电视的"被观看"时间和传播力都在不断被抢夺。据央视市场研究（CTR）发布的检测数据显示，2014 年传统电视媒体的广告由增长转为下降 0.5％；2015 年中国传媒产业发展报告的数据也显示，2014 年网络广告收入首次超过电视广告，达 1500 多亿元，2015 年传统媒体的广告仍然总体呈现负增长。

传统广电既是内容生产商，又是内容传播平台，其双重身份在"渠道"的双刃剑中优势、劣势都在被不断放大。从内容生产商的角度来看，传统电视内容经由视频网站和 IPTV、数字电视、OTT 业务平台等播出渠道的丰富，随时随地的"点播"变成了可能，好内容的传播范围和传播影响力被大大扩散，在网络视频上一发展阶段中，好内容的版权价值也水涨船高。从内容播放平台的角度来看，除了来自 PC 端和手机端的视频网站渠道对观众观看时间的抢夺，2010 年在国家三网融合的战略背景下开始快速发展的 IPTV、数字电视、OTT 业务同时也大大扩展了网络视频内容在电视大屏端的渗透。虽然牌照权仍在传统广电，但普遍与拥有牌照的传统广电合作、搭船出海的视频网站、通信企业和智能硬件企业，实际上是在不断分食着传统电视媒体平台的观看时间和传统广电的市场空间。2014 年，视频网站一系列精品自制内容的推出和火爆的传播效果，让传统广电在内容生产商角色上的优势也开始岌岌可危。

时任中宣部部长刘奇葆同志 2014 年 4 月在《人民日报》上发表题为《加快推动传统媒体和新兴媒体融合发展》的文章。8 月 18 日，习近平在中央全面深化改革领导小组第四次会议上指出，推动传统媒体和新兴媒体融合发展。会议审议通过《关于推动传统媒体和新兴媒体融合发展的指导意见》，以政策指导的形式，将推动媒体融合、打造网络时代的新型主流媒体明文化。按照文件精神，全国广电系统开始积极推进媒介融合战略布局，围绕传统广电媒体自身如何发展新媒体、如何建立新生态，开始了转型与自救。

一、内部整合，打造全媒体内容平台

在网络视频发展的前一阶段，以 CNTV 为代表的广电国家队出击网络视频的效果并不理想的根本原因，就是网络平台仅成为电视内容的网络播放平台，属于网络视频本质的互联网基因和特质，并没有被运用到网络电视台的发展中。什么是互联网基因呢？"传统媒体内在的传播逻辑是'媒体本位，内容为王'，互联网遵循的是逻辑是'开放分享，用户中心'。"① 开辟新媒体渠道和搬运内容简单，可如何发挥互联网基因和新媒体工具属性所强，是传统广电转型升级需要解决的核心问题。

---

① 高海浩：《用互联网基因构建传媒转型新平台——浙报集团：做了什么，还要做什么》，《中国记者》2013 年第 3 期。

传统广电媒介融合的第一步是从内部重塑组织结构和业务流程，打造独立于新媒体和传统媒体渠道之上的全媒体平台，再造传播流程，内容和播出渠道成为独立的两部分，电视渠道与电视台 PC 端网站、手机端、社交媒体平台等新媒体各层次传播渠道之间形成聚合互动的平等关系，各播出渠道人员团队在"融媒体中心"中枢大脑的统一指挥下，根据主体内容，结合渠道传播特性进行适配加工后再进行传播。这种流程再造的转变背后是理念的转变，从原来的媒介导向开始去媒介区隔，融通传统媒体和新媒体之间的界限，整合内容，以用户为导向，探索在媒介融合的形势下形成新的生存业态。

新闻资讯一直是传统广电的优势所在，也是媒介融合探索实践中的急先锋。广东广播电视台组建的新媒体综合运营平台中，各类节目完成后会被存入"媒资中心"，新成立的新闻客户端、微电视平台、媒资推送客户端和传统电视频道可根据自己的需要调用编排出节目。深圳广电打造 CUTV 全国性融媒体平台，同时推出广播电视伴随 App 客户端产品，2015 年时全国客户已超过 300 万。江苏广电推出"荔枝云"新闻制播分发平台，采用"多来源内容汇聚、多媒体制作生产、多渠道内容发布"的生产模式，实现面向新闻融合媒体生产的全新流程再造，新闻信息一次采集、多元化传播，打通传统媒体和新媒体渠道的信息流通。重庆启动新闻资讯版块"融媒体"演播室和架构的建设。湖北广电的长江云湖北媒体云平台，面向内部建立全台、全集团的传统媒体和新媒体统一融合采编分发的信息管理平台；面向全省各厅局及市州、县市区的媒体云信息整合平台，打造采编融合、内容汇聚、多渠道传播、多平台一体化的顺应新媒体运营和管理的平台。

二、外部扩展，重构传媒产业生态圈

在传统以广告为主的盈利模式下，传统广电的价值空间日渐遭受天花板，在媒介融合发展的基础上探索新的商业模式，成为必然趋势。以广电的品牌优势、资源优势、依然巨大的观众入口优势为依托，运用互联网技术、平台、思维建立与用户链接的入口级应用平台，实现广电产业的跨界转型和多元化产业布局，挖掘广电市场的新价值成为一种新的战略思路。

2014 年，T2O 模式的台网联动成为行业内被广泛关注和探讨的对象。T2O 即 TV to Online，是指电视端到网络端的一种价值转换模式。"电视＋社交媒体"实现传统电视屏内容与用户的直接交互，2015 年初，腾讯微信摇电视平台"摇 TV"正式上线，微信用户，在有电视节目声音的地方摇一摇，即可摇出节目相关页面参与竞猜、投票、调查、领取奖品等互动活动。2014 年 6 月，湖北广电就与微信联手进行了中国电视首摇，2015 年春晚，微信更是通过"摇红包"的营销将"摇电视"功能推至全国观众面前，截至直播结束时，全球共有 185 个国家的观众 110 亿次摇动手机，创造了跨屏互动的新高度。截至 3 月初，参加过"摇电视"互动的用户已达 1.6 亿，接入的电视台也增加到包括央视及各大卫视在内的 50 家左右，和微信互动合作的节目数已达 81 个，包括江苏卫视《最强大脑》、湖南卫视《我们约会吧》等知名节目。[①] "摇电视"弥补了"传播效果调查、观众对节目参与性和互动性"等电视媒介渠道的天然弱势，成为互联网与传统媒体碰撞的经典火花之一。"电视＋电商"模式，在电视端"边看边买"成为电视流量在移动端转移和变现的方式，2014 年天猫与东方卫视合作的《女神的新衣》以"内容即入口"的理念，实践了"电视＋电商"的合作模式，节目从策划阶段即开始整合"边看边买"的模式，电商平台、商家和内容团队一起完成节目研发与录制，首期节目播出当晚 9 点到 12 点，参与节目的品牌商家天猫店铺流量就达到平时的 8 倍至 10 倍。"电视＋视频网站"，通过资源共享、广告互换、共同招商，尝试开创"好剧双赢"的局面，优酷土豆集团和天津卫视在 2014 年首次尝试运作的网台联动剧《猎人公会》就是典型代表。

如果说 2014 年兴起的 T2O 模式是"广电价值＋互联网应用价值"的互相导流，那 2015 年传统广电集团进行的"广电＋应用"战略探索，就是在挖掘广电自有市场的新价值。湖北广电实践的"TV＋产业"战略，以广电的品牌号召力和影响力向相关产业延伸价值链，形成多元化产业布局[②]："TV＋教育"，进军从少儿启蒙到就业培训再到传媒职业学院的教育产业链；"TV＋服务"，依托广电信誉度和新媒体传播媒介探索信息化惠民政务服务；此外，湖北广电还在"TV＋婚恋""TV＋农业""TV＋电商"和"TV＋美食"等维度探索盈利新模式。苏州广播电视台推出了跨界整合的 App 软件"无线苏州"，这款软件可以收看苏州广电的节目直播，可以阅览图文新闻资

---

① 《看电视，我们就用摇的!》，微信派：https://mp.weixin.qq.com/s/1eimLZAc1wTIuog4cV6TUQ。

② 钟大年：《2015：大视频时代的行业变局与发展路向》，引自王晓红、付晓光：《2016 中国网络视频年度案例研究（2016）》，中国传媒大学出版社，2016。

讯，可以浏览城市交通、气象等公共服务信息，还可以享受预约出租车、违章查询、预约挂号等生活服务，开创了"广电＋服务"新型城市公共服务传播体的崭新模式。传统广电还依托在电视购物频道经营上的经验和优势，主动发展"广电＋电商"业务，深圳广电"宜和购物"利用深圳免税区的政策优势首开海淘业务；2015年初，湖南"快乐购"也利用电商概念成功上市。

三、聚焦优势，独播战略逆袭新媒体

三网融合彻底打破了传统广电对专业内容生产和传播的垄断，更多网络平台和渠道的出现，让越来越多的市场主体参与到视频内容传播的竞争中，网络也日渐成为视频传播的主渠道，但无论互联网的渠道作用多强，其优质原创内容资源依然是核心竞争力，"哪里有好内容、哪里就有用户"的朴素规律依然没有变。在这种背景下，除了在内容上内部整合、打造全媒体平台，在产业上向外扩展、重构新生态外，牢牢地抓住自身核心优势、继续做大做强内容，更加成为传统广电媒介融合中有效发挥品牌传播力和影响力的前提与核心。

对于自身的核心资源价值，绝大多数电视台采取了与商业视频网站合作播出自制品牌节目的做法，但是这种做法与中国网络媒体发展初期传统纸媒与门户网站的多重博弈历程相似。从短期效果看，传统广电品牌节目的受众量、传播效果、广告收入等经由合作视频网站的渠道力量都有了成倍的增长；但是从长期效果看，传统广电用自身的优质内容为视频网站完成了用户导流、流量导流，对自身的版权价值和原创节目作为IP的衍生开发价值造成了巨大的浪费，传统广电的网络电视台也迟迟没有发展起来，无法形成和视频网站的正面竞争。

湖南卫视在电视还是观看主平台时代，多档娱乐节目都曾创下了收视和收入纪录，因其出色的内容创新能力而一直被业内称为"电视湘军"。芒果TV作为湖南卫视的网络电视台也在2009年时伴随广电国家队一起出击网络视频，一开始走的路线也是与视频网站合作的模式。湖南卫视频道品牌与节目特色一直趋向年轻化，这与互联网主力用户群高度一致，这也为其品牌节目在商业视频网站的火爆奠定了用户基础，2013年上半年网络视频综艺节目点击量破亿次的前十名中，湖南卫视出品的综艺节目就占了6席。可是在2014年实行独播战略前，其旗下网站和网络电视台点击和浏览量并没有因其节目的高影响力获利，反而其自制节目经过版权分销，不光整集播放的

节目为商业视频网站引流巨大，对节目精彩部分进行碎片化拆分后的网络视频内容也为商业视频网站导入了大批流量。

面对版权带来的短期高收入和长期的战略发展，2014 年 4 月，湖南广电最终还是拿出了"电视湘军"的勇气和魄力，着眼于长远发展，提出"芒果独播"的战略，不再对商业视频网站销售自制节目的互联网版权，全力发展芒果 TV 的全平台视频业务，其优质自制内容的强大优势和源源不断的创新能力成为其与商业视频网站正面竞争的首要资本。芒果 TV 在独播战略实施的同时，还提出了"去湖南卫视化"的核心战略思想：芒果 TV 已成为完全独立的网络媒体运作平台，不再被动接受来自湖南卫视的传统节目内容，芒果 TV 要与湖南卫视一道成为湖南广电的"双引擎"。为匹配"双引擎"战略，湖南广电在体制机制和人才生态上也按照商业视频网站的公司化运作，通过集团内部创业孵化，把湖南台的内部团队改成公司，通过公司的绩效分配方式激励一线人员，最大限度释放团队的创新力和生产力。

独播策略出台后，芒果 TV 凭借《快乐大本营》《天天向上》《爸爸去哪儿》《我是歌手》等自制王牌综艺的独播权，在短期内就获得了较高的流量，积累 1 亿用户的时间比微信还少了 103 天，增长速度惊人。《我是歌手》第三季 2015 年 1 月 2 日晚在湖南卫视播出，次日芒果 TV 全网独播时，芒果 TV 的客户端迅速成为应用商店免费下载排行榜首位。截至 2014 年 12 月 31 日，芒果 TV 全线营销收入达 5.67 亿，"超越 56、酷 6、PPS 等，PC 全平台用户数基本达到业界第一名优酷土豆的三分之一"，位居中国视频网站第 8，成为广电主流媒体在网络视频行业的第一领跑者。

除了内部得广电之所长，深挖优势资源，芒果 TV 坚持内容驱动型发展方向，通过打造"马栏山制造"网络自制内容、购买海内外特色内容版权等策略，不断实现内容的规模化、多元化、精品化。2014 年，芒果 TV 首部网络自制剧《花样江湖》在长沙杀青，首档自制综艺《偶像万万碎》于 10 月上线，11 月播出的自制剧《金牌红娘》首播两天点击量就破了千万；2015 年，芒果 TV 独家直播了好莱坞"人民选择奖"颁奖典礼和金球奖颁奖典礼，与中国香港 TVB、韩国 KBS 等内容商合作播出热门剧集；2014 年，"芒果 LIVE SHOW"先后直播多场明星演唱会，打造芒果 TV 直播互动内容品牌。此外，湖南广电依托牌照优势和芒果 TV 作为新崛起的娱乐视频网站的品牌优势，在 IPTV 业务、OTT 业务等多个项目上也取得了很好的成绩，芒果 TV 陆续宣布与 40 多家企业合作，推出芒果互联网一体机和机顶盒系列，短时间内已累计达到 1600 万用户。

当互联网巨大的渠道作用让所有传统媒体人瞠目结舌的同时，芒果 TV 的成功逆袭倒是像在喊传统媒体人回头看：在新媒体时代，优质内容资源依然是视频行业的核心竞争力。

第三节 共享观看：拓展互动的弹幕视频

技术作为网络视频发展的原始驱动力之一，[①] 造就了当下人们随时随地观看的景观，技术的探索和进步不断改变着网络视频呈现的丰富性和人们使用网络视频的可能性。弹幕视频作为网络视频中一种崭新的类型在 2014 年崛起，并逐渐成为视频网站的观看标配。

在弹幕视频中，网络视频让人们的互动情境得以极大拓展，网络视频传播并不再只是作为信息的载体，它为社会成员创造互动的情境；用户的诉求也不再止步于获得有价值的内容，参与到彼此陪伴、交流的情境中成为新的魅力点。弹幕视频从 2008 年作为小众文化狂欢的载体出现，慢慢发展到 2014 年的风靡，弹幕已不再是会割裂叙事、妨碍观影效果的亚文化怪景，弹幕成为"打开网络影视正确方式"的大众流行。究其根本原因，网络视频在满足了人们随时随地的观看需求后，人们交往的本能被带入越来越长的网络视频观看时间中，用户频繁发送弹幕使其拥有了强烈的介入感；弹幕的存在给普通用户带来强烈的即时性与现场感；弹幕形成的文字配合着网络视频画面形成了新的观看场域和新的意义，增加了观看的乐趣，用户在观看网络视频的同时互动和参与的愿望也得到了满足。

一、技术推动的小众时兴

弹幕视频与一般视频最大的不同就是，观看者在观看网络视频的过程中可以发表自己的评论，这些评论会在视频内容播放屏幕中以飞行形式横向飘过屏幕，当大量的字幕评论同时飞过视频画面时，整个画面都会被字幕覆

---

① 谢新洲、朱垚颖：《技术、内容、用户：中国网络视频发展逻辑》，《出版科学》2020 年第 6 期。

盖，类似飞行射击游戏中子弹横飞的效果。

弹幕视频最早出现在日本。2006 年 12 月，NICONICO①动画网站开始提供网络视频服务，具有实验特性的是，NICONICO 动画除了播放网友上传的分享视频，还拥有在播放的视频画面上实时动态评论的功能，用户可以设定字幕出现的位置和停留时间、字体大小和颜色等，留言字幕将从视频画面右方移动到左方。NICONICO 上线后，受到了有观看互动需求的日本御宅族的喜爱，伴随着日本御宅文化的流行日渐成为日本最受欢迎的网站之一，2011 年就实现了盈利。御宅是一个狂热地喜爱 ACG（动画、漫画和游戏）二次元世界的年轻族群，由于他们把大量时间花在这些上面，经常宅居在家，所以被称为御宅族。② 通常都是一个人、不喜与外部现实世界过多社交、追逐二次元虚拟文化的御宅族在 NICONICO 上看视频不再孤单，分享、互动的观看体验通过弹幕视频而实现。

2007 年成立的 ACG 动画连载网站 ACFUN 在 2008 年 3 月推出了与 NICONICO 相仿的弹幕播放器，转型为中国大陆第一家弹幕视频网站，A 站也因此被称为"中国的 NICONICO"。A 站一部分早期创建者离开 A 站后在徐逸的带领下创立了弹幕视频网站 Mikufans，并于 2010 年 1 月将 Mikufans 网迁移到 Bilibili 网上，并正式将网站名称改为"哔哩哔哩弹幕视频网"，形成了弹幕视频网站发展早期 A 站、B 站相互竞争的格局，同时期参与竞争的还有 C 站、D 站、miomio、uiui 等弹幕视频网站，内容和功能多模仿 A 站、B 站。在此阶段，弹幕视频网站的受众基本集中在 ACG 爱好者及御宅族上，与日本类似，弹幕的使用主体多为喜爱日本二次元文化的青年，狂热追逐日本动漫、影视剧、游戏等并乐在其中。但是这部分用户群体在青年群体中占比不大，弹幕视频还是小众文化的狂欢载体。

大众传播游戏理论认为，存在一部分不具备信息传播特质的传播，传播活动本身就是一种目的，即给人带来快乐。③ 网络视频的观看习惯承袭于电视和电影屏幕的观看，用户观看时的聚焦点在于视频画面，网络视频的评论栏满足了用户在观看前和观看后的交流愿望，但"观看流"并没有被改变，

---

① NICONICO 在日语中表示笑的意思。
② 易前良、王凌菲、御宅：《二次元世界的狂迷》，苏州大学出版社。2012，第 39 页。
③ 谢梅、何炬、冯宇乐：《大众传播游戏理论视角下的弹幕视频研究》，《新闻界》2014 年第 2 期。

所以在弹幕视频刚刚出现的时候，大部分网民对于大量的弹幕充斥于屏幕时遮盖视频播放内容的形式无法接受，"影响观影感受"是绝大部分网民的主要感受。但是对于 ACG 爱好者及御宅族来说，他们作为拥有共同爱好、同样不喜现实社交的群体，"边聊边看"本身变成吸引点，在这种遮挡视频观看画面的另类传播模式中，弹幕视频为他们营造了一个共享观看的空间和观看与闲聊并存的体验，在这种传播状态下，传播活动本身就为他们带来了快乐。此外，群体文化让 ACG 爱好者及御宅族拥有聊天的共同话题和社交的强烈欲望，这也是弹幕视频最初在 ACG 爱好者及御宅族群体中生根发芽的基础。

二、吐槽文化催生的大众流行

弹幕视频从小众走向大众的重要驱动力是已经成为社会重要亚文化现象的"网络吐槽"，当吐槽文化已成为网络重要的亚文化之一，网民就具备了形成"群体"的黏合点，"一起吐槽"成为大众网民使用弹幕的初始诉求。英国作家汤姆·斯丹迪奇（Tom Standage）在其所著的《社交媒体简史》一书中提出"集体信号机制"和"意见同步化"，他认为在宗教改革中，小册子为广泛传播路德的观点提供了媒介，使意在变革的人更容易同化意见并协调行动。弹幕在初期发展中的作用正与小册子类似。

2012 年 9 月，土豆网在优酷土豆合并后的首次发布会上，推出了弹幕式视频观看交互工具"豆泡"[1]，优酷土豆集团产品技术副总裁黄冬明在 9 月 25 日举行的土豆品牌战略分享会上定义"豆泡"为"吐槽神器"，通过豆泡播放器，网友的个性观点、犀利点评或者纯粹的无厘头吐槽穿插在有版权的各类专业影视内容之中。弹幕在主流视频网站上的出现，让广大网民拥有了对精英文化的点评权，当点评内容可以与视频内容本身同时出现在普通用户可观看的视频框中时，正如巴赫金提出的狂欢状态，消解精英文化的快感和获得民间话语权的快感相互交织，实时互动、边看边弹边吐的狂欢快感又形成了飞轮效应持续吸引用户对弹幕视频的观看和使用。此外，由于吐槽也具有"发泄性、揭穿性、机智性"的特性[2]，观看"专业影视内容＋吐槽弹

① 《优酷土豆品牌分道》，东方早报：https://tech.sina.com.cn/i/2012-09-26/06197657216.shtml。

② 王大周：《日本 ACG 亚文化流行语研究》，硕士学位论文，东北师范大学，2014。

幕"也成为更多不发弹幕的视频用户观看时的新乐趣，在 ACG 爱好者之外一批新的弹幕视频用户被培养起来，各大主流视频网站也纷纷跟进弹幕视频战略。

爱奇艺于 2014 年 8 月 7 日在 8 部剧集中试水了弹幕功能，其中既有《白衣校花与大长腿》《高科技少女喵》《不可思议的夏天》这样的自制剧，也有《康熙来了》等综艺节目。弹幕功能上线两个小时后，弹幕量就达到了 3 万条左右。[①] PPTV 聚力也在 2015 年 1 月于多端平台推出"边看边弹"功能，覆盖动漫、影视、综艺等多个频道，PPTV 聚力技术官黄彦林表示："PPTV 全平台上高清流畅的视频观赏体验和吐槽互动神器弹幕的结合堪称'看片顶配'。"

弹幕视频的风潮还从线上走到了线下，吐槽的狂欢从小荧幕蔓延到大荧幕，弹幕的乐趣从视频网站走向购物网站：2014 年暑期档上线的国产 3D 动画电影《秦时明月之龙腾万里》、都市时尚爱情电影《小时代 3：刺金时代》和武侠电影《绣春刀》相继举办弹幕专场；湖南卫视 2014 年 10 月 11 日的金鹰节颁奖晚会电视直播中，观众可以通过芒果 TV 客户端发送弹幕，弹幕将会显示在电视直播画面上；2014 年，淘宝与 B 站合作为双 12 购物节造势，网民只要点击淘宝首页左上角的 logo 就会触发弹幕参与设置，评论就可以显示在淘宝首页上。

经过线下电影院的弹幕专场、芒果 TV 弹幕应用、淘宝双 12 的弹幕行动等热点事件后，弹幕视频已被大众熟知和使用，大型视频网站已经将弹幕功能作为常规配置，并给予用户以选择开关"弹幕功能"的权利。

2015 年 2 月，获得春节联欢晚会网络直播权的爱奇艺延时 5—10 分钟启动了"弹幕"，用户可边看春晚边发弹幕，弹幕量当晚就达到 1 亿条。据人民网转载内容显示，2015 年 6 月网剧《盗墓笔记》首播 2 分钟内，弹幕就达到了 2400 万次的播放量。2015 年 7 月开始，B 站也迎来高速增长的阶段，短时间内迅速跻身国内视频网站前列。

第四节　免费到付费：视频网站的盈利探索

从 20 世纪 90 年代开始，"免费"一直是中国网络媒体席卷式发展的超级助力之一。视频网站从广义的概念上来说，虽然也属于网络媒体，但在

---

① 《视频网站跟风弹幕大潮试水弹幕功能》，北京晨报：http://www.ce.cn/culture/gd/201408/18/t20140818_3372284.shtml。

2008 年到 2013 年 UGC 短视频相对势微的情况、视频网站内容同质化高的发展背景下，对以用户观看体验和网络视频版权片源量为核心竞争力的商业视频网站来说，不断提高的流量成本和版权市场规范后日益高昂的版权成本，都日渐成为网络视频发展中的重大阻碍，广告作为唯一的收入，增速也从 2011 年起结束翻倍暴增，"开源"和更加合理科学的收入结构成为商业视频网站发展的迫切需求。付费会员制成为其"开源"的重要方向之一。

一、初期探索：以稀缺版权视频为核心支撑的量变

国外知名的流媒体网站普遍在 2010 年前已开始付费，网络视频用户收费模式已深入人心。Netflix 提供的 WatchInstantly 服务最便宜的套餐为每月 8.99 美元，用户可以观看派拉蒙等好莱坞电影公司制作的 4000 多部电影和电视剧；在亚马逊上观看电视节目是按次收费，每集 1.99 美元；一直打免费视频旗号的视频网站 HULU 在 2010 年也推出了每月价格为 7.99 美元的 HULU Plus，付费用户可以在苹果 iPad 平板电脑和电视机上观看 HULU 的节目，公司在 2011 年 4 月就预测付费视频服务用户将于当年年底超过 100 万。

国内视频网站中，乐视网、56 网、优酷、酷 6、迅雷最先开通了付费业务。乐视网从 2009 年推出付费 VIP 频道，用户可以实现高清、流畅、零广告干扰；截至 2010 年 4 月，收费用户数量在 1 年内已翻了一倍；[1] 2011 年 3 月，成立后一直深耕版权业务、已经拥有 5 万多集电视剧和 4000 多部电影、拿到了国内大约 60% 的热门电影电视剧独家网络版权的乐视已拥有 30 万付费用户，60% 左右的收入源于收费业务。2010 年，56 网正式推出面向网友的付费视频平台"56 看看"，优酷网也悄然推出了郭德纲相声专场的网友付费收看模式，酷 6 已经与索尼在收费视频服务上达成了合作，迅雷的"红宝石影院"也将提供版权清晰的收费高清影视内容。2011 年上半年，爱奇艺、搜狐视频也试水开通收费业务，包月费用基本在 20 元至 30 元，院线电影新片和经典电影还需要额外付费点播，费用为 5 元左右。2011 年 1 月 20 日，电影专业垂直门户网站电影网牵头购买影片独家网络版权，联合搜狐视频、土豆网、酷 6 网、激动网、百视通等多家视频及门户网站推出"新媒体数字院线发行平台"，《让子弹飞》成为该平台播放的首部电影，20 天就创下 20

---

[1] 张雪超：《网络视频的收费之路》，《互联网天地》2010 年第 10 期。

万的付费点播次数，总收入突破百万元人民币，视频网站付费业务初现曙光。2011 年 3 月 17 日，乐视网、激动网、PPTV、迅雷、暴风影音、PPS、腾讯网联合发起"电影网络院线发行联盟"，以"统一上线时间、统一播放品质、统一资费"为宗旨，资源共享，联合培养收费市场。4 月，优酷网、凤凰视频加入联盟，使得联盟成员扩展为 9 家。①

在版权争夺战进行初期，商业视频网站的版权视频存量虽日渐增多，但总体来说盗版资源仍在互联网各平台散布，精品正版内容储备总量不足，用户对在互联网上的付费行为仍有较强的不安全感，截至 2013 年付费用户增长都相对缓慢。中国互联网络信息中心从 2010 年发布的《中国网民网络视频应用研究报告》中开始涉及网络视频付费市场的调查，结果显示，截至 2010 年 12 月，只有 6％的网络视频用户在过去半年曾经付费收看过视频节目；非付费用户进行付费意愿调查显示 72.9％的用户习惯了免费收看视频，未来没有付费意愿；最受用户喜欢的是高清电影、电视剧，78.8％的付费用户在过去半年内曾付费收看过高清电影、电视剧；新上映的电影也比较受付费用户的欢迎，77％的用户过去半年曾付费在网上收看过新上映的电影。截至 2012 年 12 月，用户付费意愿低的情况和原因也没有改变，有过付费收看视频经历的比例仍然较低（8.1％），但当年的报告显示，付费用户中有 25.7％的用户是因为"付费后没有广告"而付费。截至 2013 年 12 月，视频付费用户仅占一成左右，用户付费习惯仍未养成；用户付费的原因主要仍是受稀缺资源的驱动。②

二、爆发增长：以稀缺独播内容为核心驱动的质变

2014 年起，经过自版权大战阶段起国家对盗版力度的持续打击和不断加码，视频网站播放内容的稀缺性增加，为视频行业付费的开展营造了一个良好的环境。伴随着移动互联网的迅猛发展，支付宝、微信支付等移动应用的普及让支付行为越来越方便，网民对网络支付的信任程度也极大增强，为付费业务开展奠定了支付基础。视频网站付费业务开始出现转机。在这个阶

---

① 《在线视频爆发集体收费冲动》，中国经济时报：https://it.sohu.com/20110324/n279966963. shtml。

② 《2009—2013 年中国网民网络视频应用研究报告》，中国互联网络信息中心：http://search.cnnic.cn/cnnic_search/showResult.jsp。

段，国产影视剧的独家采购和窗口期的不断缩短成为视频网站推送付费业务的主要策略。2014 年，优酷土豆也开始了美剧的付费点播，如《12 只猴子》《黑帆》。2014 年初，爱奇艺在《北京爱情故事》影院下线当天就上线了正版资源，实现"零窗口期"播放，2015 年春节档电影又实现了《狼图腾》《爸爸的假期》《澳门风云 2》《天降雄师》等贺岁档大片的"零窗口期"上线。

2015 年下半年开始，付费会员规模开始爆发式增长，大量自制稀缺内容和购买的独播版权内容成为付费会员爆发增长的核心拉动点。用户对网络视频优质内容的刚性需求一直存在，但之前由于盗版和大量版权内容并不是视频网站独播等因素，这种刚性需求被盗版内容、传统媒体播放渠道等大大分散，网民未形成对视频网站付费业务的刚需。视频网站大量精品自制内容的推出，解决了核心的稀缺性问题，付费观看变成刚需，版权资源库也不断充盈，付费观看也变得更加"划算"。视频网站也最终凭借"内容为王"的传统战略，凭借专业、精品、大制作的独播影视内容，冲开了多年久攻不破的"会员收费"铁壁，使 2015 年成为视频网站会员收费盈利模式的元年。

2015 年 6 月 12 日首播的爱奇艺自制超级网剧《盗墓笔记》引爆付费狂潮，该剧前三集可免费观看，之后就必须加入 VIP 会员付费收看，该剧开播后只用 22 个小时流量就破亿，其中 5 分钟播放试看达到 1.6 亿次，超过 260 万次的 VIP 开通请求，该剧播出当月，爱奇艺月度付费 VIP 会员数达 501.7 万，按照 20 元的月卡费计算，这部分业务给爱奇艺带来约 1 亿元的月收入。9 月 22 日，爱奇艺上线的网剧《蜀山战纪》首开"先网后台"先河，VIP 会员独享看全集，上线 12 小时即有 380 万会员观看，产生 1500 万次点播。两部爱奇艺独播网剧的会员收费方式迅速被整个行业效仿。优酷土豆 7 月上线的韩剧《海德、哲基尔与我》和《天眼》等进行付费试水，吸引了约 200 万会员观看。同时期腾讯视频推出的《华胥引》吸引了大概 100 万新用户为该剧购买会员，随后播出的《班淑传奇》与《暗黑者 2》也都采用付费会员收看全集的模式。除网剧外，各大视频网站还在网络电影、网络纪录片、在线演唱会等领域持续发力。2015 年，爱奇艺上线 612 部网络大电影，数量远超同年院线电影，大电影制作方通过付费分成模式获得收入。2014 年 9 月 6 日，芒果 TV 和 QQ 音乐合作的华晨宇演唱会直播试水付费直播观看，演唱会前 5 天支付 20 元预售价，演唱会举行中购买 30 元，最终多平台共计线上直播门票购买次数超过 12 万，直播当晚有超过 40 万用户在线观看。①

截至 2015 年 12 月中旬，优酷土豆会员数接近 400 万，腾讯视频会员数近 500 万，爱奇艺已突破 1000 万。截至 2015 年底，国内视频网站付费用户规模达到 2200 万，较 2014 年增长 133％。② 尽管广告仍是主要的收入来源，但付费业务在 2015 年的集中爆发，使一直"烧钱"的视频网站看到了盈利的曙光。在接下来的几年中，为了扩大会员规模和会员留存，各大视频网站继续付出了巨大的内容成本，增加版权储备，从 2018 年第三季度开始，爱奇艺会员收入第一次超越广告收入，成为公司最大的收入来源。2019 年，爱奇艺和腾讯视频都宣称相继实现了会员数实时破亿。但是伴随付费业务的开展，内容成本的持续增加、用户增长带来的带宽成本的增加、如何持续拉新、2C 会员制与 2B 广告模式共存造成的会员权益对贴片广告的挤压等问题日益凸显，商业视频网站的盈利路依然漫长。

第五节 "可能"与"可以"：资本角逐与法规治网

自 2008 年以来，网络视频行业用户规模持续高速增长，2014 年和 2015 年虽然增速有所放缓，但随着智能手机的普及和 4G 网络环境的升级，手机端用户增势迅猛，截至 2015 年 12 月，网络视频以 5.04 亿的用户规模超越网络游戏、网络文学、网络音乐，成为用户规模最大的网络娱乐类应用。从 1996 年 PC 端网络视频在中国的萌芽，到之后 IPTV、数字电视、OTT 盒子、互联网电视等新的网络视频形式与业态的不断涌现，再到移动视频的崛起，多种视频呈现技术的争奇斗艳，媒介渠道不断丰富的网络视频与传统门户、搜索引擎、微信微博、新闻客户端等形成了强劲的竞争，已经成为互联网重要入口。

2014 年和 2015 年，在资本驱动下，网络视频行业群雄逐鹿时代正式过去，三巨头鼎立格局形成；凭借背靠中国互联网公司巨头的生态布局优势，网络视频服务开始从单纯的泛娱乐文化内容转向多功能、跨平台、多屏幕、全媒体的大融合格局，网络视频正成为连接平台、内容、终端以及应用的核

---

① 《芒果 TV 入考场　独家视频直播华晨宇演唱会交创新答卷》，中国日报：http://ent.chinadaily.com.cn/2014－09/11/content_18583644.htm。

② 《2015 中国视频行业付费研究报告》，艺恩：https://ishare.iask.sina.com.cn/f/avxvOafoPg1.html。

心因素，展现出万千新的"可能"。

随着网络视频用户规模的不断上升和电视打开率的不断降低，网络视频颇有超越传统电视观看之势，2014年到2015年国家新闻出版广电总局及相关部门持续出台一系列政策法规，既包括对内容监管、引进数量方式、互联网广告等泛内容层面，也包括对OTT盒子、互联网电视等渠道层面，规范调整的范围不断细化，力度不断加大，对网络视频渠道和内容加强管理和规范，已经成为一种常态。整体繁荣和急速发展之下，政策这只看得见的手用"可以"规范着网络视频行业发展的道路问题。

一、资本结盟：从平台到生态的全面整合

2013年视频行业的并购潮改变了网络视频行业格局。2014年，中国在线视频产业生态继续通过收购或并购的方式进行整合。在BAT（百度、阿里巴巴、腾讯）资本的强势介入下，开始了从平台到生态的全面整合。

2014年4月至2015年11月，阿里巴巴完成对优酷土豆集团（合一集团）的收购，以进一步扩大阿里巴巴的生态系统。至此，网络视频行业集中度进一步提高，从整体市场份额、移动端份额、付费用户比例维度来综合衡量，百度旗下爱奇艺、阿里旗下合一集团、腾讯旗下腾讯视频排在行业前三位，[1] 领跑局面确定，马太效应越发凸显。

2014年10月31日，搜狐与人人公司达成一致，收购后者旗下56网，56网未来将成为搜狐视频分享业务的组成部分，56网将在UGC和PGC业务上补全搜狐视频的欠缺。2014年11月，小米与顺为资本先后投资优酷土豆千万美元，以总金额3亿美元入股爱奇艺，将小米公司成立后的最大单笔投资额投给爱奇艺，目的在于完善自身的产品线，抢占流量入口优势和提升自身内容资源战略优势。

这一轮资本角逐最大的特点是互联网大佬进入视频网站，网络视频开始成为科技企业"生态"的一部分。继IP、互联网思维及"互联网＋"之后，"生态"在2015年成为科技领域出镜率最高的词语。[2] 正如互联网行业的一句流行

---

① 《2015年中国网络视听节目发展报告》，中国网络视听节目服务协会：http://www.ce.cn/culture/whcyk/cysj/201601/27/t20160127_8581975.shtml。

② 《科技企业为何钟情于生态?》，北京晨报：http://finance.china.com.cn/roll/20150508/3106032.shtml。

语："产品型公司值十亿美金，平台型公司值百亿美金，生态型公司值千亿美金。"互联网巨头企业争相打造覆盖生产、生活、消费各环节的完整企业生态圈。

阿里对合一集团收购完成后，可以使阿里巴巴通过阿里影业强势入局文化娱乐产业版图，从投资、制作、发行到渠道、终端、用户的全产业链条中更加强势，优酷土豆将成为阿里进军影视娱乐产业的重要入口。从整个阿里的生态拼图看，最直接的就是优酷土豆的几亿用户可以为其电商和金融业务导入流量和用户。2015 年 4 月 14 日，优酷视频营销产品"边看边买"在 PC 端和移动端正式上线，消费者在观看网络视频时，视频内容相关商品购买链接会直接出现在画面中，用户可以直接进入购物链接，而不用暂停视频跳出观看环境，用户获得了边看边买的趣味消费体验，内容生产者也可以获得推广淘宝产品的提成收入。阿里的支付、电商优势在将视频和购物场景相结合、实现"视商合一"层面发挥了巨大作用，"观看""支付"与"浏览商品"产生了强大的协同效应，共同谋求视频内容流量变现和场景营销的双赢。2015 年的"双十一"晚会，优酷土豆进行同步直播，嵌入"边买边看"，发起"看直播抢红包"活动，继续探索"屏幕即渠道、内容即店铺"的网络视频新商业模式。①

背靠百度的爱奇艺天生就拥有其搜索的流量引导功能，在百度并无其余文娱版块支撑的背景下，爱奇艺依靠百度强大的资金实力，在平台内部开始打造"生态"，一方面与华策影视共同出资成立影视公司——华策爱奇艺影视公司，向上游内容制作产业链延伸，坚持"内容为王"，加大对网络自制内容的开发；一方面提出"大苹果树模型"：实现同一内容 IP 的衍生生态链，以优质网络视频内容为基础，与泛娱乐产业链上的文学、游戏、动漫各版块深度联动，将优质内容变现，在大的文化娱乐平台上互相打通推广，发挥内容的最大价值。

2015 年腾讯发力重整的腾讯视频也是依托腾讯强大的社交生态体系，通过微信、腾讯新闻、腾讯 QQ、微视等全平台立体化传播和社交流量导入，让腾讯视频在一年时间内迅速崛起，跻身巨头行列。此外，全平台分销为大量购入独家版权分担了成本，腾讯游戏、腾讯文学产出的大量 IP 也成为独特的资源优势。腾讯视频在 2015 年的迅速崛起，也从侧面印证移动互联网时代"全平台"便利性、互相导流优势、生态闭环的价值，视频行业的

---

① 钟大年：《2015：大视频时代的行业变局与发展路向》，载王晓红、付晓光：《中国网络视频年度案例研究 2016》，中国传媒大学出版社，2016。

竞争已不再是视频网站本身的竞争，而是全平台的竞争。

小米投资优酷土豆和爱奇艺则是在 2013 年刮起的互联网行业智能硬件风潮下，小米为小米盒子、互联网电视等 OTT 业务补齐内容环节短板的战略之举。此外，早在 2012 年 7 月，爱奇艺就与互联网电视播控平台牌照方央广新媒体等广电系成立银河互联，入股爱奇艺后，小米盒子和小米互联网电视就拥有了 iCNTV 和银河互联两个合作牌照方，取得了政策双保险，同时，优酷土豆和爱奇艺也获得了抢占客厅用户的硬件入口。

回望 2009 年起资本无形之手引领下的各大视频网站的兼并重组，目的越来越清晰地指向可以产生规模效应的生态型公司发展。

二、政策严管：从渠道到内容的精细治理

2014 年至 2015 年，国家新闻出版广电总局陆续出台多个文件，从渠道到内容等多方面收紧了监管。

在渠道方面，很多视频网站长期以来都把机顶盒、互联网电视等 OTT 业务作为进军客厅大屏的战略依托。《2015 年中国网络视听发展研究报告》[①]显示，电视终端已成为客厅生态中观看网络视频的重要设备，使用率为 23.2%，电视终端成为网络视频新增流量的重要战略性入口。可是在 2013 年走入发展高潮的电视盒子市场在 2014 年迎来了最强整顿。

表 4-1　2014 年国家新闻出版广电总局出台政策措施情况

时间	部门	文件或事件	内容要点
2014 年 6 月	国家新闻出版广电总局	《关于立即关闭互联网电视终端产品中违规视频软件下载通道的函件》	点名批评了华数 TV 的天猫魔盒和百事通的小红互联网电视机顶盒
			原因之一是他们载有爱奇艺、搜狐视频等视频 App 以及电视猫、兔子视频等视频聚合软件和互联网浏览器软件，为政治有害、淫秽色情和低俗不良节目及侵权盗版节目大量进入电视机提供了技术支持和通道
			原因之二是为大量未经国家批准的境外影视剧及含有色情内容的微电影、网剧等节目进入电视机提供了技术支持和通道

① 《2015 年中国网络视听发展研究报告》，中国网络视听节目服务协会：http://www.ce.cn/culture/whcyk/cysj/201601/27/t20160127_8581975.shtml.

续表

时间	部门	文件或事件	内容要点
2014年7月15日	国家新闻出版广电总局	约见中央三大台（央视、国广、央广）以及广东、浙江、湖南、上海四大台及地方局	要求所有互联网电视机顶盒中的境外引进影视剧、微电影必须在一周内下线，未经批准的终端产品不允许推向市场
			消息一出，乐视盒子、百度影音棒等互联网电视盒子、机顶盒纷纷停止了销售
			商业网站以节目服务平台形式，与牌照商进行服务专区合作，是总局坚决不允许的合作模式。这便意味着各大盒子建立的视频网站内容专区，引进视频网站的版权资源和内容的借船出海行为是违规的
2014年8月20日	国家新闻出版广电总局	约谈CNTV	批评与CNTV旗下未来电视合作的小米、乐视机顶盒用户界面违规
			强调只有牌照方推出的UI才合规合法
			腾讯视频、PPTV、搜狐视频、爱奇艺、暴风影音、乐视网、凤凰视频等视频网站在互联网电视上的TV版App都因此下架
2014年9月18日	国家新闻出版广电总局	约谈互联网视频企业	对各家互联网视频企业提出要求，一周内所有视频网站开发的电视端App下架，一周后还未整改的，将取消其互联网视听牌照，并关闭服务器

三个月间密集禁令的出台和组合重拳治理，视频网站、内容集成播控牌照商、智能电视或盒子等硬件制造厂商，都按照政策要求下架和清理了不合规App。商业网站进入客厅之路只能寻求与牌照方的深度合作。乐视在2014年7月23日入股重庆有线；优酷土豆在7月30日宣布入股国厂东方。2011年起疯涨了4年的OTT业务全面暗哑。在电视大屏内容为广电提供的年代，业务管理体系是非常严格细致的，当OTT业务如潮水般涌现电视大屏时，未经过严格审核的视频内容也同时涌入，这成为监管部门重点整治的主要原因。线上线下统一审核标准，成为OTT业务再次起航的前提。

在内容监管方面，一是继续打击盗版、非法盗链，净化行业环境。二是"扫黄打非"，抑制不正之风。三是对境外影视剧规范引进管理，政策实施后，网络引进剧的点击量和流量受到一定影响，但引进剧数量减少后，引进剧价格出现下滑，网站投入更多资金发力自制，提升了网站竞争力。四是对网络视频内容生产制作与播出强化监管力度。

表 4 - 2 2014 年国家相关部门采取监管措施情况

时间	治理重点	部门	措施
2014 年 4 月	盗版盗链	公安部	大批警察进入 P2P 播放软件"快播"公司位于深圳的总部，将公司所有电脑封存调查，并带走了多名员工和高管。一直以来，快播公司的 P2P 技术帮助数以万计的中小视频网站解决了服务器负担，并提升了用户观看速度，但是其"快播出技术，站长出内容"的模式也助长了盗版泛滥和低俗内容的大范围传播
			一批提供影视剧中英双语字幕下载同时非法提供下载业务的字幕网站受到严格整顿，人人影视等知名字幕网站服务器多被查封或主动关闭
2014 年	扫黄打非	全国"扫黄打非"工作小组办公室、国家网信办、工信部、公安部	《屌丝男士》《海军罪案调查处》《律师本色》等多部热播网剧下架
2014 年 9 月	境外影视剧引进	国家新闻出版广电总局	《关于进一步落实网上境外影视剧管理有关规定通知》正式下发，《通知》规定，在视频网站引进境外影视剧应遵循"规范引进、总量调控、审核发证、统一登记"的总体要求
			出台《关于开展网上境外影视剧相关信息申报登记工作的通知》，要求各网站 2015 年新引进的境外剧，必须到"网上境外影视剧引进信息统登记平台"登记
			2015 年，上述规定正式实施，视频网站播放引进境外影视剧必须登记并配好字幕后交审，审核通过后，取得引进许可证号方可播出
2014 年初	生产与播出	国家新闻出版广电总局	下发《关于进一步完善网络剧、微电影等网络视听节目管理的补充通知》
			《通知》要求，从事生产制作网络剧、微电影等网络视听节目的机构，应依法取得广播影视行政部门颁发的《广播电视节目制作经营许可证》
			个人制作并上传的网络剧、微电影等网络视听节目，由转发该节目的互联网视听节目服务单位履行生产制作机构的责任
			互联网视听节目服务单位只能转发已经核实真实身份信息并符合管理规定的个人上传的网络剧、微电影等网络视听节目

网络视频行业经过野蛮生长期，进入建立秩序的阶段，网络视频内容不再是一片法外之地，而是从更多更细的维度被纳入监管的范畴当中。不断扩大范围的规范调整和逐渐加大的监管力度，将为网络视频下一阶段鼎盛的发展期营造一个风清气朗的发展环境。"线上线下"如何统一标准，网络视频内容更细化的、更具有实操性的规范细则成为未来行业持续、健康、良性发展的核心所需。

第六节　结语：内容逻辑导向下的媒介生态变革

网络视频转折期的破局核心力是内容，是真正适配媒介特性的传播内容出现，让网络视频开始真正风靡。无论是商业视频网站全面启动专业自制，还是主流广电媒体的网台融合，抑或是弹幕网站或以内容为基础的付费逻辑，都是建立在网络视频"内容"护城河的基础上的。萌芽期的技术颠覆、探索期的生产重构、竞合期的资源和资本竞争后，最终引领网络视频走向转折的还是媒介赖以为生的内容。也正是以真正适配媒介特性的内容为核心支撑，网络视频从单纯的泛娱乐文化服务变成多功能、跨平台、多屏幕、全媒体互联网科技巨头公司产业生态中连接平台、内容、终端以及应用的核心媒介。经过了转折期从"网台融合"的被动地位到"台网融合"的主动追赶，网络视频作为新媒介打破了传统媒介的垄断权，转折期的网络视频和电视两种媒介开始进行主导型媒介地位的更迭。内容逻辑导向下的媒介生态变革是中国网络视频转折期的核心特征。

在中国网络视频的转折期，已经规模化的产业经济对媒介发展的影响力逐步增加。从微观价格层面看，通信市场充分竞争后，4G网络资费降低、智能手机费用降低，这是网络视频在移动端使用频率提高的重要基础。美国电视业在1948—1949年起飞的重要原因就是当时电视机价格降到了约等于民众6周工资的价格水平。上述是观看的硬件设备价格，对于软件价格来说，网络视频从诞生起就是免费基调，网络自制内容发展后开始收取会员费，可是付费会员每月的费用相当于民众吃一顿快餐的价格，与海量优质网生内容的观看需求和视频网站设置的越来越长的片头广告播放时间相比，民众自掏腰包的心理门槛相对较低，而且付费为视频网站更多优质网生内容的生产销售等全产业链良性循环奠定了资金基础，价格传导给网生内容生产，最终也进一步推进了网络视频作为媒介的推广和使用。

再从宏观的产业层面看，视频网站在网络视频上一发展阶段基本都已经建立了网生内容的生产体系，与内容制作公司之间的贸易量增加，人们对网生内容的认知度上升，对网生内容的需求也因之增加，从而进一步促进了产业的发展和媒介的使用。此外，在媒介发展的过程中，盈利模式会反向作用于内容和媒介发展本身。报纸、电视、杂志等大众媒体的盈利模式中，让广告商成为比读者更重要的收入来源，此种模式让读者变成了纯粹的信息消费者和广告商提供的产品及服务的潜在消费者。网络视频网生阶段，视频网站从免费到付费的产业模式改变，广告不再成为唯一的收入支撑，用户付费收入大幅增长，爱奇艺的会员付费一度超过广告成为收入第一大模块，其与大众媒体不同的"会员免广告"的"付费与广告的互斥性"在消费层面让用户部分摆脱了广告产品服务消费者的角色，将经营重点集中到"好内容、好体验、好服务"上，虽然视频网站的运营还无法完全摆脱广告，但是这三者相比，广告必然能更加促进媒介的使用和发展。

网络视频转折阶段，在商业逐利本质的影响下，视频网站上一阶段呈现的集中化特征在网生内容的大量产出后变得更加明显，开放的视频分享时代繁盛不再，视频网站越来越像网络版可以自由点播并在视频下写下留言的电视台，网络视频最有魅力的深层互动特质转入浅层表现，这时候还是技术打破了经济无形之手带来的"集中"，大数据技术的应用将用户喜好的分析，作为网络自制内容生产从策划到选角等制作环节的依据；弹幕技术作为网络视频的次生媒介，深度还原了网络视频的互动魅力，也正是这种魅力，让视频网站的经营获得了更持久的吸引力与魅力。

网络视频转折阶段，从人与媒介的关系看，视频网站的自制突围为用户带来了极为丰富的网生内容，弹幕、大数据等技术的运用开始让网络视频的"用"体验与电视的"看"体验进一步分野，人们对媒介内容获得了空间丰富的选择权和点评权，点评内容甚至可以跟影像画面一样出现在屏幕上被"观看"，但是这种权利集中在人与专业机构生产的媒介内容之间，移动短视频平台面对火爆的视频网站和网生内容仍处于不温不火的积蓄阶段，自制突围带来的网生影视内容的大爆发吸引来的海量用户和建立的观看使用习惯，将成为下一阶段用户自制网络视频、用网络视频作为社交方式层面的人与媒介权力的深度变更奠定广泛而坚实的用户基础。

　　从政策角度看，经济的无形之手催化的火热产业，出现了劣币驱逐良币的效果，流量至上、博眼球、打擦边球、靠炒作、制作粗糙的劣质影视内容挤压优质剧影响力，偶像及流量演员片酬虚高挤压制作经费的投入。政策有形之手的介入对于行业和媒介使用情况的良性发展至关重要。可是虽然喊出了线上线下统一标准，但从实际内容的呈现来看，因国有电视体制赋予电视的政治功能，电视屏的监管力度仍是要大于个人屏，与网络视频竞合期被垄断资源庇佑的东风相比，中国电视独有的上述属性在网络视频转折期一定程度上成为限制其灵活性的存在。

第五章 迭代与共融：中国网络视频的
爆发期（2016—2018）

　　2016 年是中国网络视频发展史上一个新的分水岭，网络视频的数量在这一年迎来新一轮爆发式增长：现象级网生内容纷至沓来，全民直播、短视频社交此起彼伏"竞速"生长，场景热点不断涌现，AI、AR、大数据和云计算等创新技术不断刷新视频体验，网络视频生产传播中个体的价值被广泛激活。经过 20 年发展的网络视频，在技术驱动、内容众创、资本加持、政策监管聚合催化下，凭借旺盛的产能、强劲的需求和来自每一个个体的无尽的创意，已经作为新时代主流媒介形态进入全面繁荣期。

　　CNNIC 发布的第 39 次至第 43 次《中国互联网络发展状况统计报告》显示，2016 年到 2018 年，网络视频用户规模从 5.04 亿增至 6.12 亿，网民使用率从 69.3％提至 73.9％，手机端网络视频用户规模从 4.05 亿增至 5.90 亿。从 2016 年"网络直播元年"到 2017 年"短视频井喷年"，中国电视在 2018 年伴随着自 2014 年起热点频现的网络视频行业迎来了 60 周年，在运营商、硬件制造商、行业头部平台、科技公司、优势主流媒体跨界相融的合作中，传统视频的生产范式被彻底突破，新的视频语法带来了颠覆性的冲击，网络视频与人们的日常生活深度相融，作为独立媒介赋能予人，深度扩展人与世界的关系，网络视频已经具备了完全独立的媒介形态。"非新无以为进，非旧无以为守"，伴随着资本泡沫的逐渐退潮，新媒体与传统媒体、技术与内容、资本与监管也开始走向正和博弈，网络视频的影响力最终全面超越电视，成为席卷各类屏幕的视频流力量。

第一节　全民直播

本书第二章第三节中对网络视频初期探索大潮中的网络直播进行了描述，满足了用户对"真实社交"渴求的 PC 端秀场直播成为最初的发端，在 9158、YY 直播、六间房之后，还陆续出现了优酷的来疯、网易的 BoBo、酷狗的酷狗繁星、乐视的甜心宝贝、爱奇艺的奇秀、人人网的我秀、腾讯的 QT 星主播、杭州米络的 KK 唱响及无数的中小秀场 PC 端直播平台，可是内容同质化程度高，所有的主播都是美女，内容都是歌舞才艺，通过语言、穿着、置景、言语暧昧挑逗，打法律"擦边球"的软色情情况普遍存在，即使直播网站流量和盈利都不错，但是 PC 端秀场始终没有进入大众视野，行业本身也并未赢得充足的关注度。

从 2012 年起，网络直播在技术、资本的新一轮赋能中，经历了契机、良机、危机和转机，从游戏直播的第二战场到全民移动直播的浪潮之巅，从内容生命线再造到"直播＋"的功能演进，直播行业产业链逐步成熟，直播正成为一种基础设施渗透到各种互联网应用中。

一、电竞中的契机：游戏直播的第二战场

电竞从 1998 年进入中国后，经过 13 年的探索，终于在 2011 年伴随腾讯出品的《英雄联盟》、Dota2 的诞生和风靡而迎来爆发式发展。早在 2004 年，广电总局《关于禁止播出电脑网络游戏类节目的通知》基本堵上了网络游戏的电视宣传渠道，网络视频便成为大量普通玩家学习明星玩家、职业玩家技术的最快捷方式，优酷土豆上一直都有用户自主剪辑上传的游戏视频。2012 年起，伴随爆发式增长的电竞行业，网络直播用极强的时效性和观赏性，综合其社交和实时互动属性，成为 PC 端网络直播市场的新龙头。

国外最早的游戏直播产品是美国直播视频网站 Justin. TV 在 2011 年 6 月推出的 Twitch，在其推出一年内，独立 IP 访问用户每月都在以 13％的幅度增加，在游戏玩家中广受欢迎，2014 年 8 月 Twitch 正式被亚马逊公司以 9.7 亿美元收购。在我国，最早的专业游戏直播平台出现可以溯源到 2012 年 3 月，YY 直播和 YY 语音的母公司欢聚时代在纳斯达克上市后率先推出了 YY 游戏直播（虎牙前身），成为行业第一个玩家，并开始与主播签约。

依托多玩网（欢聚时代 2005 年 4 月创立的游戏资讯平台，为其起家业务）、YY 语音（欢聚时代在多玩网之外在 2008 年推出的网游衍生工具语音软件）深耕游戏领域的垂直流量，YY 游戏直播迅速成为众多退役职业选手、职业战队、草根玩家直播的首选平台，截至 2013 年底，成立不到 2 年的 YY 游戏直播用户便超过 1 亿，月活用户近 3000 万。欢聚时代历年公布的财报也显示，YY 游戏直播推出后，YY 直播平台营收更是从 2010 年的 3600 万元左右、2011 年的 5000 多万元、2012 年的 9272 万元，一跃增长到 2013 年的 8.5 亿元，占总公司营收的 55%。2012 年初到 2013 年底，YY 游戏直播在市面上几乎没有竞争对手，充分享受了先行者"新蓝海"的新红利。

游戏直播的火爆很快吸引了更多的竞争者携带资本涌入行业。2014 年 1 月 1 日，弹幕视频网站 A 站将其生放送直播频道独立出来并正式改名为"斗鱼 TV"，并在游戏中增加弹幕功能，用户全屏看视频时，既能看到直播视频内容，还可以看到用户与用户的交流内容，"观众"变身为最好的解说，该功能后来逐步成为游戏直播平台标配。2014 年 1 月 20 日，A 站大股东杭州边锋网络技术有限公司成立了"战旗 TV"。两家公司入局后，不同于 YY 游戏主播"礼物分成＋电商广告"的收入结构，迅速依托资本的力量，高价年薪吸引顶级游戏主播签约，以此带动粉丝、流量的快速增长，不少 YY 的头部、腰部主播选择签约新东家。面对大肆扩张的竞争对手，欢聚时代一方面于 2014 年 11 月 24 日正式将旗下的直播业务分为主打娱乐直播的 YYlive 与主打游戏直播的虎牙 TV，为游戏直播寻求更好的发展；另一方面于 2015 年 3 月向虎牙直播增加投入 7 亿元，在技术硬件升级、生态搭建、品牌推广和运营活动等方面增加投入。截至 2014 年底，虎牙 TV、斗鱼 TV、战旗 TV 成为游戏直播市场最初的三龙头。

2015 年，龙珠直播、触手直播、熊猫直播、全民直播等游戏直播平台相继成立，资本涌入竞争加剧的行业，营销和直播内容获取的价格也伴随激烈的竞争持续高涨，主播天价签约费频出。王思聪等多人投资成立的熊猫 TV 开始内测后，重金邀请韩国著名主播尹素婉、09 等多位明星主播加盟，著名英雄联盟主播 PDD 在熊猫平台的签约金更是达到了 5 年 3 亿。根据艾瑞咨询数据，2015 年中国游戏直播市场规模相较 2014 年增长率为 332%。

得益于国内游戏市场的快速扩张，游戏直播已经成为电竞产业中不可或缺的角色。同时，电竞赛事频繁、游戏用户黏性高，为游戏直播奠定了丰富的内容基础和用户基础，促使游戏直播成为秀场直播外最火的独立战场。

二、手掌中的良机：移动直播的全民爆发

移动互联网和智能手机等终端的大发展，极大丰富了网络直播的应用场景，激活了其个体赋权的内在动力和运作逻辑，外加资本的青睐和助力，移动直播平台在 2015 年如雨后春笋般出现，并在 2016 年迎来了"随走随看随播"的全民移动直播时代。"陪伴"与"分享"成为网络直播的新主题，其内容、形态、主题、体裁、方式、机制得以极大地丰富。

2013 年起，伴随移动互联网的发展，直播行业已开始向移动端转移，六间房在 2013 年就推出了移动端平台，开始探索移动直播。但是移动直播的观看和制作对网速和终端设备的要求都很高，虽然各大直播平台陆续开设移动端，但是移动端影响力始终不大，参与直播的主播也是签约公会的职业主播。全民参与的移动直播模式探索最早在美国走红，2015 年 2 月，移动直播鼻祖 Meerkat 上线，用户可以基于 Twitter，随时随地一对多地直播身边发生的事，即便是普通人也可以像明星一样向成千上万的网友暴露自己的生活。根据美国有线电视新闻网（CNN）报道，MeerKat 一天内平均会产生 3 万次直播，覆盖 156 个国家，75％的用户来自美国，上线一个月后，用户数量突破 30 万人。Twitter 在 2015 年 1 月以近 1 亿美元的价格收购的还未上线的全民直播平台 Periscope 于 3 月上线，在其推出 10 天之内，就获得了 100 万用户。从文字、图片到"第一人称视角实时流网络视频"，其开始被业界认知为社交媒体新趋势。

映客和花椒是我国最早主打全民直播概念的移动直播平台。映客直播于 2015 年 5 月上线，定位打造以"90 后""00 后"为主要受众的 UGC 内容为主的全民化直播社交平台，曾创下了 2015 年下半年就完成了三次融资的纪录；360 旗下的移动直播产品花椒直播于 2015 年 6 月上线，强调明星直播带动拉新和社交属性，增设例如"萌表情原创变脸"之类的特色功能吸引用户，定位"UGC＋PUGC＋PGC"共融内容生态。以 UGC 为主打的无门槛泛娱乐内容也伴随映客和花椒的风靡成为继秀场类、游戏类之后的网络直播主流内容。原本的秀场直播龙头 YY 和 9158 也融入 UGC，转型移动泛娱乐平台。

截至 2015 年底，我国移动网民 6.2 亿，3G/4G 用户数 7.9 亿，移动互

联网接入流量 4.2 万亿 G，智能手机保有量 9.5 亿台。伴随网速和智能终端设备的进一步提升以及资本大佬的迅速入局，移动直播在 2016 年开始全面爆发，1 月至 5 月，全行业融资金额超过 10 亿元，用户数量超过 2.6 亿，占全国网民的 37％左右，全年上线平台增至约 400 家，市场规模达 500 亿元左右。BAT 更是带资入局，兼并重组戏码不断上演。全民无门槛皆可参与的直播也为行业贡献了充足的泛娱乐内容，加上原有的秀场直播、游戏直播的双龙头固有优势，直播行业在短短一年半的时间内进行了疯狂进化。

截至 2016 年 12 月，网络直播用户规模达 3.44 亿，占网民总体的 47.1％，与早期 PC 端秀场成熟盈利模式类似的"打赏"营收能力也让资本对于其发展前景依旧保持乐观，直播业务在陌陌上线不久便成为其首要营收来源。微博、PPTV、B 站、QQ 等平台也都相继开通或投资了网络直播业务，2016 年 5 月，"一直播"面世并成为新浪微博的内置功能，处于和发文字、发视频同等级别，用户在一直播上发起的直播，将自动通知到其微博上的关注者，凭借微博强大的入口导流，主打"社交"的一直播一上线就风靡社交网络。移动直播最终成了 2016 年互联网行业备受追捧的宠儿，网络直播行业也迅速变成群雄逐鹿的"红海"竞技场。

移动直播在短短一年半时间内的迅速爆发，技术创新是基础，资本力量和盈利模式及能力是催化剂，带来了内容形态的升级和用户体验的迭代，但其爆发的根本原因是网络直播这种形式对人类本能的吸引。"网络直播的本质是什么？它让人类第一次真正实现了全面互动。网络直播的技术逻辑是不断还原面对面的人际互动的情景。"[①] 从人与人之间的留言、邮件、即时通信的信息传递方式到文字、图片、短视频的内容交流形式，直播在上述基础上进一步缩短了信息传递的滞后时间，信息传递维度不断增加，能引发所有人"共构"的"共时、共处"情境，"人与人"的面对面交流感也跃然屏上。在马斯洛的需求层次理论中，社交需要和被尊重的需求仅次于自我实现的需求，直播平台的出现、美颜功能设置、社交功能架构等，使每个人低成本展现自己的需求被满足，与别人"直观、真实、现场感、实时"的社交需求也得到了满足。

---

① 王晓红：《网络直播的本质是互动》，《中国新闻出版广电报》2016 年 11 月 17 日第 7 版。

三、"直播＋"的转机：内容升级和功能演进

经过"移动直播元年"的爆发期，2017 年起，一方面是最初带有鲜明的"尝新"色彩的直播用户对直播的新鲜感体验逐步淡化，"猎奇"入场的用户红利正在消失，优质内容的需求显著增长；另一方面是伴随"人人可为、事事可播"的全民移动直播模式相伴而生的大量同质化、低俗化的内容引发的监管部门的重拳管制，截至 2018 年 2 月，共有超 70 家直播平台、累计 9 万余个直播间被关停，近 4 万个违规主播账号被封禁，百余家网络表演平台受到行政处罚。外加脱离亢奋期的资本开始回归理性，不断向头部集中，没有资本支撑、盈利模式、专业运营和可持续发展前景的中小平台开始被迅速淘汰。截至 2017 年底，我国网络直播行业用户总规模同比增长率仅为往年同期的约三分之一，全国从事网络表演（直播）业务的公司较 2016 年已减少近百家。

从最初的爆发式增长到强监管下的集体性"哑火"，回归内容本质汲取发展动力，深挖价值功能实现本体超越，成为新的发展共识，"直播＋"成为行业的最大转机。

（一）内容"直播＋"：多元发展，品质升级

内容层面，在经过泛娱乐的喧嚣之后，行业开始向"直播＋垂直领域""直播＋专业内容""直播＋技术赋能"发展，寻求品质升级。

"直播＋垂直领域"：从 2016 年的爆发式增长 3 年来，直播平台从最初的秀场，逐步拓展到线下游戏、电商、社交、企业应用等领域。在经过泛娱乐的喧嚣之后，深耕垂直领域的专业化直播平台不断涌现：娱乐内容直播以花椒、映客、一直播、YY 直播等为代表，游戏内容直播以虎牙、斗鱼等为代表，社交直播以陌陌、NOW 直播等为代表，电商直播以淘宝直播、蘑菇街等为代表，企业直播以微吼、云视互动等为代表，体育直播以企鹅直播、章鱼直播等为代表，财经直播以疯牛直播、视吧直播等为代表。各大平台内部也不断对内容品类进行垂直挖掘，游戏直播细化为网游、单机、手游分类，企业直播应用场景细分为峰会、培训、政务等，娱乐内容直播挖掘音乐、舞蹈、美食、户外、二次元、乡野等精细化垂直品类。专业化直播平台中，表现最抢眼的依旧是游戏直播，QuestMobile 2018 年的数据显示，用

户规模千万级的 App 中，斗鱼直播排名第 9，是前 30 名中唯一的直播平台。[1]

"直播＋专业内容"：专业内容维度，经纪助力 UGC、综艺助力原创成为主要手段。主播是平台内容的重要组成部分，伴随行业发展，为草根主播提供快速培训协助的主播经纪（公会家族＋经纪公司）MCN 大量兴起，大量 UGC（User Generated Content，用户原创内容）转化为具有一定职业水准的 PUGC（Professional User Generated Content，专业生产内容），主播产出的直播内容质量明显提升。各大平台造星活动频繁，例如，斗鱼举办"101 偶像夺位赛"及"LIVE 音乐擂台"，映客开展"明星主播培养计划"及"红人计划"，YY 欢聚时代成立了经纪部为主播提供艺人培养、形象包装、全网推广，腾讯 NOW 直播推出"双十亿"生态扶持计划，等等。通过造星计划打造优质主播，开展各种形式的原创扶持，从源头提升内容质量、提高用户留存，是直播平台营造优质内容生态的重要举措。洞悉市场需求后，直播行业以主播为中心的内容产出模式也在悄然发生变化。面对内容形式同质化的通病，各大直播平台一边发力原创内容，一边创新形式鼓励观众参与。花椒旗下直播竞猜答题综艺《料事如神》于 2018 年 4 月开播，已播出近 600 期，获得"中国网络直播行业 2018 年度创新大奖"。火山小视频上线直播版"真人版大富翁"，向行业呈现了一种新型的直播模式。陌陌于 2018 年相继推出了互动竞猜直播栏目《多数派选择》、世界杯竞猜直播活动"MOMO 好彩头"。网络直播综艺《头号任务》于 2018 年 10 月获得今日头条 40 亿元投资，将尝试"互联全网、全面参与"的高互动方式，让用户通过直播平台参与到综艺进程中来。

"直播＋技术赋能"：网络直播的出现源于技术进步，随着行业发展成熟，技术赋能内容生产，催生了直播内容新品类。2019 年 4 月，快手用户观看了一场 49 分钟的"虚拟形象直播"，主播"3D 动画版小和尚"收获了近 65 万的点赞。该直播项目采用人脸检测技术、人脸关键点识别技术、面部表情识别技术、3D 人脸重建技术，融合移动端深度学习推理引擎，能够实时且准确地映射驱动人形结构和面部表情运动，实现虚拟偶像直播。2019

---

[1] 《中国移动互联网 2018 年度大报告》，QuestMobile：https：//www.questmobile.com.cn/research/report-new/30。

年 5 月，虎牙直播在成都国际马术嘉年华上实现了全国首次 5G 手机 VR 直播，360 度的视频影像让直播用户摆脱传统直播的单一视角，用户可以自主选择观看马术嘉年华赛场内的每一个细节，VR 影像让赛场上的骏马栩栩如生。此外，MR（混合现实）、三连麦、直播 PK、虚拟动态表情、低延时"合唱技术"、高清直播等技术的应用，都更加凸显直播真实、高效的传播特点，丰富了网络直播的内容形式。

（二）功能"直播＋"：跨界融通，重塑生态

经历了千播大战和政策严管，网络直播行业发展日益规范化、规模化，回归到原始的用户诉求：提供直播内容，注重人与人的互动，也回归到直播对相关行业能产生何种价值的追寻中。"直播＋"纵深发展成为行业重要发展战略。直播作为一种工具，嵌入任何传播载体中，在此基础上，直播平台被进一步发展成为跨场景的生态载体，在各行业中得到广泛应用。

当直播成为一种工具：网络直播行业的蓬勃发展让移动媒体时代"直播"的使用大范围普及，这种普及为直播作为工具融入各行各业奠定了巨大的用户基础。当直播变成一种工具，人与人之间的空间阻隔被打破，得以"同境、共时"完成某种活动。例如，"直播＋医疗"：广东省网络医院、宁波云医院等尝试在线上开设心理咨询、全科医生等"云诊室"，提供视频直播咨询服务；北京市东城区社区卫生远程视频会诊中心网罗包括协和医院、同仁医院、东直门医院在内的辖区 14 家二、三级医院的各科副主任以上医师，每次直播视频咨询将根据具体情况计费。"直播＋政务"：多地人民法院开通公审直播，群众可以不用到审判庭进行旁听，通过访问法院庭审直播网，即可实时观看庭审过程。"直播＋对外传播"：可以突破意识形态壁垒和文化地理障碍，重构全球性共同"在场"经验。三峡集团与新华社对外传播平台合作，利用 Twitter 和 Facebook 两大国际社交媒体，直播三峡集团在湖北宜昌开展的长江特有珍稀动物中华鲟放流活动。在 Twitter 和 Facebook 同步直播的 90 分钟里，共有 35 万外国网友收看，全程 643 条留言里，没有负面评论，相关评论绝大多数均为赞美中国人保护自然的举措。这一活动对企业形象和国家形象塑造起到了加分效果。"直播＋微信"：2019 年，腾讯直播入驻微信小程序，用户可以直接在微信公众号内通过小程序观看公众号博主发起的直播，微信公众号原本受限的"粉丝交互"有了崭新的承接形态。

　　当直播平台成为一个跨场景①的生态载体：网络直播的"沉浸感、瞬间反馈、强互动"的特点，使人与人之间的情感阻隔被打破，得以"共情"和"共鸣"并建立不同层级的"信任感"。当直播平台成为跨场景的生态载体，融合新场景焕发出新的生机。"电商＋直播"在 2018 年成为互联网行业的一大热点，直播从简单的工具变成新粉收集、营销等的一个生态，在线购物的"人、货、场"被重构，电商销售链条被改变。《2019 年淘宝直播生态发展趋势报告》数据显示，2018 年淘宝直播月增速达 350％，全年拉动的 GMV（Gross Merchandise Volume，网站成交金额）达 1000 亿元，2018 年加入平台的主播人数同比增长 180％，以李佳琦等为代表的月收入超过百万元的主播超百人。直播中，主播与用户之间的互动程度最深、体验感最强，最有利于信任关系的建立；电商直播中主播的生活方式分享、语言表达风格让购物具有乐趣，而"信任"和"乐趣"都会驱动消费。2018 年直播行业的又一大热词"土味直播"也印证着成为跨场景生态载体的直播平台焕发出的新生机。随着智能手机的普及和乡镇网络建设的不断完善，直播逐渐向三、四线城市和乡镇地区下沉延伸，"乡村网红"和"土味直播"一度成为各大媒体关注的焦点。乡镇农村创作者透过直播满足了自我表达需求，城市观看者也不断通过"观看"进行着"逃离城市"的文化狂欢。乡村生活场景与城市生活场景产生最直观的跨场景交融后，信息壁垒被打破，"乡村"被再一次看见。相伴而生的"直播＋乡村文化建设""直播＋扶贫"及"直播＋特产销售"共筑农村发展的线上新生态。花椒直播与陕西子洲县结成了帮扶对子，通过"直播＋土产销售""直播＋文化扶贫""直播＋特色文旅"等方式，帮助贫困地区脱贫致富；原有的"乡村文化礼堂"借由 KK 直播平台重获新生，折子戏等戏曲展演被 KK 直播进行全程直播，居民足不出户便可享受文化服务。

　　从 21 世纪初"比特"的涓涓细流到如今"信息"的浩浩江河，人类传播在不断超越时空局限、扩大交往范围的进程中，媒介逐步还原人体的各种感觉，渐进回归"面对面"人际互动的丰富感知。② 网络直播作为当下最大

---

① 王佳航、张帅男：《营销模式迁移：场景传播视角下的直播带货》，《新闻与写作》2020 年第 9 期。

② 王晓红：《新型视听传播的技术逻辑与发展路向》，《新闻与写作》2018 年第 5 期。

限度还原人类即时交往情境的媒介形态，加上"直播＋"转机的传播效果印证，网络直播的发展未来仍然被业界和学界普遍看好。

第二节　移动短视频的燎原之势

短视频的星星之火在 2015 年以前继续不温不火地稳步发展。视频网站继续发力 UGC，同时开始加大自制资讯等专业短视频内容的力度。移动短视频应用方面，继 2013 年的秒拍和微视后，2014 年 4 月上线的"美拍"一跃成为国内最受欢迎的短视频应用。"十秒也能拍大片"及"剪辑、滤镜、水印、音乐、高清画质"等 MV 特效功能、复杂视频后期简化后的"傻瓜式"便捷操作、"一键分享"到微博等社交平台的核心特点，加上母家"美图秀秀"的 3 亿用户导流，让"美拍"在发布一个月内就成为苹果应用商店全球非游戏类免费应用下载排名第一的应用。① 美拍推出 MV 特效功能后，微视和秒拍也相继推出滤镜特效，不断更新各种视频简化特效吸引用户使用成为国内移动短视频的一大趋势。2014 年 11 月，新华社推出国内首个超短新闻视频客户端"15 秒"，定位媒体型短视频应用，让用户在 15 秒内快捷直观地了解全球新闻。2014 年底，中央电视台推出中国首个英语新闻短视频客户端"CCTVNEWS App"，由央视英语新闻频道在北京、北美和非洲三地的国际新闻团队运作，实现 24 小时为用户提供有关中国的英语视频资讯和互动服务。② 2015 年 5 月 13 日，由秒拍和一直播的母公司一下科技推出的短视频工具平台小咖秀正式上线，用户可以配合小咖秀提供的热门影视和综艺等资源，以对口型的表演方式创作视频，并同步分享，简单的操作和"搞怪、逗比"的对口型效果，满足了用户"秀"和自我表达的诉求，小咖秀上线后迅速蹿红，连续两个月在应用商店下载排名第一。截至 2015 年，重在营造 UGC 短视频社区的秒拍、微视，重在短视频制作工具的小影、美拍、小咖秀，重在媒体型短视频新闻的"15 秒"和"CCTVNEWS App"成为短视频各应用类型的代表。

---

① 王晓红、包圆圆、吕强：《移动短视频的发展现状及趋势观察》，《中国编辑》2015 年第 3 期。
② 《央视推中国首个英语新闻短视频客户端》，新华网：http://news.xinhuanet.com/newmedia/2014—12/05/c_127279912.htm。

伴随着自 2013 年底启动的 4G 网络建设的不断铺开，以及国务院 2015 年 6 月对电信运营商提出的"提速降费"政策强力助推，互联网开始迎来移动流量和用户的爆发式增长：根据艾瑞咨询公布的数据显示，截至 2015 年底，4G 移动电话用户新增 2.9 亿，总数达 3.9 亿；移动互联网流量消费同比增长 103%。同时，智能手机保有量也同比保持 21.8% 的增长率，手机像素和拍摄质量不断提升。截至 2015 年底，用户对智能手机等移动端 App 的月度有效浏览时间已超过 PC 端网页使用市场的两倍，且仍在以较高速度增长，用户对于移动端网络和设备的依赖还在进一步加强。

由智能手机、跨场景生活的"社会人"共促的大量碎片时间因提速降费的移动网速而有了更多使用的可能，以网速和智能手机的发展为硬件基础，以不断在功能和内容类型上推陈出新、应用便捷的短视频应用为软件基础，加上对移动端智能设备依赖不断加深的用户基础，短视频风口已至。曾经因网速一定程度被迫"读秒"的短视频在时长上有了更多可能，内容又由于时长和用户观看、拍摄可实现的跨场景而有了更多的创作空间，视频作为内容的优势更加凸显，大量短视频自媒体和多样化内容跟随风口蜂拥出现，由于人类"生动性偏见"而更具吸引力的碎片化短视频"观看"开始超越碎片化文字"阅读"，成为跨越"用户"工作、生活、通勤等各个场景"碎片时间"的陪伴，短视频的星星之火开始以网络视频中的一个单独品类呈燎原之势。

一、内容驱动的风口竞速

如果把 2016 年前的短视频行业参与的运营主体形容成"短视频移动应用通过新奇工具功能和社交功能培养用户使用习惯和视频网站重返 UGC 内容战略等是为行业铺开了一张大大的画布"，那 2016 年刮起的短视频自媒体内容创业热就是大大画布上开始渲染出的绚丽风景，短视频在社交的优势外，作为视频的媒体内容优势开始展现，[①] 以多样化内容为支撑，短视频才最终成为被大众接受的娱乐方式。

真正支撑处在行业风口的短视频向上发展的势能依然来自内容，[②] 短视频自媒体内容创作风潮是短视频风口的第一把火。2016 年初，以 papi 酱、

---

① 王俊霞：《短视频平台的优势与挑战分析——以抖音 App 为例》，《今传媒》2018 年第 7 期。
② 庞慧敏、王雅琪：《从内容生产看风口上的短视频发展》，《现代视听》2017 年第 9 期。

一条、二更、日日煮、即刻为代表的一大批短视频自媒体开始走红。2015年7月，papi酱和大学同学霍泥芳在影院看完《小时代4》后录了一段视频吐槽并发到网上，这条微博被转发了1000多次；一个月后，papi酱在其个人微博开始发布"嘴对嘴小咖秀"和"台湾腔＋东北话"等秒拍视频；10月，papi酱开始使用变音声音发布原创短视频内容。短短几个月，她原创的"男性生存法则""春节家里的亲戚""性别歧视""双十一"等吐槽主题的短视频迅速在微博走红，视频里papi酱经常一人分饰多角，简单的家庭环境和神态夸张、语速超快的"干货吐槽"，具有极强的表现力。这个在短视频里将个人IP半戏谑定义为"集美貌与才华于一身的女子"微博粉丝数以肉眼可见的速度飞速增长，2016年1月，papi酱的微博粉丝量达到200万量级，12月粉丝量增长超过10倍，达到了2100万。2016年3月起，papi酱陆续获得罗辑思维、真格基金等投资，估值超过1亿。2016年4月，被誉为"新媒体史上第一拍"的papi酱短视频贴片广告拍出了2200万元人民币的高价。《外滩画报》原主编徐沪生创办的"一条"，从2014年9月8日起，每晚8点会通过微信公众号向用户推送一条5分钟以内的原创短视频，主打生活、潮流、文艺，上线短短15天，粉丝数就超过100万，截至2016年8月，微信粉丝达到2000万，公司最新一轮估值2亿美元。由传统媒体人丁丰和李明共同创办的"二更"，以"发现身边不知道的美"为主题，以城市为单元，用2—5分钟的纪录片呈现一个人、一件事物、一个梦想或一种文化，在风格上属于治愈系。2016年12月，"二更"视频宣布全网播放量达到10亿次，全年营收超过1亿元。除此之外，箭厂、陈翔六点半、30秒懂车、王尼玛、潮人小罗等短视频自媒体也成为风口起飞的知名短视频IP。

2015年之前，我国图文自媒体伴随着微信、微博、今日头条等平台的崛起风头正盛，而此时国外的视频自媒体生产已经伴随UGC内容为主的视频分享网站YouTube在2007年推出的合作伙伴计划（YouTube Partner Program）和2011年推出的MCN协议逐步走上了规模化、系列化、专业化道路。2014年前，美国一批如Maker Studios、Treasure Hunter、AwesomenessTV等MCN公司已经打造出一批顶级网红。以最著名的Maker Studios公司为例，2014年的数据显示，该公司在全球范围内已拥有6万余名网红，在YouTube上的订阅量已超过3.4亿，平均月点击量可保持在45

亿。而最新数据显示，其公司视频月点击量已达到 100 亿。① 2016 年起，在我国有大量 MCN 专业机构涌入短视频领域，帮助内容创作者降低生产成本、洞察平台用户需求、生产高质量专业短视频内容。《2017 年中国短视频 MCN 行业发展白皮书》数据显示，2017 年中国的 MCN 机构达 1700 家，较 2016 年的 420 家呈 4 倍增长；各大平台也纷纷出台亿元级补贴计划，今日头条、腾讯 QQ、一下科技分别抛出 10 亿元人民币扶植短视频内容创业者，鼓励更多优质内容的生产；传统媒体出身的优质内容创作者不断涌入短视频创业浪潮。与以往"偶尔为之"的短视频创作不同的是，在 MCN、平台和人才的驱动下，短视频自媒体不再只是单打独斗的草根视频爱好者，术业有专攻的团队专业运作提升了自媒体的生产力和竞争力，② 短视频自媒体迎来价值爆发期，短视频内容的数量和质量，都呈现快速发展的态势。

有了稳定升级的技术基础之后，短视频在社交平台海量的日均播放量、越来越多的内容创业者、不断涌现的新鲜平台和作品形态，都成为对商业投资者的巨大吸引力。艾瑞咨询《2016 年中国短视频行业发展研究报告》数据显示，内容制作和综合平台成为两大热门投资方向，其次为工具型 App（占比 23.3%）和短视频推荐（占比 11.6%）。"一条视频"于 2016 年 7 月获得 1 亿元人民币 B+轮融资，现金储备达到 2 亿元，公司估值约为 13 亿元；"二更"于 2016 年 3 月获得 5000 多万元 A 轮融资，与自媒体大号"深夜食堂"双平台合并后，发展成了短视频矩阵，2017 年 1 月顺利完成 B 轮 1.5 亿元人民币融资；③ "30 秒懂车"也在 2016 年 8 月获得 1500 万元 pre-A 轮融资。

在资本和内容双轮驱动力的作用下，2016 年中国移动短视频用户规模达到 1.53 亿人，④ "短视频"开始作为网络视频一个重要品类被整个网络视频学界和业界关注。

---

① 德外五号：《国外 MCN 十年发展简史，带给中国哪些启示？》，德外视窗：https://www.jianshu.com/p/cd21c9ad8b9b。

② 《2016 网络视频的内容生态与功能升级》，引自王晓红、曹晚红、包圆圆：《网络视频年度案例研究 2017》，中国传媒大学出版社，2017。

③ 《2016 网络视频的内容生态与功能升级》，引自王晓红、曹晚红、包圆圆：《网络视频年度案例研究 2017》，中国传媒大学出版社，2017。

④ iiMedia Research（艾媒咨询）：《2016—2017 中国短视频市场研究报告》，https://www.iimedia.cn/c400/51028.html。

二、千人千面的生产迭代

短视频内容创业大潮下，快手、抖音、梨视频、西瓜视频、火山小视频等更多的短视频移动应用开始爆发式增长。不同于视频网站和网络直播平台在初期爆发阶段的同质化竞争，2016 年集中涌现的一批短视频 App 普遍定位精准，通过智能算法分发提高用户短视频观看效率，优化用户碎片化娱乐消费体验，迅速占领了不同短视频的细分市场，进一步提高了短视频的火爆程度，"全民短视频时代"真正到来。

今日头条旗下音乐创意短视频社交应用抖音，2016 年 9 月上线，用户可以通过背景音乐选择、动作编排和特效加工等简便操作，创作 15 秒短视频。抖音围绕音乐短视频社区定位，以音乐为中心进行社区内容布局，形成平台特色，并通过大量线上活动，引导用户进行内容生产，保持用户黏性，仅用一年时间，日均视频播放量就已达到 10 亿。

西瓜视频是今日头条孵化的个性化推荐视频平台，其前身"头条视频"于 2016 年 5 月正式上线。其用户上传视频时长不受限制，大部分视频时长为 5 分钟左右。西瓜视频通过算法分析用户的浏览量、观看记录、停留时间等为用户进行"千人千面"的视频推荐，帮助每个人发现自己喜欢的视频，并帮助视频创作者轻松地向全世界分享自己的视频作品。2017 年 6 月，西瓜视频用户量破 1 亿，DAU 破 1000 万。

火山小视频正式上线于 2016 年，主要是 UGC 的平民化视频创作平台。与抖音、西瓜不同，火山独创了火力系统，用户可以直接通过发布时长限制在 15 秒以内的视频获取收益。西瓜视频必须由今日头条的作者申请头条号以后才能发，而火山小视频没有这类限制，每个用户都可以发小视频来赚火力。

2011 年，快手 App 诞生，初期主要以制作 gif 为主；2012 年，快手从工具应用转型为短视频社区。在 2016 年 6 月之前，快手没有做过任何市场推广，凭借用户的口碑传播，3 年内积累了 4 亿注册用户，每日活跃用户数4000 万，每日 UGC 视频上传量数百万。2016 年，艾瑞咨询的统计数据显示，快手全年的月度独立设备规模一直在短视频 App 中排名第一，UGC 价值得到了充分的重视和挖掘。与头条系抖音、西瓜、火山运用"千人千面"、根据每个用户特点为用户推荐他可能喜欢的视频这种"集中化"算法不同，快手采用"去中心"的内容分发策略，以"记录和分享"为内核，定位于向每个用户展现"千人千面"的个性化社区，试图最大化展现人间百态。当分发机制中"内容质量"变得权重极高、用户本身粉丝体量权重较低的情况下，对于草根用户来说，在快手发布视频出现在主页面的概率要大于其他短视频平台。

短视频对新闻报道和社会舆论的影响力从 2015 年就开始显现，2015年，东方之星沉船事件、天津港爆炸、法国恐怖袭击事件、纪念抗战和反法西斯战争胜利 70 周年"9·3"大阅兵等，几乎每一次重大热点事件背后，都能找到短视频的深刻烙印，2016 年专注于资讯类短视频的"梨视频"应运而生。梨视频由前"澎湃新闻"CEO 邵兵创办，定位"通过短视频载体揭示社会现象中的核心命题"，于 2016 年 11 月上线。梨视频在上线之前就已经获得 1 亿美元投资，因资讯类短视频的内容特性，梨视频打造了由 300万名公众拍客组成的成熟拍客网络生态，既覆盖拍摄经验丰富的各类媒体、自媒体、MCN 机构，又覆盖全世界 3 万名专业拍客，以保证短视频内容的优级质量。资讯类短视频的垂直内容优势，成为梨视频在短视频风口的竞争壁垒。

截至 2017 年底，短视频应用市场规模超过 57 亿，同比增长达 184％。《QuestMobile 2017 年中国移动互联网年度报告》显示，截至 2017 年 12 月，短视频独立 App 行业用户已经突破 4.1 亿人，较上年同期增长达 116.5％；短视频使用时长占移动互联网总使用时长的 5.5％，是去年同期数据的 4.23倍。[①] QuestMobile 数据显示，2017 年 3 月至 2018 年 3 月，MAU（monthly active users）大于 10 万的 App 数量增加了 10 个，4 个 App 突破亿级大关，成为第一阵营。猎豹数据统计，2017 年短视频 App 前 20 名当中，有 6个 App 的日均在线时长突破 1 个小时，已经超过了头部视频 App 的在线时长。短视频的风靡吸引了更多的竞争者加入，2017 年腾讯重启微视，360 快视频、百度好看视频上线；2018 年腾讯多次领投快手，爱奇艺推出纳豆。短视频 App 的竞争也迅速变成"红海"，但是抖音和快手与别的竞争对手的差距不断拉开，成为短视频的"代言平台"。

---

① QuestMobile：《QuestMobile 2017 年中国移动互联网年度报告》，https：//www.sohu.com/a/217291732_635105。

千人千面的标签模型，让每个用户所见所得的内容都具有了独特性，细分、精准的内容成为短视频内容创业者面对内容竞争红海的真正发力点，短视频垂直领域的"用户与内容的高适配性、需求与引导的高效性"特点和更大、更精准的商业变现空间也使其成为平台竞相追逐的新战场，内容生产开始被更专业的短视频平台力量形塑并驱动了新一轮生产迭代。

短视频自媒体更多地开始尝试进入垂直领域，而不只是停留在泛娱乐化领域。短视频领域的先入者和头部自媒体"二更"陆续上线五大视频新号："更北京""更上海""更成都""更杭州""更财经"，构建城市和行业垂直领域视频生态。腰部短视频自媒体也尝试在已趋于同质化的搞笑、幽默及娱乐类短视频内容之外制作垂直内容，并在传统的美食、萌宠等垂直领域基础之上加入其他元素寻求创新，如"美食＋职场"（@办公室小野）、"视效＋萌宠"（@猫男 AaronsAnimals）、"电影＋美食"（@一餐范）等。2016 年，秒拍平台娱乐明星、新闻现场、纯搞笑内容之外的视频只贡献了不到 20％ 的流量，而到了 2017 年，这一比例提高到了 60％。[1] 2017 年 4 月，阿里文娱推出 20 亿"大鱼计划"，大鱼奖金每月将奖励 2000 名垂直品类优秀内容创作者，最高个人每个月有 1 万元。美拍于 2017 年 4 月推出垂直榜单，旨在更好树立美拍达人定位和垂直领域影响力。

QuestMobile 数据显示，2017 年 1 月，短视频行业整体 MAU 为 2.03 亿，2017 年 12 月已飙升至 4.14 亿，增长了 1 倍。iiMedia Research（艾媒咨询）数据显示，[2] 截至 2017 年底，中国短视频用户规模已增至 2.42 亿人，增长飞速、前景乐观。

三、流媒功能的价值彰显

《2018 中国网络视听发展研究报告》数据显示，中国短视频用户规模截至 2018 年 6 月已达 5.94 亿，占网民总数的 74.1％，短视频已成为中国网络视听行业"主力军"。如果说短视频发展早期的价值更多在于"观看"，那么伴随社会大众对短视频的熟知和社交"词汇"般的熟用，短视频超越"观

---

① 一下科技：《秒拍短视频内容生态白皮书》，https：//mp. weixin. qq. com/s/NcQwovnmx-yghraUqU5iKng。

② 艾瑞咨询：《2017—2018 年中国短视频产业趋势与用户行为研究报告》，https：//report. iimedia. cn/repo13－0/2387. html。

看"的功能价值在"呈现生活方式、服务生活需求、表达生活观念的深度、广度与速度"① 等维度开始显现。而这种功能升级的基础是网络视频作为"流媒体"的最大魅力开始被短视频彰显。

流媒体的最大魅力，是其数字化本质带来的属性："任何一段视频、一帧画面，都可以被人任意截取，独立成意，也都可以嵌入到任何场景、任何介质中传播"②，就如水流一般，可以自然渗透到"屏"的各个角落，拥有生生不息的可流动力量。短视频的时长较短、文件容量较小、阅读成本低、内容直观丰富，适合当下越发碎片化的生活各类场景，可以最大限度彰显流媒体的特性和传播优势。同时，随着视频技术不断"傻瓜化"，短视频制作也无须门槛，当它与别的生活领域相结合时，便"获得用于日常表达的'词汇'属性，自由组合，随取随用，随心表达"③。这种流动性、易得性和便捷性，让短视频可以是"书本"，成为我们对某个领域不了解的方法参考；可以是"口语"，成为我们向好友展现关心或展现自己状态的表达承载；可以是"陪伴"，成为舒解压力的片刻释放……2018年起，短视频平台上占比最大的内容从最初同质化严重的娱乐明星、新闻现场、纯搞笑类内容开始变成母婴育儿、生活窍门、美食家政、舞蹈健身、日常妆搭、家装园艺、垃圾分类等各种与日常生活经验相关的内容，这些平凡个体在日常生活中的体验以精彩片段的"高光"（highlight）方式在短视频平台汇聚呈现，短视频平台成为普通用户在生活中随时可以"取用"的"经验库、词汇库、放松室"。

以短视频的传播特性为基础，短视频平台围绕短视频的流媒工具本源属性，开始广泛进行新的业态延展尝试，为其商业经营探索道路：短视频＋扶贫、短视频＋电商、短视频＋非遗传承、短视频＋教育、短视频＋知识付费、短视频＋电竞……以商品短视频为例，2017年起，商品短视频数量飞速增长，短视频成为电商产品销售的重要辅助元素。商品短视频指具备电商导购属性的短视频内容，以展示商品外观、商品功能为主要目的，满足消费者对商品更深层次和更感性的了解诉求，增加商品的社交传播属性。京东用

① 王晓红：《短视频引领日常生活的新表达》，http://guancha.gmw.cn/2017-05/26/content_24610220.htm? from=uluaire。
② 王晓红：《以抖音为代表的短视频，究竟给社会活动和社会创新带来了什么?》，https://www.sohu.com/a/336600346_570245。
③ 王晓红：《"视频文本化"及其技术功能初探》，《新闻爱好者》2013年第2期。

户体验设计部联合京东数据研究院首次发布的《2017年京东商品短视频数据研究报告》显示，2017年下半年商品短视频进入高速增长。截至2017年12月，京东商品短视频数量较同年4月增长近216倍。短视频碎片化、短平快的表现形式受到年轻用户的青睐，京东商城已有超过50％的活跃用户为商品短视频用户，其中26—35岁用户占比43.1％。短视频场景化、多元化、有张力的特点对刺激购买有着天然优势，京东大数据显示，商品添加短视频后页面停留时长平均增加36.3秒，优质视频可提升加购转化率18％，并提升47％商品页分享概率。在抖音上，热门县域景点Top 100中，有3成位于贫困县，抖音对贫困县旅游带动效应明显，成为文旅扶贫新抓手。2018年，抖音"山里DOU是好风光"文旅扶贫项目落地山西永和后，为永和发起的抖音挑战赛总播放量已破5.6亿，国庆假期旅游人数较去年增长140％。

第三方数据机构QusestMobile发布的《中国移动互联网2018年度大报告》数据显示，截至2018年底，短视频月总使用时长同比上涨1.7倍，全面超越在线视频，成为仅次于即时通信的第二大行业；根据2018年12月移动互联网全行业月活排行榜，抖音位列第8，快手位列第13，前15名位列2席的情况也彰显了短视频在整个移动互联网行业呈现出的越来越强的生命力和持续成长性。

第三节　主流媒体的融合转型

迈过2014年到2015年传统媒体与新媒体融合发展的"试验田"，2016年起，媒介融合开始向"深水区"挺进，从相加到相融、从中央到地方、从政府到媒体，加速深度融合成为共同意志。

2016年起，一边是传统媒体端受众持续下降，一边是全民直播、自媒体视频、短视频社交的流行风靡和全景拍摄、无人机采集、VR技术的广泛使用，面对已经成为现实的"无视频，不生活"媒介场景，中央及地方传统主流媒体大力发展视频化战略，重新确立内容优势和传播手段，主攻技术缺口，在当代媒介演进的逻辑中，追赶迁徙的受众，力求深度融合，创新升级。经过迷茫彷徨、小心探索、全面推进的探索过程，传统主流媒体的资源优势和内容价值被重新审视和确立。

一、自觉行动，内容价值彰显

2016 年，习近平总书记先后发表了"2·19""4·19"两个重要讲话，对加快主流媒体融合发展做了明确指示。2016 年 3 月，国家发布的"十三五"规划中明确提出"推动传统媒体和新兴媒体在内容、渠道、平台、经营、管理等方面深度融合，建设'内容＋平台＋终端'的新型传播体系，打造一批新型主流媒体和传播载体"。

平台和终端维度，传统主流媒体化"被动应对"为"主动建设"，从"自我觉醒"到"自觉行动"，① 直接切入融合传播技术的应用前沿打造新型媒体平台，一方面汇聚资源矩阵优势，一方面坚守原创能力，强化自有内容资产的核心竞争力，推进主流媒体的基础资源和核心能力的深度融合。2017年 2 月 19 日，时值习近平总书记发表"2·19"讲话一周年，人民日报社、新华社、中央电视台三家中央级主流媒体同步上线三款移动新闻直播产品。其中，人民日报社联手微博、一直播，共建"全国移动直播平台"；中央电视台正式推出新闻移动网，37 家省级电视台联盟入驻，协同打造记者"正直播"；新华社开启"现场云"全国服务平台，首批 102 家媒体和政府机构加入，共享直播态产品"现场新闻"。地方主流媒体中，除了前文介绍的湖北广电"长江云"和湖南广电"芒果 TV"，上海广播电视台在原有广电平台的基础上，建设起"1＋3"的新媒体格局，1 为"百事通 TV"，3 为"看看新闻""阿基米德 App""第一财经"这三个重点产品，其中"第一财经"是指以《第一财经》报纸、杂志、电视频道为基础的新媒体品牌矩阵；阿基米德 App 的内容资源基础是上海广电拥有的 13 个广播频率和全国 50 多家电台；"看看新闻"的基石是整合了原电视新闻中心、新闻综合频道和外语频道 1000 多名新闻专业人才的融媒体中心。

内容是主流媒体的核心优势，也是受众的真实期待。越来越多的传统媒体意识到，尽管媒介生态已然变化，媒介使用行为发生了迁移，但是，优质内容依然是主流媒体的基础资源和深度融合的核心动能。随着互联网信息从稀缺走向丰富，公信力、权威性、引导力、品质性重回舞台中央，主流媒体

---

① 《2016 网络视频的内容生态与功能升级》，引自王晓红、曹晚红、包圆圆：《中国网络视频年度案例研究 2017》，中国传媒大学出版社，2017。

传统优势被再次赋能。进一步在内容创新上求突破、增强融合传播力是主流媒体深度相融的核心发力点。新华网董事长、总裁田舒斌曾在第五届中国网络视听大会上提出，传统媒体在新媒介环境下应对传播范式的改变，需要处理好内涵厚重与形态轻快的关系。对于主流媒体来说，既要传播好党和国家的主流声音，又要满足网民多元化的需求，要做到内容思想性、观赏性、传播性的融合。从实操角度看，要让视频更加轻快，让硬的新闻软下来、厚重题材轻盈下来，要让用户有观看的愉悦感。2016 年 6 月 20 日，新华社推出了为中国共产党建党 95 周年而制作的献礼微电影《红色气质》，上线仅 5天，点击量就达到 5000 万，成为 2016 年度最具影响力的短视频典范。影片创造性地运用了丰富的表现元素，鲜明而生动地定义了一代代中国共产党人为理想和信念而不懈奋斗的"红色气质"，令人耳目一新，在以短视频方式创新重大主题宣传话语形态的同时，又保持了新华社的独特品格。在媒体低端产能过剩的当下，用户对优质内容的需求远远没有得到满足。能否立足新技术、新观念、新需求，持续创新符合媒体气质的内容表达，依然是主流媒体安身立命之本。

围绕内容，以《人民日报》为代表的"中央厨房"模式在各级传统主流媒体投入应用。2017 年 1 月，人民日报社全媒体中央厨房大厅投入使用，为主流媒体的深度融合提供了切实的解决方案，即在内容和技术的双擎驱动下，通过流程再造和资源重置，实现功能集成化、产品全媒化、管理扁平化，从而提升内容生产力。人民日报社中央厨房建设的负责人叶蓁蓁认为，中央厨房的建设实际上是围绕"内容"展开的。内容领域的变化，在很大程度上预示着媒体整个行业的未来发展方向。媒体机构越来越需要放下对介质的迷恋和困扰，集中力量去生产用户真正需要的优质内容。[1] 随着建设的推进，中央厨房加大了视频生产力度。访谈类微视频《习主席来了》（*Who is Xi Dada*）在 2016 年 11 月荣获了第二十六届中国新闻奖国际传播一等奖。该视频长度为 3 分 26 秒，通过采访 15 个国家的留学生来展现外国留学生眼中的中国领导人形象。路透社称"这是中国迄今为止第一部采访外国留学生评价本国领导人"的视频，"呈现出一种时尚感、'时髦感'以及酷酷

---

[1] 叶蓁蓁在"向网而生：网络原创节目发展系列研讨之短微视频"上的讲话，2017 年 3 月 18 日。

的感觉"。[①]

围绕"内容"，更多的传统主流媒体把握同时期的直播、短视频风口，进入视频内容领域，打破电视台垄断精品生产的视频"神话"与自我陶醉，以各具风格的独特气质，极大地丰富了网络视频的内容生态。央视创办的"熊猫频道24小时"网络直播频道，展示中国珍稀动物和世界文化遗产，向世界展示多姿多彩的美丽中国。2017年2月，熊猫频道直播的一个名叫奇奇的熊猫抱饲养员大腿的片段，通过海外社交平台传播，播放量超过10亿次。《新京报》"我们视频"、《界面》"箭厂"、《南方周末》"南瓜视业"、浙报集团"浙视频"凭借专业及时的内容成为短视频蓝海的知名IP。苏州广电植入互联网基因，与"二更"战略合作，以"发现你身边不知道的美"为主题，在台内组建短视频工作室，联合打造定位城市生活方式的"更苏州"品质短视频，打造IP和头部内容，提升网络传播效果，成为全国地市广电行业第一个和社会移动短视频头部公司合作的机构。合作后首个短视频作品《红白羊肉情缘》达到全网2000万以上的点击量。此外，2017年，苏州广电"看苏州"App推出主播秀计划，开展策划类直播，在互联网上树立正能量的网红，先后有114位广电主持人进行了近400场次直播，单次直播在线观看人次最高突破30万，总评论达近6万条，总点击量突破1300万，打赏金币150万。上述的这些实践，从更长远来看是体现了传统主流媒体对"融合"认识的深化。在内容生产层面上，"融合"不再只是技术的整合过程，而是以最适宜的方式做更好的作品，从而更好地服务于公众的过程。

二、技术赋能，重塑视听传播

习近平总书记指出，媒介融合应该"坚持先进技术为支撑、内容建设为根本"。《关于推动传统媒体和新兴媒体融合发展的指导意见》也强调，推动媒体融合发展，要将技术建设和内容建设摆在同等重要的位置。

相较于商业媒体，传统主流媒体在技术运用思维和技术人员储备上都是相对落后的，如何通过"手段先进"让内容找到对的读者，如何为用户量身定制内容，如何提高内容与渠道的匹配性，已成为互联网时代媒体立足于市

---

① 陈晓东：《人民日报"中央厨房"作品荣获中国新闻奖一等奖》，http://media.people.com.cn/n1/2016/1103/c40606-28832378.html。

场的依据和根本。运用新技术提升传播力、引导力、影响力、公信力开始成为这一阶段主流媒体的共识与行动。

2016 年起，人工智能、物联网、大数据、云计算、VR/AR、360 度相机等各个领域的技术被应用到主流媒体的视频内容生产中，带来了新的组织形式、生产方式、产品形态，呈现出更丰富多样的内容与模式。

2017 年的两会上，新华社派出机器人 i 思，以新华社音频部见习记者的身份入场，采访代表委员，与受众就新闻开展互动，智能收集并分析两会相关的大数据，新华社还为其量身定制了"i 思跑两会"系列节目，分发在各大电视和新媒体平台上，在《新华视点》栏目中，i 思已经可以作为特约记者与主持人连线报道两会。《光明日报》推出的"多信道直播云台"，集信息采集和发布功能于一身，采集部分包含视频、VR 等内容的同步直播与录制；发布则可同时为 16 家平台提供直播视频和 VR 信号，用户通过手机就能了解两会的实时情况，成为观众可不用借助于 VR 头盔，直接裸眼观看的两会 VR 直播，为观众带来了更具沉浸感的全景体验。

2016 年，江苏广电推出"荔枝云"新闻制播分发平台，采用"多来源内容汇聚、多媒体制作生产、多渠道内容发布"的生产模式，实现面向新闻融合媒体生产的全新流程再造，新闻信息一次采集、多元化传播，打通传统媒体和新媒体渠道的信息流通。2018 年，中广联合会技术委员会组织专家对荔枝云平台进行了技术鉴定，一致认为荔枝云平台走在了全国前列，达到了国际领先水平。① 新华网 2017 年成立的融媒体未来研究院、"人民日报创作大脑"等已经在生理数据挖掘与分析、情感计算、传感器新闻制作等方面取得重要进展，并在新闻数据采集、电影评测、广告效果监测、交通安全提醒、教育效果评估、智能城市网络等领域开展多项应用研究，提升视频内容生产和分发效率，成为技术赋能媒体融合发展的典型代表。

三、移动优先，资源深度整合

根据 CSM 媒介研究数据，2017 年上半年，传统媒体端受众持续下降，CSM 所有调查城市电视观众日均到达率下降至 57.1%，首次低于 60%，创

历年降幅之最。①《2018中国网络视听发展研究报告》调研数据显示，近半数网络视频用户不再接触传统媒体，"50后""60后"也在远离传统媒体；与2017年相比，网络视频用户各类型传统媒体接触行为中，传统电视接触比例下降幅度最大（5.9％），降至31.9％；报纸接触比例提升0.1％，升至20％；电台和杂志接触比例都有小幅提升，电台接触比例升至24.7％，杂志接触比例升至20.9％。用户快速向移动端迁移，移动互联网已成为信息传播的主渠道，传统主流媒体内容出口、盈利模式、技术要求都面临质的改变。2018年，传统主流媒体视频化进程全面移动优先，转战互联网主阵地。

搭平台，打造新型主流媒体：一是三台合并，国家级现代传媒扬帆起航。2018年3月，原中央电视台（中国国际电视台）、原中央人民广播电台、原中国国际广播电台合并组建中央广播电视总台，通过资源整合、优势聚集，形成传播矩阵，在全屏时代拓展用户新入口。二是移动客户端已经形成品牌，影响力、传播力与日俱增。国家级媒体中，《人民日报》客户端累计下载量已超2亿，央视新闻用户数量超过1000万。省级媒体中，"芒果TV"用户已达5亿，浙江台"中国蓝TV"客户端下载量超过4000万，北京台"北京时间"、广东台"触电新闻"、江苏台"我苏"、河南台"猛犸新闻"、成都台"看度"等客户端也逐渐成为当地或全国知名平台。三是多屏整合。《2018中国网络视听发展研究报告》数据显示，智能电视已超过台式电脑，成为网络视频节目收看第二屏。相较小屏"轻、快、短"的特点，大屏具有高品质视听享受的优势和面对家庭开展增值性服务的巨大商业空间，5G时代8K视频传播也必须依赖大屏。2018年，主流媒体以革故策略打造大屏。央视网智能大屏发展迅猛，IPTV总平台自有用户已超过1亿户，互联网电视平台累计激活终端1.05亿台，世界杯期间还推出了围绕球迷看、玩、用、买的全链条服务。广东广播电视台"粤TV"已有1400万家庭用户，成为广东地区最具影响力的新媒体互动电视媒体平台，广东法律服务网在2018年底进驻"粤TV"，让民众足不出户就可以接受公共法律服务。

外融通，叠加优势促合力：一是广电媒体与报业媒体联动融合。湖北广电、甘肃广电等多家广电媒体与《人民日报》或新华社合作，在重大主题报

---

① CSM：《媒体融合进程中的收视变化特征——2017年上半年电视市场回顾》，《收视中国》2017年第8期。

道中探索跨界融合；山西广电和《山西日报》共建"山西媒体智慧云"平台合力发展。二是广电媒体与商业视频平台联动融合。2018年足球世界杯，央视与优酷、咪咕开展转播合作，探索主流媒体与新媒体互利共赢的融合模式。主流媒体在短视频领域与抖音、快手合作，拓展舆论宣传新阵地。三是广电媒体与技术公司联动融合，加快智慧广电建设。新华社于2018年6月发布的媒体大脑2.0"MAGIC"智能生产平台由新华社和阿里巴巴合资成立公司研发。2018年底，中央广播电视总台联合中国移动、中国电信、中国联通及华为公司合作开建首个国家级5G新媒体平台。省级媒体中，四川广电与腾讯以云计算为核心开展网络存储、网络分发等技术领域的深度合作；黑龙江广电与科大讯飞股份有限公司在智能语音交互平台、智慧媒体、AI＋智能主持人、智能广告、智能家居等领域深入合作。

内融合，整合资源强实力：一是各级媒体联合发展。中央台基本完成"广播云采编系统"一期建设，再造中央台和地方台行业协作的新闻采编流程和共享机制。甘肃台"视听甘肃"App面向省内市县级广电媒体开展技术和内容层面的合作。二是跨区域媒体联合发展。山东台"轻快"平台为全国206家市县广播电视台提供融合发展和转型升级解决方案、技术支持和服务平台，基层广电得以相对低的成本融合转型。三是媒体融合纵深下沉。县级媒体是党在基层的新闻舆论工作重要阵地，当前媒介环境下，县级媒体发展遇到了前所未有的困难，改革迫在眉睫。2018年，"县级融媒体中心"在中央会议上首次亮相后，成为行业关注的焦点。国家多项县级融媒体建设标准发布后，在优先利用省平台资源并逐步对接省平台的政策框架下，各地纷纷探索县级融媒体中心建设模式。四川广电联合中国电信，为省内183个县级融媒体中心提供即时可用的服务平台；山西广电和《山西日报》共建的"山西媒体智慧云"承担起本省县级融媒体中心建设在技术和总控层面的职能。

第四节　视频网站迈入精品时代

截至2016年12月，我国网络视频用户数达到5.45亿，比2015年底增长了4064万，用户增量放缓；然而，2016年视频网站的付费用户数在2015年用户数的基础上增加了185％。这两个数字说明，网络视频行业发展的人口红利基本消失，直接面向用户的商业模式初步形成，由此催生了高品质原创内容的规模化生产，网络视频的内容市场趋向丰富和成熟。

一、大浪淘沙，精品化为行业主流趋势

2016 年，视频网生内容数量迎来爆发式增长，题材和类型更加丰富，与电视内容形成了差异化互补。具体表现在以下三个方面。

一是网络综艺节目呈井喷之势，季播市场竞争激烈。截至 2016 年 11 月 30 日，视频网站自制综艺节目共 111 档，与 2015 年的 96 档相比，增幅为 15.6％。其中，爱奇艺、腾讯视频、优酷、芒果 TV 凭借雄厚资金，引入金牌制作，网综质量得到了明显的提升，网络播放量超 10 亿次的节目有 2 档，超 5 亿次的节目高达 17 档。同样，芒果 TV 背靠湖南卫视大树，独播资源强劲，发展势头迅猛，《爸爸去哪儿 4》成为全年大赢家，播放量突破 36 亿次。二是网络剧市场活跃，自制数量远超电视剧。截至 2016 年 11 月底，全国备案上线的网络剧已达 4430 部 16938 集，而同期国产电视剧的备案数量为 1137 部，仅为网络剧的四分之一。同时，网络剧的市场活跃度明显高于传统电视剧，播放量首次达到百亿次量级；《鬼吹灯》《老九门》《九州天空城》《如果蜗牛有爱情》四部网站自制剧登上了一线卫视，开启了网络剧规模化反哺电视内容的先河。三是新生代明星网络制造，加速跻身市场一线。随着制作水准的提升，网络剧的消费群体由年青一代扩展到更多年龄层，流量效应加速显现。例如，2014 年，网络剧《灵魂摆渡》经过了三年两季才达到 30 亿次的播放量，2016 年，《太阳的后裔》当季就有近 50 亿次的播放量，《老九门》更是在两个月内破 100 亿次播放量。"流量就是分量"，明星网络剧越来越快地制造了网络剧明星，诸如陈伟霆、刘昊然、张一山等人，都借助现象级网络剧，迅速"翻红"并且跻身市场一线。同时，新生代制作人、导演也在网络作品中成长、成名。网生明星的出现显然有助于网络视频行业的发展，因为无论是网络剧还是电视剧，人们终究关注的是剧的质量、创作的品质。

网络大电影、网络剧、网络综艺的爆发式增长也带来了低俗内容的出现。2016 年，行业管理部门制定了详尽的行业监管规则，对网络视听内容的管理标准与方式加以明确，即"电视不能播的，网络也不能播"，为行业持续、健康、良性发展提供了良好的环境，也对网络视频行业内容生态的升

级起到了引导和推动作用。与此同时，根据新传智库 2017 年 9 月公布的最新数据，2017 年网络剧数量迎来井喷，月度上线网络剧持续保持高位，行业发展巨大的想象空间吸引来了众多资本和专业制作力量，在上述综合因素影响下，网络影视内容生产从粗制简陋到细心打磨，从猎奇、吸睛到以品质、深度动人，网络影视内容质量口碑直线上升，精品化已成为行业主流趋势。

豆瓣评分 9.0、累计网播量超 50 亿的《白夜追凶》由优酷视频独家播放，并于 2017 年 11 月，由美国视频网站 Netflix 获得该剧的海外发行权。在口碑流量双丰收的背后，体现出的是《白夜追凶》专业精良的制作以及对社会现实予以关照的创作能力。一方面，《白夜追凶》剧本是由律师出身的指纹耗时三年创作而来，剧中刑侦手段具有一定的专业度，整体制作堪比美剧的鲜明风格与紧凑节奏。另一方面，该剧八个原创罪案故事均取材于现实案件，并着力表现真实、复杂的人性。例如，通过外卖小哥的暴力犯罪来反映社会医疗救助的缺陷，以北京和颐酒店事件为原型改编创作来关注女性人身安全话题等。网络综艺方面，2017 年，芒果 TV 推出《明星大侦探》第三季。与此前有所不同，本季节目全新启用实景拍摄，用一个月的时间搭建了占地面积约 4000 平方米的实体酒店场景，以最大限度地还原节目场景和探案细节，其制作诚意及用心可见一斑。而国漫方面，经历了《西游记之大圣归来》的票房奇迹，《大鱼海棠》《大护法》与《小门神》又表现乏力的当下，以精美国风取胜的《中国唱诗班》系列走红网络。其中的《相思》和《元日》等动画短片，以一唱三叹的诗意描摹与情景相生的水墨风情，打通了绘画与电影的视觉界限，从而实现了多元艺术形式的交相呼应。

2018 年，网生内容依旧迎来发展大年，数量和质量齐增。从网络综艺看，国家广播电视总局监管中心《2018 网络原创节目发展分析报告》数据显示，2018 年上线网络综艺节目数依旧较 2017 年呈快速增长态势。在产量大幅提升的同时，高品质、高口碑的精品节目不断涌现，2018 年 10 月，福克斯买下优酷《这就是灌篮》的模式版权，完成国产原创网综模式的首次出海，国产网综的原创能力开始受到国际市场认可。同时，2018 年，网络综艺节目积极探索内涵表达、注重价值引领，整体格调积极健康。优酷针对网络综艺题材进行深入研发，推出"这就是"系列节目，聚焦小众题材的大众化传播，通过展现年轻人的奋斗群像，传递只有努力才有收获、专业才能得到认可的正向价值观。《这就是铁甲》聚焦世界各地机器人格斗竞技高手，

《这就是歌唱》聚焦热爱音乐、努力提升自我的年轻歌手。《这就是灌篮》聚焦热爱运动与篮球文化的运动员，在展现篮球竞技魅力的同时分享球员们有笑有泪的追梦故事。此外，网综内容开始从泛娱乐向泛文化升级，从文化漫谈到博物仿古，2018年网综创新文化类题材节目的呈现方式，"好看"又有"营养"，赢得了大众热捧。《一本好书》创新性地以舞台剧的方式精彩演绎经典名著，形象生动地诠释书籍的文化内涵。《神奇图书馆在哪里》采用嘉宾实地探访形式，从生活美学角度切入，打破观众对于图书馆的刻板印象，回归对文化本身的探讨。

从网络剧看，其兴起得益于奇幻灵异、玄幻修真等非现实题材，随着不断发展演进，网络剧也逐步开始走出小天地，关照"现实"大时代，服务大局的意识和能力显著增强，内容主流化、价值化已成行业共识。爱奇艺2018年10月"iJOY悦享会"大会上发布的百部剧集中几乎一半都是现实或与现实相关的题材，2018年第四季度播出的《大江大河》更是在取材角度和完成质量上获得了市场和口碑的双双肯定。优酷剧集中心2018年推出了一批反映时代发展、刻画时代人性的现实题材剧集，其中包括《我们的四十年》《那座城，这家人》《大江大河》《外滩钟声》《平凡的荣耀》等，并规划了重大历史题材《觉醒年代》，该剧入选《2018年度北京市文化精品工程重点项目（第一批）》。

从网络电影看，2018年前，网络电影产能旺盛，但质量参差不齐，内容触碰国家法律和道德底线的情况时有发生。2018年4月，各大视频网站开始对网络电影进行较大规模的自查整改，经过自查，低俗庸俗、封建迷信、色情暴力等违规不良、打擦边球的作品明显减少。《2018中国网络视听发展研究报告》数据显示，2018年上线的1030部网络电影中，独播电影数量为991部，占比达96.2%，相比2017年独播发行比例有了较大提升。网络电影的重要性保持持续提升，已经成为视频平台的重要内容组成部分。

二、细分题材，垂直领域不断深耕创新

网络影视内容的兴起得益于题材，奇幻灵异、惊悚悬疑、时空穿越、侦探推理、玄幻修真、时空穿越等多元题材弥补了电视、电影荧幕内容类型缺失的"灯下黑"，在一定程度上满足了特定人群的观看需求，为日渐饱和的传统影视市场开拓出了崭新的发展空间，符合相应的市场发展规律。但题材

分类毕竟有限的客观因素不容忽视。

2017 年，在经历了红海发展之后，网络影视内容生产者们拓宽视野，在制作中加入更多创新性元素，由细分题材走向了垂直领域。一方面，《你好，旧时光》《致我们单纯的小美好》《春风十里不如你》为代表的青春校园风网剧屡出爆款；另一方面，以《法医秦明》《河神》《无证之罪》为代表的悬疑罪案类型网剧依旧备受观众青睐。无论是在青春题材框架中细分校园、军旅生活，还是在悬疑破案类型中细分法医、民警职业，不难发现，各类题材都越来越趋于垂直化发展。当然，除了垂直划分题材外，在网剧制作中权衡好冉冉新星的优秀性价比，让新鲜血液颠覆传统套路，再加之好的故事，配上登对的制作，想要为观众所喜爱自然水到渠成。2017 年新上线的网综有 197 档，播放量总计 552 亿次，同比增长 120%。① 除了网综数量的增多，其在类型题材划分上同样也呈现出细分垂直的特点。无论是以《吐槽大会》《脱口秀大会》为代表的脱口秀类节目，以《明日之子》《中国有嘻哈》《快乐男声 2017》为代表的音乐选秀类节目，还是以《青春旅社》《亲爱的客栈》《三个院子》为代表的民宿经营类慢综艺，以及《萌主来了》《小手牵小狗》为代表的萌宠暖心类节目，这些节目在瓜分网综市场的同时，都以全新的模式和样态受到了网民的关注，成为大众讨论的热点话题。

2018 年，网生内容创作题材日益丰富，内容边界持续拓展。偶像养成类、街舞类、机器人竞技类、电音类等越来越多的垂直类网综涌现出来，《心动的信号》让素人情感观察型真人秀火爆网络，《幸福三重奏》聚焦夫妻两性关系，《奇遇人生》为嘉宾定制人生探索之旅，《超新星全运会》中男女偶像备战运动会，尝试体育类综艺创新。网络电影题材类型仍以情感、喜剧等为主，但在垂直细分领域的题材创新步伐也开始加大。腾讯的《罪途》以悬疑故事为外壳，聚焦校园霸凌、家庭暴力等，爱奇艺出品的网络电影《暴走刑警》《爱也有阿禾》《四合院里的孙大圣》《灿烂光辉》聚焦刑警、义工、京剧人、基层村干部人群；优酷的《英歌魂》聚焦历史悠久的英歌舞艺术，传承传播优秀传统文化。

---

① 《2017 网络原创节目发展分析报告（网络综艺篇和网络剧篇）》，国家广电智库：https：//news.znds.com/article/28330.html。

三、IP 发掘，多管齐下打造内容品牌

网络文学唯有经过长时间的积累和发酵，才能够经受市场的检验，才会拥有大量的原著粉。2015 年到 2017 年，网络文学"IP"一直受行业狂热追捧，优秀的网络文学被近乎疯狂开发。在疯狂开发背后，2017 年，从业者已面临着无 IP 可创作、无 IP 可吸引观众的窘境，除了《延禧攻略》和《如懿传》两部现象级剧集，如《天盛长歌》和《将夜》等多部网络文学名作改编成的网剧都未获得良好的市场影响力。集齐大 IP 和流量明星的《武动乾坤》收视口碑双双惨败，新人演员主演的爱奇艺原创网剧《芸汐传》热度峰值超越"大 IP＋大演员"强强联手的《天盛长歌》。因此，如何发掘好、利用好现有 IP，如何将创作逻辑与商业模式有效结合，成为视频网站内容运营的核心问题。

与超级 IP《鬼吹灯》系列相比，出版于 2013 年的小说《河神》是天下霸唱较为冷门的作品。2017 年爱奇艺出品的网络剧《河神》，对其小说《河神·鬼水怪谈》的改动可谓"天翻地覆"。该剧在保持原著精华的基础上，没有采用传统的单元结构，而是选择更为影像化的表达方式，让案件与案件之间彼此独立，一层一层接近核心真相，并新加入了小神婆和记者肖兰兰两个角色。如此一来，《河神》的这番改编，不仅能收获原著粉丝的好评，又以环环紧扣的神秘感吸引更多自然粉丝。除此之外，该剧虽然讲述了民国市井文化的神秘内容，却在表达方式与制作上更接近美剧悬疑推理风格。题材的新鲜度与想象空间、立体丰富的人物关系与角色性格、高强的叙事节奏与创新天花板，使《河神》在 2017 中国泛娱乐指数盛典 ENAwards 中，获得了"最佳 IP 改编影视剧"的称号。

剧 N 代、综 N 代持续创作，以放大品牌价值、延续系列热度也不失为 IP 开发的重要一环。良好的口碑与市场反响为精品网络剧、网络综艺笼络了一大批粉丝，也自然为接下来的第二季、第三季打下了观看基础。因此，在强烈的品牌意识下，内容制作方和网络视频平台方对首播表现不俗的作品，通过季播模式进行后续开发，把"首播效应"转化为"品牌效应"。趁热打铁、充分利用，无论是网剧方面《欢乐颂》《琅琊榜》《无心法师》的"剧 N 代"模式，还是网综方面《奇葩说》《爸爸去哪儿》《变形计》《火星情报局》的"综 N 代"模式，它们都完成了从单一 IP 到系列化开发的进化。

四、跻身主流，网台合一成为共同选择

从 2014 年视频网站自制突围开始，各类网络影视内容从无到有，从最开始的"野蛮生长"向注重品质的"精耕细作"转型，已经形成了一个规模庞大、充满活力的市场。无论是用户规模还是内容质量，网络媒体都已跻身主流，"网台合一"自 2016 年起开始成为现实的共同选择。

不少优秀的传统电视人才纷纷加入网络内容生产大军，并将创作经验反哺于网络端的内容制作，一些头部自制剧、自制网综的制作水准已达到甚至超越传统电视节目，网络影视内容生产行业整体质量越来越高，口碑也越来越好。部分电视节目在强力的政策支持下，充分利用并发挥网络平台的优势，受到了更多年轻人的关注和喜爱。2017 年，中央电视台《经典咏流传》节目在腾讯视频、爱奇艺、优酷等同步播出，用传统诗词与现代流行音乐相融合的方式挖掘诗词内涵的新时代表达。节目中的歌曲不仅刷屏微博、微信等社交媒体，在各个音乐平台也全线霸榜，中华文化之美通过在线歌声传入万千人家。

在网台竞争趋于白热化的同时，影视内容不再只是平台之间的竞争，还包括排播方面的博弈。多屏编排的创新，日趋显著。很多电视节目积极寻求触网，在以往台网联播的情况下，大胆尝试先网后台的新型排播方式，电视与网络之间的界限更为模糊。以《琅琊榜之风起长林》为例，该剧虽在北京卫视、东方卫视、爱奇艺同时以周播方式上线，但在网络平台中，爱奇艺付费会员可以享受提前观看一周剧集的服务。与之类似的还有《大军师司马懿之军师联盟》《轩辕剑之汉之云》《秦时丽人明月心》等，由此不难发现，网台联动已是行业必然趋势，视频网站开始在剧集播映中占据越来越多的主导权。

五、寡头竞争，行业格局逐渐清晰

根据爱奇艺招股书披露，其 2017 年四季度移动日均访问用户（DAU）达 1.26 亿；腾讯在 2017 年度业绩会上提及其 2018 年 1 月移动端的日活跃用户（DAU）达 1.37 亿；合一集团尽管未披露用户数据，但根据易观数据公布的 2018 年 2 月移动 App 排行榜，优酷月活跃人数紧跟爱奇艺、腾讯视频，分别位列第三、第四、第五。我国在线视频行业已形成了稳定的行业结

构，BAT 格局也逐渐清晰。

2016 年至 2018 年，优酷围绕"大阿里战略"发展业务，腾讯视频根据"大腾讯体系"布局，爱奇艺以"大苹果树"平台型商业生态为目标，"生态建设"成为 BAT 竞争主题。爱奇艺的"大苹果树"，以技术产品为主干，以视频内容为枝叶，在付费、游戏、电商、广告等多领域结果，实现同一 IP 内容的多元变现。2017 年，爱奇艺从视频生产售卖的传统模式向"赋能—生产—分发—多维变现"的"开放生态"型商业模式战略转变，文学生态、网络大电影生态全面接入其开放平台，内容生产者可获取多维数据和用户画像，助力内容生产品质的良性循环；合作方可以获得版权收入和广告及会员分成。优酷 2015 年底并入阿里体系后，力图成为阿里大文娱生态的核心部分，阿里文娱生态与电商生态、金融生态、物流生态、云生态相交融，旨在为用户提供更加丰富的体验和服务。经过两年时间的深度相融，阿里巴巴大文娱版块的影业、优酷土豆、音乐等成员为优酷提供生产力、分发力和内容库；阿里妈妈助力视频营销变现，淘宝、天猫等电商的内容战略实现电商变现，不断尝试"大阿里战略"商业生态打通的核心要义。腾讯视频依托腾讯 10 亿级的用户和社交网络体系，联动腾讯旗下文学平台（阅文集团）、直播体系（NOW 直播和企鹅直播等）、游戏（王者荣耀等）、支付（微信支付），各种产品相互协作，价值互补，力争实现"1＋1 大于 2"的效应。

2018 年，弹幕视频网站哔哩哔哩（B 站）开始冲入头部阵营。相比爱奇艺、腾讯和优酷广泛的受众，哔哩哔哩以动漫、游戏相关视频起步，在巨头围剿之下，以二次元文化俘获了一群年轻用户，现阶段已发展为包含视频、游戏、直播、社区等服务的综合性内容平台。2018 年 3 月，哔哩哔哩在美国上市，其招股书显示，B 站月活用户 7180 万，日均使用时长 76.3 分钟，用户中"90 后"或"00 后"占比 81.7％，12 个月后用户留存率（正式会员）79％。高时长、高留存作为两大核心指标体现出了 B 站社区强大的用户黏性。哔哩哔哩成为最受中国新一代用户喜爱的视频网站。

第五节 "喧嚣"与"清朗"：网络视频的新视界

2016 年起，以移动网络直播和移动短视频的流行与风靡为标志，网络视频的本质特点被短视频和直播更大程度还原并应用，真正具备了超越"观看"的意义。4G 技术、智能终端硬件、移动应用软件、大数据算法、云技术是此轮变革的根本动力，产业视角商业资本的逐利本质、政策的鼓励成为最强燃料，监管的限制成为最有效的约束标尺，被释放和激发的内容创新力、生产力和丰富多元程度成为承载变更的根本基础，整个行业在这三年又经历了崭新的风口、融合和风气，网络视频各品类蓬勃发展的"喧嚣"与网络视频业态环境和行业风气的"清朗"时而并存，时而此消彼长，共塑了深度和广度共同延展的、不断开放的网络视频业态立体空间。

一、新风口：技术重塑生态，催生变革

网络直播还原了人类面对面的即时互动，建构的已经不再是一个观看的空间，而是一个活动的场域、一种社交的关系、一种日常话语的表达形态；[①] 短视频带来了"人人可为、随处可见、随时可用"的全新传播形态，这不仅为人们营造了具有情感连通意义的交流情境，也带来了全新的社会活动形态。[②] 电视单纯的线性精品内容"观看"被视频网站"边看边买"与"边看边聊"所替代，"观看"变成了社交行为、购买行为等人类各式行为的导流和入口。主流媒体对普通用户的意义开始脱离电视、报纸、网站等介质认知，以"全媒体内容输出体"和权威信源 IP 的身份广泛出现在微博、微信等社交平台、抖音快手等短视频平台或直播平台，原本高高在上的主流媒体成为各式平台中的一个，内容能力成为其最核心的竞争能力。2016 年兴起的 VR 视频，为用户带来了观看体验上强烈的沉浸感，模拟了面对面的情境，突破二维空间，将内容延伸到多维世界，在硬件佩戴设备核心便携性还未解决的这几年，业界依然对丰富了人对于内容的感知和体验的 VR 视频充满期待。总的来说，经过新一轮进化的网络视频把世界拉到用户面前，充满个性、极其饱满，生动且壮阔地在用户面前展开。

5G 技术、智能终端硬件让网络直播、短视频传播、VR 视频具备了广泛的流通能力和制作能力，运用大数据算法和云技术运营的商业平台强化了这种流动能力和制作能力，将"人人可为、随处可见、随时可用"的传播形

---

① 王晓红：《网络直播的本质是互动》，《中国新闻出版广电报》2016 年 11 月 17 日第 7 版。

② 王晓红：《以抖音为代表的短视频，究竟给社会活动和社会创新带来了什么？》，https://www.sohu.com/a/336600346_570245。

态通过移动应用软件的研发变成一个个简单便捷的操作和一个个沉浸传播的手机界面。最终网络视频内容形态不断升级，用户体验持续迭代，新的内容形态和使用习惯又与人群、社会、经济、政策相碰撞，使网络视频融入生产和生活的方方面面，成为人类生存"伴随式"的情感陪伴和使用工具。

网络视频最有魅力的点是什么？互联网从普及开始，公共空间与私人边界的界限就不断被打破，原本的私人生活领域是自我关照、自由意志的场所，而公共生活领域是有着共同关心的公共价值的群体空间。网络视频毫无门槛的便捷性、不加掩饰的直观性和直接抵达的互动性，在当下时代让个人语态、公共语态不断融合，使得私域行为社会化的同时又赋予了公共领域更斑斓的个性彩色。人类存在着的"生动性偏见"是网络视频风靡的内在原因，而网络视频为社会带来的这种个性色彩恰恰是其外在表现的最有魅力之处，而这最有魅力之处的实现是以技术的发展为本质基础的。

二、新融合：产业跨界融通，资源整合

2016 年至 2018 年，网络视频用户规模继续快速增长，网络视频及其衍生品已成为整个网络娱乐产业内容消费领域的核心支柱，产业仍处在快速发展期。《2018 中国网络视听发展研究报告》数据显示，视频用户继续向手机端集中，41％的用户每天必看网络视频，成为娱乐刚需。面对用户和产业规模巨大、发展前景广阔的网络视频行业，电信运营商、硬件制造商等更多经营主体进入行业，与主流媒体、网络视频平台彼此跨界合作频繁，整合资源优势，在共享融通中寻求多赢，加速行业发展。

（一）网红经济：直播和短视频成关键驱动力

"网红"是拉扎斯菲尔德和卡茨提出的大众传播中"意见领袖"在网络社会空间的一种表现形态，而"网红经济"则是粉丝经济在互联网时代围绕新型名人"网红"而产生的新经济形态，包含网红孵化、服务、平台、变现等全产业链因素。开放的网络平台和社交媒体发展让初代网红在博客、微博等图文时代就已经形成，但网红经济的强大效益最初在淘宝平台为大众所熟知。

2014 年 5 月，每次开播都有百万人次观看的网络主播董小飒的淘宝店铺开张，有了粉丝的支持，董小飒的淘宝店在一年内已经已经成为信誉度为三个金皇冠的超级店铺。张大奕最初是在微博上有 439 万粉丝的职业模特，

与董小飒几乎同时段，她的淘宝店开张，并创造了最快升级皇冠店铺的纪录。2014 年"双 11"活动中，销量排名前十的女装店铺中有七席是"网红"所开店铺，表现丝毫不输知名女装品牌。

移动社交传播技术的发展是网红经济繁荣的硬件支持。社会化媒体的技术赋权降低了网民的媒介使用门槛和自我展示成本，更多素人有望在各类媒体平台上获得自我展示及曝光的机会，更多的优秀内容创作者也同步进入社交传播平台，以低成本获得规模化的精准粉丝。而真正让网络经济自 2016 年起获得井喷式发展的最主要原因，则是网络视频的本质性特征和资本力量的介入。

网红经济在实质上是一种"情感经济"，消费者会将对网红喜爱之情商品化，将情感转化成为商品，粉丝本质上追求的是一种精神与情感方面的诉求。无论是建立实时沟通场景的直播，还是真实记录生活的短视频，"眼见为实、生动直观"的网红自我展示和实时交流的可能性，都让网红比图文时代更接地气、更加真实。这种真实感是建立情感联系和信任关系的重要催化剂，是粉丝产生购买行为的主要驱动力。

资本在 2015 年起大举进入直播和短视频行业，原先在网络上兴盛于特定领域的偶发现象伴随资本的介入而日渐产业化，原本以 UGC 模式为主的网红产出模式，被多渠道网络 MCN（Mult-Channel Network）模式取代，网红开始更多地以为内容创作者提供运营、商务、营销等服务的平台化运作模式产出，帮助网红实现内容变现成为其主要商业目标，网红经济快速发展由此才有了关键的产业支撑。著名的 MCN 有 Papitube、新片场、一条视频、何仙姑夫等机构。以当前国内具有代表性的 MCN Papitube 为例，它以"papi 酱"为核心 IP，招募短视频创作达人入驻，签约其中的优秀潜力账号后，再通过头部账户的流量为新人引流，同时辅助其内容生产和运营变现，通过"热带新"模式形成源源不断的热门内容生产力。

（二）运营商：依托流量优势，从后台走向前台

随着提速降费的政策要求和人口红利见顶，电信运营商传统业务增速放缓，行业进入后运营时代。与此同时，视频业务巨大的流量需求为电信业发展带来了新的方向。运营商在宽带业务、IPTV 业务、OTT 业务上积累了海量用户规模，再加上运营商在视频业务高体验、高码率、低延时等特性方面具有的天然优势和 5G 时代对网络带宽、时延、丢包率的高要求，运营商纷纷把视频作为基础业务进行战略布局，利用管道优势，一方面拉动流量收入，提升传统业务黏性；另一方面积极参与到视频内容产业链中，拓展自身价值空间。

发力小屏，构建跨终端视频内容服务平台：面对 BAT 等传统内容服务平台巨头，网络运营商开展多维度探索，依托传统优势寻找跨界合作、差异竞争着力点。咪咕作为中国移动打造的内容生态主阵地，将体育产业作为视听业务重点拓展领域，与央视达成 2018 年世界杯转播版权合作，与苏宁体育正式开启"451 计划"，获得 2018—2019 年度 CBA 联赛新媒体直播版权，众多拳头内容组合推出，体育赛事内容版图已逐步完成搭建。世界杯期间，咪咕视频日观看人次均超 1 亿，中国移动还推出了咪咕视频卡、任我用不限量等流量套餐，开展组合营销。

深耕大屏，以视频为抓手拓展智慧家庭价值：运营商依托已有的 IPTV 海量用户基础，深耕大屏视频业务，并以视频为业务突破口，融合教育、医疗等行业，布局智慧家庭产业。2018 年，浙江、福建、云南、河北、安徽等省广电与电信纷纷签署战略合作协议，深入推进双方在三网融合领域的战略合作，协力推动 IPTV 发展。广电具有的内容运营与播出保障等方面的实力，与电信具有的传输网络、网点渠道、终端售后等优势相结合，旨在双赢发展。浙江广电与浙江电信共同运营的浙江 IPTV，在浙江省已覆盖人群超 2000 万，两大集团携手探索家庭云、语音控制等"IPTV＋"新模式的智慧家庭应用服务运营。

（三）硬件设备制造商：共生无界，用共享谋共赢

手机、彩电等硬件设备制造商，依托硬件设备的海量用户基础、海外市场竞争优势和技术优势，纷纷入局网络视频产业，其中华为和 TCL 是这方面的代表。

华为是全球 IPTV 市场占有率第一解决方案的平台供应商，覆盖机顶盒家庭用户群接近 5 亿，华为手机在全球手机市场上排名第三，销售到全球 190 多个国家和地区，手机用户截至 2018 年底超过 5 亿。依托双 5 亿的全球设备终端入口，华为的目标是连接内容和用户，构建全球最大的内容生态合作体系。华为视频作为华为公司专为华为用户打造的一款官方视频 App 于 2016 年 9 月上线，用户已突破 1 亿，日活用户增长 300％。2018 年华为视频正式出海，在意大利、西班牙等华为手机占有率较高的欧洲国家试点使用，2019 年华为视频流媒体服务在更多国家和地区落地。在内容端，华为已与全球 200 多家内容伙伴开展灵活多样的合作，"聚合"全球范围内优质内容。2018 年 12 月，华为与芒果 TV 正式宣布将采用创新的共享收益模式，围绕华为云 CDN 服务、视频内容、IPTV 产品等展开深度合作。在平台端，华为依托华为视频和众多合作伙伴的流媒体服务，把聚合的优质内容进行全球分发。目前，华为拥有 1600 多项 5G 核心专利，已向全世界输送超过 1 万个 5G 基站，依托华为在 5G 市场的主动权，华为的视频业务将迎来更大发展。

TCL 集团于 2017 年 3 月推出旗下互联网品牌雷鸟，成立一年多的时间里，雷鸟大屏价值已经受到行业广泛关注。腾讯、广东南方新媒体集团、京东先后对雷鸟进行投资，雷鸟科技估值已达 45 亿。基于 TCL 电视在全球的品牌认可度和市场占有率，雷鸟科技作为 TCL 电视运营平台已经覆盖了 6 大洲、135 个国家。雷鸟品牌还分别与腾讯、优酷开展内容合作，补齐内容短板，携手互联网电视牌照方"南方新媒体"，探索 IPTV 发展新模式。雷鸟目前已拥有近 3000 万用户，月均活跃用户超 1000 万。

三、新风气：监管提档升级，标准细化

（一）网生内容台网对标强化落实

2016 年起，包括新闻信息服务、内容生产传播、平台、版权等领域在内的网络视听监管持续强化，"线上线下统一标准"成为网络视听内容管理的核心思路。

2016 年，包括网络剧、网络大电影、网络综艺在内的网络视听内容成为管理的重点对象。经历了几年的野蛮生长，网络原生内容的数量和质量虽然都有大规模的提升，但为吸引眼球和流量而出现的低俗、色情、暴力或涉封建迷信等方面的内容不在少数。网络视频用户规模体量之巨大，让网络视频内容纳入主流化监管渠道，成为行业发展的必然趋势。2016 年 1 月 20日，乐视视频爆款网络剧《太子妃升职记》下线整改引发行业关注，过多的大尺度画面和情节是造成下线整改的主因。《心理罪》《无心法师》《盗墓笔记》《暗黑者》《探灵档案》5 部网络剧也因为内容涉及血腥暴力、色情粗俗、封建迷信等而下线。2016 年 10 月，网络剧迎来了第二轮下架风波，《余罪》《暗黑者 2》《灭罪师》等多部热播网络剧被要求下线整改，涉案题材、悬疑推理成为此次下架网络剧的一个主要特征。而此类题材正是电视传

统媒体创作题材的雷区。除了网络剧，网络大电影也因内容低俗、色情和暴力等原因遭下架。2016 年 11 月 4 日，《催乳大师》《消灭大学生》《大风水师》《超能太监之黄金右手》《绝色之战》等 60 余部网络大电影遭到下架，波及腾讯、优酷、爱奇艺、搜狐、乐视等多家视频平台。在网络综艺领域，2016 年《吐槽大会》《美女与极品》等节目被要求下架整改，大尺度、低俗化内容充斥成为这些网络综艺节目下架的重要原因。

2017 年，国家新闻出版广电总局按照 2016 年 11 月出台的《关于进一步加强网络原创视听节目规划建设和管理的通知》对网络视听内容生产领域进行监管，通知提出的"坚持网上视听内容与电视播出内容管理标准一致的核心思路"得到了强化和落实。2017 年 6 月 30 日，中国网络视听节目服务协会发布的《网络视听节目内容审核通则》，对网络视听节目内容审核的原则、要求、标准等进行了规定，为网络视听原创内容的生产创作划清了底线，明确了导向。

在营造清朗网络空间的整体要求和"线上线下统一标准"的思路下，2017 年，网络影视内容市场迎来空前的政策趋严监管时代。一方面，包括《余罪》《我的室友是狐仙》等在内的多部热播网剧因内容违规问题而遭到下架整改；另一方面，一大批网络大电影和网剧因为不具备《广播电视节目制作经营许可证》或"许可证无法在广电总局网络视听节目信息备案系统中查询到"等原因先后下架。除此之外，国家新闻出版广电总局联合五部委在2017 年 9 月下发《关于支持电视剧繁荣发展若干政策的通知》中提出"对电视剧、网络剧实行同一标准进行管理"，政府对网生内容加强监管的趋势还在继续和强化。

2018 年 3 月，中共中央印发《深化党和国家机构改革方案》，国家广播电视总局负责网络视听节目内容和质量管理的职能权责更加明晰，网络视听与广播电视在管理上"同一标准、同一尺度"的思路在执行层面更加便利。广电总局于 2018 年 10 月发布规范性文件《关于进一步加强广播电视和网络视听文艺节目管理的通知》，对网络视听节目的导向管理、内容管理、行业秩序管理等都提出了明确要求，严格控制偶像养成类节目，严格控制影视明星子女参与的综艺娱乐和真人秀节目，严格控制嘉宾片酬，坚决打击收视率（点击率）造假行为，强调网络视听节目和广播电视同一标准、同一尺度，存在问题的节目，网上网下均不得播出。该文件呈现了管理的基本思路和原则，是对网络视听领域管理与引导的系统指南。

一系列政策法规的出台和实施，既与行业本身发展形成紧密的联动关系，又对网络影视内容创作和传播层面提出了更明确的指导和规范。政策加持、内容为王，伴随着监管力度的进一步加大，内容尺度和生产标准也将进一步明确和理清。这些既为未来行业的持续、健康、良性发展提供了良好的环境，也对网络视频行业内容生态的升级起到了引导和推动作用。

（二）直播平台治理初显成效

2016 年被称为"移动直播元年"，与网络剧、网络大电影的发展路径不同，直播市场在巨头资本纷纷入驻的情况下迅速扩张。野蛮生长避免不了乱象丛生，多个直播平台都出现过低俗、敏感、淫秽等内容。"斗鱼"主播直播"造娃娃"与"快手"主播直播破坏商品、"虎牙"主播直播"打野"等，大尺度内容层出不穷。

在亢奋的行业发展初期，直播行业来不及建立起相应的行业规制。但是，同网络视频行业一样，视频直播也经历了从小众到大众、从无序到有序的专业化、规范化的制度建设之路，具体如表 5-1 所示，直播监管力度加大，国家网信办、文化部等多部门针对低俗内容直播的治理行动陆续展开。根据监管部门的公开数据统计，截至 2018 年 2 月，共有超 70 家直播平台、累计 9 万余个直播间被关停，近 4 万个违规主播账号被封禁，百余家网络表演平台受到行政处罚。

表 5-1　2016 年至 2018 年国家相关部门采取监管措施情况

时间	详细信息
2016 年 7 月	文化部发布《文化部关于加强网络表演管理工作的通知》，以黑名单或警示名单惩戒违法违规表演者
2016 年 9 月	新闻出版广电总局下发《关于加强网络视听节目直播服务管理有关问题的通知》，要求直播平台必须持有《信息网络传播视听节目许可证》
2016 年 11 月	网信办发布《互联网直播服务管理规定》，从传播资质、内容、监管规则与流程等方面对网络直播进行明确和规范
2016 年 12 月	文化部下发《网络表演经营活动管理办法》，要求从事网络表演经营活动的网络表演经营单位应当取得《网络文化经营许可证》，同时明确网络经营单位应该承担的主体责任
2017 年 1 月	文化部召开网络表演企业通气会，要求各直播平台对违规内容进行全面自查自清，并开展"双随机、一公开"执法检查，重点打击"三俗"等违规内容
2017 年 4 月	网信办首次根据《互联网直播服务管理规定》依法关停了 18 款传播违法违规内容的网络直播类应用

续表

时间	详细信息
2017 年 5 月	文化部和全国扫黄打非办公室分别发布公告，总结一段时间以来针对网络直播内容的查处成效
	全国扫黄打非办公室发文表示，将打击直播平台传播淫秽色情信息行为作为2017 年的重点任务，集中开展违法违规网络直播平台专项整治
2017 年 6 月	文化部部署全国 29 个省的文化市场综合执法机构开展查处工作，对 50 家主要网络表演经营单位进行集中执法检查
2017 年 7 月	网信办发出通知，要求全国互联网直播服务企业自 7 月 15 日起，向属地互联网信息办公室进行登记备案工作
2018 年 2 月	网信办依法关闭了"蜜汁直播"等 10 家违规直播平台，并根据《互联网直播服务管理规定》对违规主播天佑、卢本伟实施跨平台封禁
	国家新闻出版广电总局下发《加强网络直播答题节目管理》的通知，要求对网络视听直播答题活动加强管理，进一步规范网上传播秩序，防范社会风险

　　针对 2018 年初火爆的直播答题，国家新闻出版广电总局于 2 月发出通知，从内容、资质、审核、主持人、营销五个方面，对网络视听直播答题活动加强了管理，同时约谈了 17 家视听网站代表，严肃指出了导向偏差和违规问题。网络直播的实时性、隐蔽性增加了管理难度，这反而增强了监管常态化的决心。由此，网络直播行业风貌得到明显改观。

　　随着政策趋严，直播平台的自查自监系统也不断得到完善。调研结果显示，[①] 在用户管理方面，各平台普遍采用"实名认证＋用户信用体系＋黑名单管理"的方法，从用户准入到信用积累，实现全程化监管；在直播内容审核方面，行业内部通行"机器审核＋人工审核"模式，即机器初筛后，由人工初审、复审和巡查。机器审核方式包括关键字识别、语音图像识别等技术，而人工审核环节通常由"超管"（房间管理员）对主播直播内容进行检查。小平台管理员一般有 20 至 30 人，大平台多至千人左右。在信息安全方面，各大直播平台通常与阿里云、腾讯云等机构进行合作，防止流量攻击，开展病毒防护，建立安全报警机制并且定期开展渗透测试。

（三）政策引导短视频行业回归理性

　　2018 年火爆的短视频行业开始迎来最强监管，今日头条、快手、抖音、凤凰新闻等头部平台相继受到整顿，监管处罚力度空前。监管部门治理手段

---

① 根据作者对一直播、快手、映客等直播平台管理人员深度访谈结果整理。

从约谈、警告、罚款到应用商店下架、永久关停，"组合重拳"基本形成阶梯化。网络视听行业主管部门常态化治理配合运营平台的自查自纠，大量网络视频糟粕被深度清理，网络视听传播生态进一步改善。

2018年短视频行业整改主要涉及内容和版权两个维度。一是内容违规、触碰法律和道德底线。2018年4月初，央视对火山小视频、快手上大量涉及低龄少女生育等有违社会伦常的问题视频进行了曝光，广电总局随后严惩了违法违规的短视频平台快手和今日头条，责令两家对视频内容进行严肃整改。4月9日，今日头条、凤凰新闻、网易新闻、天天快报4款新闻资讯类App被下架整改处理。4月11日，拥有2000万日活的"内涵段子"也被勒令永久关停。二是版权问题。2018年9月，抖音、快手、美拍、秒拍、微视、梨视频、哔哩哔哩等15家平台被国家版权局约谈后，下架并删除涉嫌侵权盗版短视频57万部，并通过建立用户投诉举报通道、"三审三查"版权审核制度等，规范版权管理。

中国网络视听节目服务协会于2019年1月发布的《网络短视频平台管理规范》对网络短视频平台应当履行的版权保护责任做出了细致的要求；发布的《网络短视频内容审核标准细则》为短视频内容生产和审核划定了更为明确的红线，还通过举例子的方式提升审查的可操作性。

（四）治网管网体系建设不断深入

2018年，《关于做好暑期网络视听节目播出工作的通知》及《国家广播电视总局关于学习宣传贯彻〈中华人民共和国英雄烈士保护法〉的意见》等规范性文件先后集中出台，监管部门在未成年人节目管理、境外视听节目引进与管理、互联网宗教信息管理等细化领域先后出台相关管理规定的征求意见稿，及时针对新问题细化法律法规，及时面向新业态加强规范管理，进一步有效巩固了网络视听节目传播秩序，治网管网体系建设不断深入，积极为青少年营造健康清朗的网络视听环境，为网络引进境外视听节目、网络视听节目涉及宗教信息的表述及传播提供细化的遵循依据。

第六节　结语："激活个体"催化出的主流媒介

人类出现10万年来的大部分时间内，"语言"是传达信息的唯一手段，直到书写的发明，为人类之间交流提供了新手段。柏拉图在《第七封信》

（*Seventh Letter*）中提出："每一位正直慎重的人在处理重要事务的时候，都绝不会把它们形诸文字，以防引起不满和误解。"柏拉图的老师苏格拉底和柏拉图的学生亚里士多德都认为言语优于文字。人类社会先后经历了口语文化、书面文化，当视频浸入每个人的生活，当每个人如同书写般自如地制作视频时，我们是否在经历从书面文化到视频文化的过渡？无论结论如何，不可否认的是，在网络视频的爆发期，视频已如书写般渗入生活的各个角落，变成人们交流信息的主要手段之一，这成为网络视频爆发期的核心特征。

如果说网络视频在竞合期、转折期是主要沿着媒体化发展的路径生长，那网络视频在最初的探索期和当下的爆发期则最终是因社区化路径而闪耀。短视频和直播的发展让网络视频第一次拥有了在全社会疯传和刷屏的席卷力量。网络视频转折期，各大火爆的视频网站拥有的海量用户在网络视频的爆发期摇身变成兼具观众、内容制作、上传、分享等多重身份的用户集群，其中相隔的生产力和传播力也成为网络视频转折期和网络视频爆发期媒介地位变化的一个侧影。

如书写文化一般，网络视频在爆发期的大发展是以技术为根本驱动力的。技术激活了每一个个体，人们通过技术获得了对网络视频如书写般便捷高效的制作手段，便携的智能手机拍摄功能不断迭代，已具备超越家用DV、数码相机的拍照功能，手机端功能多样的影像拍摄、剪辑软件的大量出现、各式发表平台鳞次栉比，都为短视频、直播的风靡奠定了基础。舞台已经被"技术"和成立的商业平台搭好，"变音"及"美颜"两项功能应用的发明，模糊了用户的自我真实，视频里出现了新的"我"，更好、更搞笑、更具备传播价值的"我"，海量的用户"主角"闪亮登场，为网络视频的内容世界上传了海量的观看内容。在线上连接的"网"中，用户发表的各种视频互相参照、相互争论；用户发表的东西有时不可靠，但大都立场鲜明；视频主题随心所欲，表达方式多种多样，人与媒介的关系从网络视频竞合期和转折期以"读"和"看"为主，回到网络视频探索期最初"用"和"制作"的繁盛景象，只不过此时的繁盛已不再是亚文化的小众狂欢，而是更深层次、更普及的大众参与的盛宴。除了关联制作的技术，在网络视频的爆发期对用户使用形成巨大虹吸力的还有视频推荐的力量。视频推荐机制下，除了"用""看""分享"等主动行为，观看的被动行为也开始具备网络平台的独特性，平台的定义权交给了用户，每个人看到的平台都是不一样的专属平台，"观看"已不仅仅打破线性，享有互动，"沉浸感"成为网络视频观看的崭新特征。此外，技术赠权用户，在网络视频的爆发期，无论是直播还是短视频，网络视频已不仅是信息来源，"他述"变成"自述"的话语形态让网络视频变成意见来源和观念来源，任何人都能轻而易举地迅速发表或与他人分享视频，普通人在网络视频领域已获得了集体设置议题的力量，网络视频在舆论场中具有越发强大的影响力。

从内容角度来看，网络视频在爆发期的内容特征就是贴近生活，短视频和直播的内容大多制作不完美甚至粗糙，但是内容的导向真实，网络视频的美学就是去掉隔在"屏"与用户之间的所有阻碍，让用户之间、用户与视频之间的交流畅通无阻。这种零距离的感觉和真实的沟通成为网络视频爆发期内容的核心特点和引起用户刷屏的关键。

刷屏和疯传带来的网络视频性状的凸显，就是碎片化。碎片化是刷屏和疯传的助推器，但是其带来的沉浸和碎片化视觉认知习惯会给我们的生活带来什么样的改变？之前的影视创作者担心固定的时间无法完成全部的叙事，现在的人们只看关键段落的叙事，比如看剧只在短视频平台看"精彩段落"。现实也变成"聚焦"的片段中的现实，容易让人记住的有冲击力的精彩片段更容易让人们走向共识，但这是一种缺乏"全景"视角的共识。"片段"和"全景"变成一种假象，比如用户感觉在短视频平台看到了人生百态，但是这全部都是人生百态中的片段，是没有前因后果的片段认知。影像在常人的认知里，远比文字、语言、声音拥有更多的客观真实性，因为"眼见为实"，但是网络视频让我们与现实越来越近了，还是越来越远了？当我们习惯网络视频变成表达方式，当我们的眼睛聚焦在小屏，对丰满的有前因后果的现实是不是更加有可能视而不见？

当网络视频因直播和短视频最终获得席卷的星辉，主流媒体的集体视频转型、视频网站网生长视频的精品化、产业跨界的融入更像是虹吸效应下的百花炫彩，共构出一幅网络视频爆发期画卷。最初因媒介技术变化煽动的蝴蝶翅膀，在文化、经济、政治的综合影响下，引起的传播格局变革、人类连接方式的革命性变化的主体面貌已初步呈现。

第六章　回归与超越：中国网络视频的
新进阶（2019—2020）

每一种媒介技术都在重塑着人与世界的中介方式，从符号呈现、叙事形态、传播方式等多方面向原有媒介范式提出挑战，网络视频的发展也是如此。网络信息技术和新媒介技术的发展和普及，改变了人们的观看习惯、审美取向和思维方式，受众逐步去中心化，故事情节由注重时空、因果联系的线性叙事走向碎片化、拼贴式、平铺并列的非线性叙事，观看机制由主客二元关系变成互动、陪伴、交流的观看关系。经过2016年到2018年短视频席卷力量的形塑，网络视频深入日常生活的时代已经开启，网络视频的进化演进"奇点临近"，一批网络视频新物种在2019年开始出现和流行，用户个体对媒介内容生产全流程的影响力全面加深，更多的普通人作为创作主体和内容主体出现。短视频风靡带来的"微"力量开始形塑网络影视内容的传播样貌；让用户从观看者变身叙事参与者的"互动视频"站上了风口；视频画面内容也正发生"剧变"，传统影视美学中的"横屏"宽高比被颠覆，网络视频开始全领域的竖屏动态影像叙事；风靡社交网站的Vlog让社会个体在移动时代的日常生活媒介化，现实生活和视频化生活的界限不断模糊，视频成为深入联结生活与媒介的界面；为用户提供极致观看体验的智能电视开始吸引用户向大屏的回归。

CNNIC第44次《中国互联网络发展状况统计报告》数据显示，截至2019年6月，网络视频用户规模为7.59亿，占网民整体的88.8%，其中长视频用户规模为6.39亿，占网民整体的74.7%；短视频用户规模为6.48亿，占网民整体的75.8%。网络视频已成为仅次于即时通信的中国第二大互联网应用，稳站"网络C位"，已是互联网用户每日的观看刚需。

以"新物种"风靡的本质性特点为线索重新串联与审视正在发生的事

件，可以帮助我们辨析当下发生的重要意义和未来发展的走向。网络视频成为主流媒介的趋势毋庸置疑，但这批网络视频"新物种"的出现，意味着网络视频正不断回归媒介特性和价值功能汲取发展动力，并已经开始彻底颠覆传统影视语言，加速构建独属于网络视频的叙事语态与美学体系，实现本体超越的创新实践。

第一节 "微"力量：短视频进军影视圈

短视频的燎原之火在 2019 年已经烧到影视圈，在轻综艺和短剧集之后，可以在短视频平台上进行传播的、时间更短、互动率更高的微剧、微综艺成为新宠。一股流行的"微"力量在网络剧、网络综艺内容圈层落地生根，影视内容正在经历从传统媒体到网络媒体之后的新一轮演变。这股"微力量"以内容短小精悍、信息量足、节奏快且娱乐性强为特征，时长在 1 分钟到20 分钟之间，在助力短视频内容向精细化、垂直化、深度化发展的同时，为整个网剧和网综市场带了变革的新生力量，刚刚稳定了"短剧集、季播"等模式的网络影视开始了新一轮马不停蹄的演进。

一、专业制作的微表达

伴随着短视频行业的火爆和监管升级的冰火两重天，有别于自媒体或者普通用户上传的短视频，强调 IP 与版权、定位精品的短视频成为各大平台新的角逐场。微博与一下科技联手在 2017 年末低调推出"酷燃视频"，腾讯2018 年起相继推出"yoo 视频"平台和"火锅剧"品类，爱奇艺在 2018 年底推出"竖屏控剧场"等，微综艺、微剧的产量质量均开始成倍增长。

"微剧"的概念自 2018 年兴起，但网络影视的"短"风气萌芽最早始于2009 年播出的《MR. 雷》和 2012 年播出的《屌丝男士》等网络剧鼻祖开始的 5 分钟至 15 分钟时长的"迷你剧"尝试。《屌丝男士》引爆了互联网第一轮"网剧"风潮后，优酷、爱奇艺、腾讯、搜狐在 2012 年至 2015 年也陆续推出了几十部单集时长在 5—20 分钟的"迷你剧"作品，但除了《极品女士》《万万没想到》《废柴兄弟》《陈翔六点半》获得较好的播放热度，其他作品的影响力都较为平淡。自 2014 年起，商业视频网站的自制网络剧爆品也几乎全部参考美剧的单集时长、集数和季播概念。2016 年起，伴随移动互联网的跃进式发展，适配移动场景而生的《小情书LOVOTE》《一千零一夜》等真正意义上的"微剧"开始获得传播影响力。新片场推出的每集8分钟都市情感微剧《小情书LOVOTE》，观众无须进入长视频平台，可以在刷微博过程中通过秒拍直接观看。淘宝客户端推出的《一千零一夜》，用户在上线期间的晚22:00通过淘宝App的首页下拉菜单进入即可观剧，每集5分钟讲述一个以美食为核心的故事，同时对商品的引流效果明显。2018年，随着以"优爱腾"为代表的长视频平台和短视频平台加紧布局专业化、精品化特征的内容，微剧产量有了明显提升，《情绪料理》《食堂夜话》《不过是分手》等作品有了小范围的关注度。

2019年起，以优爱腾、抖音、西瓜视频、芒果TV、PP视频为代表的各大视频平台对微剧高度关注，纷纷推出合作计划，整个市场更加热闹。爱奇艺在2018年底推出的竖屏短剧《生活对我下手了》获得不错反响的基础上，2019年又上线了"竖屏控剧场"，并且在2019年3月针对竖屏短视频推出付费分账模式，以吸引优质的视频制作方，目前，"竖屏控剧场"已经囊括《生活对我下手了》第1、2季以及《导演对我下手了》《小哥哥怕是有毒吧》《被生活扼住了喉咙》《苋苋室友》《奔波儿灞》《小白招亲》《怪力少女的日常》《奇幻实验室》10部作品。腾讯继旗下yoo视频在2018年推出的《我的男友力姐姐》《小哥哥有妖气》《抱歉了，同事》《300秒心跳记忆》等多部短剧后，于2019年开始在火锅视频（原yoo视频）和微视两大平台联合发力，6月，腾讯视频推出"火锅剧"分账规则，并上线多档作品，如《金斩，有何贵干？》《住手吧！关同学》《星座值守恋人》等。优酷在2019年4月的分账合作规则，特意提出鼓励内容方做微短剧创新，对于优质短剧还将追加投资，由优酷、阿里巴巴影业集团出品的《加油吧，思思》正式杀青，2020年优酷上线的微短剧共有100余部。芒果TV在推出《明星大侦探》衍生互动微剧《明星大侦探之头号嫌疑人》试水后，也在2019年下半年接连推出《请和男护士恋爱吧》《妄想少女MOMO》等5部微剧作品。西瓜视频在重点布局微综艺的基础上，对微剧进行探索，2019年已有《不思异电台》和由华谊兄弟时尚出品的独播作品《喵！欢迎光临》在平台上线。2019年4月，快手在App上推出了"快手小剧场"模块，加有短剧标签的内容就有机会被剧场收录，据快手大数据研究院发布的《2019快手内容生态报告》显示，快手小剧场已收录1722部情景剧，累计观影人次高达1.1

亿，平均每部有 1.5 万人观看。2020 年 9 月，趣头条旗下米读宣布与快手就短剧 IP 开发达成战略合作，米读为快手提供平台原创热门小说 IP 改编而成的短剧内容，快手则给予短剧更多的流量支持及宣发助力。

微综艺一般是指时长在 2—20 分钟，由专业团队制作，投资体量高于 PGC 短视频但低于传统综艺的内容。《2019 中国网络视听发展研究报告》调查显示，"微型化"或成为行业趋势。① 优酷土豆在 2016 年推出的《你好，是鹿晗吗》是首个取得较大影响力的"网络微综艺"节目，2017 年起微综艺产量开始突破个位数，爱奇艺推出的社会议题采访综艺《透明人》提出"6 分钟给你一个 B 面的世界"，挖掘"习以为常中的出其不意"，节目 5 个单元全网累计播放量超过 5.7 亿，2017 年末才上线的酷燃视频在短短两个月的时间就上线了 10 档微综艺。2018 年，除了持续发力的酷燃视频，西瓜视频和腾讯 yoo 视频都开始进军微综艺领域。2018 年 8 月，西瓜视频宣布投入 40 亿主攻自制综艺，推出的郭德纲首档短视频脱口秀《一郭汇》，上线一天内播放量就超千万；秒拍平台的《很高兴认识你》，主打明星职业体验；《侣行·翻滚吧非洲》聚焦旅行夫妇张昕宇、梁红驾车展开的非洲历险；朱丹主持的文化旅游节目《丹行线》探寻和讲述普通小人物的人生故事。腾讯 yoo 视频推出了单集 5 分钟的明星连线类微综艺《理娱的朋友们》，以视频连线的方式和明星在朋友的视角下进行亲密互动。秒拍基于微博明星资源，推出"明星制片人 V 计划"，上线多档以明星为核心的定制圈粉综艺，如《周冬雨们》《张一山的小宇宙》等。2019 年至 2020 年，微综艺领域除了主力军西瓜视频和酷燃视频外，腾讯、爱奇艺、优酷、搜狐、芒果 TV、抖音、PP 视频、秒拍以及火锅视频均有微综艺作品上线。微综艺质量也有了更大的提升，西瓜视频上线的《真话！真话！》专门引进了国外节目 *THE LIE DETECTIVE* 的版权进行本土化改编，新世相、papitube 等内容生产机构也与平台方联合出品推出了《女人 30＋》《别人家的公司》等微综艺。2020 年 1 月，在抖音播出的竖屏微真人秀《归零》正式迎来收官，全部 13 期总播放量近 2.4 亿，互动量超 1560 万。

---

① 《2019 年中国网络视听发展研究报告》，中国网络视听节目服务协会：http://www.cnsa.cn/index.php/industry/industry_week.html。

二、素人创新的微语态

"剧"在绝大多数人的概念里，都是由专业团队进行专业制作。"短剧"的"短时间呈现"和大多为竖屏展示的特点，为普通用户创作减去了美术置景等大方面的限制，剧情有趣、但制作相对粗糙的 PGC 和 UGC "短剧"在2019 年也开始悄然兴起。卡思数据显示，2019 年，无论是内容创作还是广告主投放偏好，"剧情"均是绝佳的效果助推器。卡思数据《2020 短视频内容营销趋势报告》显示，从 2019 年（2018 年 11 月 1 日—2019 年 10 月 31 日）增粉最快的 TOP 500 KOL 的内容类型看，搞笑/剧情类账号均占据抖音、快手增粉最快的内容赛道。与此同时，剧情/搞笑类内容仍占据 2019 年广告主最爱投放的 KOL 内容类型首位，占比为 17.87%。"小尬剧"和"土味小剧场"成为新晋流行。

微博上的"尬演小剧场"，生活化的粗糙置景、日常化的演员穿搭，配合主演们夸张的演技、俗套的剧情、混杂的广告推销、奇葩的台词，全剧每一秒的统一诉求都是"让观众尬尴"，当"尬尴"本身成为吸引锚，引发圈层用户海量转发、主动参与和互动交流，又完成了用户对内容意义的消解和狂欢。抖音、快手上的"土味小剧场"，包含古风、校园、爱情等类目，有些点击率不输传统网剧，"食堂夜话""柚子 cici 酱""倒霉侠刘背实"等虽然相对于专业制作的"网剧"缺少情节和叙事的连续性，但是凭借剧情的强属性都在短时间内收割了巨大用户流量，部分甚至成功实现变现。

来自湖北的草根团队"爆笑三江锅"从 2018 年 1 月起开始在抖音发布搞笑短剧。以城镇为故事背景，记录农民、小镇青年的搞笑日常，短剧时长为 3 分钟到 10 分钟。演员虽然是非科班出身，但演绎技能到位，三江锅演员团队一行九人，横跨多个年龄段，分属不同的人物标签，至今已在全网积累超千万粉丝，成为素人创作的微剧代表。

平台也在释放"机会"的信号，2019 年 4 月，快手开设新功能版块"快手小剧场"，一年过去，内容品类逐渐丰富，现已细化至恋爱、动漫、搞笑、都市等 21 个子频道。抖音方面，2019 年抖音创作者大会上，"剧情"被归为涨粉最强势的垂类之一。2019 年 10 月 23 日，抖音正式推出"抖音出品"招募计划，面向大众和全行业招募微综艺、短剧、短纪录片或其他创新类型内容合作。2020 年 7 月，快手正式推出短剧分账制度，吸引创作者加入。

第二节　互动视频：网络视频的特性回归

尼古拉·尼葛洛庞帝在 1995 年出版的《数字化生存》一书中，将"被动"的旧媒体和"互动"的新媒体进行划分，[①] 互动性成为判定新媒体的标准。2019 年，互动视频成为行业热点，从 19 世纪 30 年代电影诞生到当下网络影视内容的流行，继内容创作和视觉效果之后，"互动"成为影视的第三要素和核心构成。

一、多线互动的叙事

网络视频的本质性特征，就是传统大众媒体"传与受"的传播关系被打破，用户开始参与内容的生产与传播。互动视频之所以成为网络视频的新品类，其最大的特征是叙事思维的新迭代。互动视频的雏形在网络视频发展早期已经出现，但是碍于技术障碍和播放带宽的限制，其探索还停留在浅层次。

2008 年 9 月，网络互动剧《Y. E. A. H》在凤凰宽屏首播，这是国内首部由观众决定剧情发展的剧集，每集时长 15 分钟，周一至周五播出 5 集，摄制组提前拍摄了多种剧情，每周末由网友票选出将作为正式播出版的剧情走向和主人公命运。2009 年，与《Y. E. A. H》模式类似的网络视频连续剧《赵赶驴电梯奇遇记》在搜狐播客播出，开播 20 多天便收获 1200 多万点击量。随后，类似模式的网络剧集《苏菲日记》《安与安寻》等也在当年登陆网络，《苏菲日记》在中国的播出热潮还被当年的美国《剧艺报》报道。2010 年，由后舍男生独创的网络互动剧《Seven》在激动网上线，《Seven》的剧情设置中，男主人公在完成七大关卡中间出现了 N 种可能发生的结局，这 N 种结局均是由网友点击"鼠标"得以实现，总播放量超过 3000 万。[②]

2019 年，伴随技术的不断成熟，互动叙事的呈现变得更加直观，用户在观看过程中即可通过互动选择决定剧情走向，沉浸感、惊喜感更强，还可

---

① 尼葛洛庞帝：《数字化生存》，胡泳、范海燕译，海南出版社，1997，第 89、192 页。

② 《三千万点击量，后舍男生新片〈Seven〉再创网络奇迹》，娄底新闻网：http://news.ld-news.cn/zhnews/entertion/201005/48255.shtml。

以激发用户的探索欲和新鲜感。用户沉浸在作品呈现的场景内，自主决定剧情发展的走向，拥有更强的掌控感与参与感。

2019 年伊始，Netflix 出品的交互式电影《黑镜·潘达斯奈基》点燃了全球影视行业对互动视频的热情，技术的革新让观众观影获得了剧情选择的自由：观众需要不断进行选择，由此决定主角的人生走向乃至剧情发展，用户通过不同的选择最终可以有 5 个不同结局，所有支线剧情的总时长达到312 分钟，用斯皮尔伯格的话来说是"让观众进入一部电影"，这是对传统影视生产和观看模式的突破性挑战。腾讯视频上线的《古董局中局之佛头起源》是国内第一步探险类的互动剧。芒果 TV 出品的互动网综《明星大侦探之头号嫌疑人》等互动视频作品在市场上走红，《明星大侦探之头号嫌疑人》在豆瓣上评分一度高达 8.6，首次实现全民互动参与，观众可以在线上化身为侦探，寻找线索，直接进入剧情本身，体验当主角的感受，这大大激发了观众"玩家"的热情。6 月，爱奇艺上线互动剧《他的微笑》，观众在 21 个关键剧情节点上把握着主动权，通过互动选择机制最终可以产生 17 种结局。这些作品在市场上的走红具有标志性意义，完善的技术支撑、完整的剧情架构、适当的观众参与，意味着它们从既往的实验作品阶段进入相对成熟的市场阶段。艾媒咨询发布的《2019—2020 中国互动剧产业现状剖析及用户行为调查报告》显示，当下国内互动剧用户规模已经超过 4000 万，预计未来两年将以 73.2% 的复合增长率高速增长。

行业也开始助推互动视频的探索步伐。2019 年 5 月，爱奇艺公开了全行业首个互动视频标准，提供从理念到生产、发布等一系列指引，以期推动互动视频进入产业化运作阶段。7 月，哔哩哔哩上线互动视频功能，通过互动视频一站式创作平台帮助创作者使用通用模板上传、发布作品，降低创作门槛，推动互动视频内容的落地，该功能目前仅对粉丝量过万的 UP 主开放，UP 主"神奇的老皮"利用该功能制作的互动视频"操控广场大妈拯救B 站！"上线 11 个小时获得了 51.9 万的点击量。

二、多元互动的场域

CNNIC 2020 年初发布的《第 45 次中国互联网络发展状况统计报告》中，对"互动视频"的定义为："指与传统视频相对应的一种视频形式，将剧情的走向交到观众手中，观众通过选项互动，主动参与剧情走向，由观众来决定角色的发展和结局。"本书认为上述的界定是从视频影像表达层面出发的"侠义"概念，从"互动视频"的广义概念来看，能创造互动场域的都是"互动视频"，比如利用智能手机和平板电脑，实现"第二屏幕"效应，实现观众多视角自主切换、同步收看台前幕后的不同内容；又如经过几年的发展，影视弹幕已不是会割裂叙事、妨碍观影效果的存在，弹幕成为"打开网络影视的正确方式"，用户频繁发送弹幕使其拥有了强烈的介入感，弹幕的存在给普通用户带来强烈的即时性与现场感，弹幕形成的文字配合着网络影视画面形成了新的观看场域和新的意义。纵观网络视频 25 年的发展，越来越多的网络影视节目都在努力让观众觉得，"我是这个节目的一部分"，而不仅仅是一个观看者。

这其实也是由网络视频的互动本质决定的，"互动本质使得网络新型视听的大众传播属性嵌入人际传播，交叉相融，并赋予网络视频独特的双重属性，人类的交往方式也凭借新型视听媒介更加多样化、立体化展开"。[①]

第三节　竖屏：网络视频的形态变革

从 21 世纪初"比特"的涓涓细流到如今"信息"的浩浩江河，互联网技术帮助人类传播真正超越了时空局限，手机发明后不断技术升级，已成为生活中人们再也离不开的"延伸"。手机的便捷携带让影视观看成为随时随地可发生的行为。手掌大的屏幕强大的便利性，让影像观看需求不断从电影、电视、电脑向手机迁徙，手机开始成为生活的绝对"第一屏"。但在相当长的时间里，"横屏"影视依然是绝对的主流。

然而伴随着智能手机的普及和人们对手机依赖的加深，移动端媒介使用习惯渐渐发生巨变，越来越多宽小于高的竖屏视频进入人们的视野。同时，手机摄影摄像功能不断提升、移动传输速度不断加快，用手机记录、分享生活的图片和图像成为人们生活、社交的重要组成部分。越来越多的普通民众喜欢"随手拍"，不假思索拿出手机摄制的时候绝大部分都是符合手机设计和手掌抓握设计的"竖着"拍摄。在此背景下，竖屏格式视频引发了国内外多方关注，成为一种新的影像表达潮流。

---

① 王晓红：《新型视听传播的技术逻辑与发展路向》，《新闻与写作》2018 年第 5 期。

2015 年，Twitter 推出了"Moments"选项卡，采用竖屏格式显示视频。2016 年，《华盛顿邮报》推出手机端视频垂直播放器，英国广播公司 BBC 在其 App 中开设竖屏内容版块，同年竖式拍摄"聚焦主播"的网络直播在中国火爆流行。2017 年，NBC、CNN 等公司先后在 Snapchat 上推出竖屏资讯短视频节目；同年，"适合随时随地单手观看视频"的竖屏短视频应用在中国风靡。2018 年，美国流媒体平台 Netflix 在 App 剧集预览功能里，展示 30 秒竖屏预览视频；同年，腾讯的《和陌生人说话》、爱奇艺的《生活对我下手了》成为全网首个爆款的竖屏网综和竖屏网剧，优酷的全网首个竖屏短视频资讯内容聚合平台已有近百个栏目体量。《生活对我下手了》在发布 24 小时内跃升到剧集热度榜第 4 名，总播放量 2.7 亿，爱奇艺"竖屏控剧场"同期上线；腾讯视频的《和陌生人说话》第一季豆瓣评分 9.2 分，播放量破 3 亿，腾讯旗下 YOO 视频同时期也发布了《我的二货男友》《下课后等我》等多部竖屏剧。2019 年，华为手机拍摄、蔡成杰导演的竖屏电影《悟空》在儿童节时的社交网络刷屏。网络电影《直播攻略》则同时推出横屏、竖屏两个版本。爱奇艺继续推出《导演对我下手了》《倒霉侠刘背实》等多部竖屏作品，并且发布剧情竖屏短视频分账细则以吸引更多创作者。2019 年 10 月，抖音开始面向大众和全行业招募创新类型内容合作，同时特别鼓励竖屏形式。11 月，百度第 4 款短视频产品"番乐"上线，主打时长为 30 秒至 5 分钟的竖屏连续剧集短视频内容。

从社交平台到直播平台、短视频平台，竖屏制作播出的流行趋势，从相对制作粗糙的用户原创内容蔓延到影视制作领域，成为专业影像创作的一种崭新类型。民众通过自身拍摄习惯和短视频、直播平台竖屏视频观看习惯的养成，日渐习惯"竖屏观看"动态影像，竖屏拍摄也再不是可以被调侃成"业余"的存在。

传统网络剧和网络电影相较电视时代的影视内容虽然有了题材方面的创新，但是内容形式基本沿袭经典影视理论，弹幕也仅是实现了基于网络影视内容的用户群体之间的互动，网络影视内容与用户依然是主客二元关系。竖屏对屏幕的最大化利用和对细节的呈现带来了较高的生动性，竖屏视频与用户的交互实时性和便捷性，则使其具备了较好的交互性，因此竖屏视频能够使用户产生临场感，而这是产生进一步媒介效果的前提条件。[①] 竖屏影视空间，强调创作者与接受者互动，"观众"变成"用户"，观影从"接受"变成"体验"。也是因为这种互动，用户与视频之间不再是横屏时代主客体充满距离感的观看机制，一种更亲近的观看关系正在形成。竖屏视频在内容和形态上展现出以下新特征。

一、去中心的非线性叙事

匹配上文中的"互动"属性，竖屏影视叙事空间中更多依赖观众自身思维在断裂的叙事空间中建立互文性的链接，内容层面更多展现出碎片化、拼贴式、非线性的特点，在上下剧集的跳转、互文、缺省等处融合用户的想象，形成叙事的新意义。

爱奇艺出品的《生活对我下手了》《导演对我下手了》等爆款竖屏网剧，每集都是独立的故事，时长仅有 5 分钟左右，主题紧紧围绕人们的日常生活，每集之间人物和剧情没有时间性和因果性的线性关系，人物关系简单、场景相对单一，呈现出碎片化、无始无终、并列平铺的叙事方式。"名侦探小宇""七舅脑爷"等制作的竖屏网剧，时长仅在 1 分钟左右，传统影视叙事中讲求通过悬念、意外、巧合等戏剧方式塑造人物性格的叙事方法在此类网剧中不再适用，在极短的时间内迅速产生叙事意义成为唯一诉求。《悟空》作为时长最长的竖屏网络电影，虽然在戏剧呈现上是一个完整的故事，但全篇 90% 的时间画面中仅有主角一人，正如上面两类竖屏网剧，导演通过大众共有的"经历"，拿用户关于童年的共同想象补足了内容的缺省，也正是因为这种缺省，用户成了真正意义上的生产者。

二、画面语言颠覆创新

为了适配"竖屏"的长宽比，从竖屏影视的镜头语言来看：环境表现镜头以平移为主；人物镜头以中景为主，特写变少、全景为辅，表现环境的大全景极少且采用高角度俯拍的方式；推拉镜头被小幅摇移镜头取代；人与环境关系普遍用摇移来表现；转场镜头中竖切变得更多，但依然有横切出现；人物

---

① 喻国明、杨颖兮：《横竖屏视频传播感知效果的检测模型——从理论原理到分析框架与指标体系》，《新闻界》2019 年第 5 期。

关系镜头，横向视线引导变成倾斜 45 度的对角线构图或 90 度纵向视线引导。

"分屏"和"字幕"开始作为新的影视画面语言被频繁使用，通过分屏，竖屏影视可以被分为上下两个近正方形屏幕或分为上下三个横屏屏幕，通过独特的画面切割，完成"漫画式"人物关系的呼应和展示，目前最常用的是两个人物分上下两屏，既能在正方形画框聚焦每个人的表情，又能完成对比互文。一直以来，书籍排版为竖向，人们通过图像出现频率最高的杂志，已经有了较丰富的被设计后的"图文"阅览习惯，在竖屏影视里，字幕在画面中以更有设计感、更突出的方式被呈现，成为画面语言的一部分。

从竖屏影视的画面语言来看，相对聚焦的画面加快了叙事节奏，使人们在短时间内注意力高度集中；因为带入的横向环境场景变少，所以影视创作在置景上付出的成本会相应减少；占比较大的单人镜头数量会为用户营造在场感、交流感、亲密感、表现力。但与此同时，环境叙事的功能减弱；人与人、人与物关系的叙事功能减弱；不适宜表现包含多角色人物关系或复杂情节的叙事；对演员演技、肢体、表情表现力要求会变高。

三、蒙太奇的新演变

一直以来，电影从业者始终兼用蒙太奇和长镜头的方法进行创作。蒙太奇原指影像、声音、色彩三者之间任意两者之间的关系。在竖屏影视空间，因为分屏和字幕的广泛使用，蒙太奇语言的外延有了崭新的扩展：同一画面内部，上下被分开的屏幕会产生如不同影像镜头转接般的效果，为竖屏影像内部带来更广阔的叙事空间；字幕在竖屏影像中，不再只是作为信息补充，更多创作的可能性被字幕激发，字幕与影像、声音、色彩间的组接关系演变成新的蒙太奇。

此外，匹配竖屏视频的互动属性，观众的实时评论与实时播出的影像画面也在产生着蒙太奇，互动过程中原来的蒙太奇产生的意义被消解，新的意义被建构，互动不停，新意义的产生永不停止。

第四节　Vlog：变成日常表达方式的网络视频

2019 年起，在明星、网红的带动下，Vlog 成为短视频领域的新流行。Vlog 是"视频播客"（Video blog）的简称，视频播客以视频代替了传统博客的图文表现形式，但都是网友记录生活、表达自我的一种形式。

Vlog 最早于 2012 年兴起于 YouTube。"a casual, conventional video format or genre featuring a person talking directly to camera"，这是 YouTube 官方对 Vlog 的定义。以创作者（Vlogger）为第一视角，且视频内容"随意、不经意"地展现真实生活是 Vlog 区别于一般短视频的最大不同。

之后的数年，YouTube 不断更新迭代，但 Vlog 一直是最受欢迎的内容类型之一，截至 2018 年，YouTube 每小时就会诞生 2000 多条 Vlog 作品。[①] 中国最早的一批 Vlogger 是海外留学生，他们通过 Vlog 记录自身日常生活，并把作品上传到国内的社交媒体或视频分享网站上，一定程度上推动了 Vlog 形式的本土化。但核心推动力仍是技术、文化、经济的综合效果。2018 年 9 月，在美国留学的明星欧阳娜娜在今日头条、西瓜视频上推出了系列 Vlog，展现其在美国伯克利音乐学院的日常求学生活，如"我到机场了！带着我的大肿脸……"等。这个 Vlog 系列的制作水准与明星参加的综艺节目相去甚远，每集时长 10 分钟左右，没有精心设计的机位和打光，基本是手机自拍，剪辑比较"粗糙"，特效也是普通用户可以通过制作软件实现的"初级"水平，内容主要展现了欧阳娜娜作为"普通少女"日常生活的一面，但这看似普通的日常生活视频首集播放量已超过 1000 万，12 期 Vlog 在今日头条和西瓜视频上共获得近 8000 万的播放量。

艾媒咨询数据显示，2018 年中国 Vlog 用户规模为 1.26 亿人，2020 年 Vlog 用户将达 3.68 亿人，增幅达 192%。[②] 面对新的流量风口，视频平台争相布局 Vlog：西瓜视频推出"万元月薪"计划，设立 Vlog 内容创作基金、亿元现金分成池，投入百亿流量；哔哩哔哩开启"Vlog 星计划"，上线"Vlog 领域优秀 UP 主"认证系统，从现金激励、流量扶持、平台招商等六方面对 Vlog 内容进行扶持；抖音推出"Vlog 十亿流量扶持计划"，对优秀作品和创作者给予流量扶持、抖音 Vlogger 认证等奖励；微博与明星、"大V"合作推出 Vlog，扩大其平台的 Vlog 影响力。

---

① 吴洪莉、刘梦娇：《Vlog：短视频下一个爆发点——基于 B 站的热门 Vlog 视频内容生产策略分析》，《湖北第二师范学院学报》2018 年第 6 期。
② 艾媒咨询：《2019 中国 Vlog 商业模式与用户使用行为监测报告》，https：//report.iimedia.cn/repo13－0/38744.html。

一、平民视角的追求

Vlog 的火爆原因之一，反映出时下用户对"平民视角"的追求。如果说短视频初兴时，用户的"猎奇"围观成为其重要特点的话，Vlog 最大的特征就是"接地气的生活化表达"。从旅行类视频就可以管中窥豹，短视频初兴时的旅行类视频一般都倾向于展现普通人未曾知晓的小众景点、常人难达的孤傲之地或惊险刺激的冒险玩法，而 Vlog 的"平民视角"展现的则是吃饭、旅行、烹饪、收拾、购物这些谁都可以去记录、分享的生活。Vlog 时间有长有短，可以 60 秒，也可以 20 分钟，创作者拥有更多创作的空间，不像短视频一定要强调简练，也不强调长视频要彰显丰富的属性，时长的随意性和未经细节编排演练的拍摄，加上相对粗放的剪辑，让 Vlog 更像生活原生态的多元"随笔"。这种 Vlogger 第一视角记录和讲述的生活内容可以让受众在观看过程中更有生活代入感、体验的参与感及临场感、天然的亲近感和易得的共情效果。艾媒咨询《2019 中国 Vlog 用户规模与使用行为分析》调研数据显示，62.3％的用户会对自己感兴趣的内容进行点赞，58.0％的用户进行关注，Vlog 用户有较强的互动意愿。

《中国青年报》曾在《Vlog 流行，年轻人的网络社交悄悄改变》一文中这样写道："每个人都能以较简单的视频剪辑软件，去制作不简陋的'独家记忆'。拒绝'未被解释的生活'，反感零碎而粗陋的影像堆积，更抵制不真实的美化行为，这或许就是 Vlog 的魅力。"①

二、自创舞台的表演

当下时代，人们热衷记录并传播自己的行为，通过一段段网络视频表达自我，得到关注，保持与社会的联系。Vlog 的风靡正是网络视频媒介重塑人们的生活方式和生活观念的表现形式之一。

艾媒咨询《2019 中国 Vlog 用户规模与使用行为分析》调研数据显示，通过 Vlog 分享日常来表达自己的个人生活态度和价值理念使用户互动参与的积极性高，高达 76.8％的用户愿意使用 Vlog 的形式分享自己的生活。创作者和用户的角色在 Vlog 上进一步转换，这也让 Vlog 视频聚集的平台更

---

① 安纳：《Vlog 流行，年轻人的网络社交悄悄改变》，《中国青年报》2019 年 5 月 23 日第 2 版。

像社区，每个人既是内容的产出者，又是同社区用户产出 Vlog 的受众，伴随媒介技术演进，通过"手"的延伸"手机"，用户聚集起来，成为自己创造的舞台上的演员。

当更轻松休闲、对话式的日常化内容表达的语态舞台搭建完成，Vlog 的内容就被赋予了包罗万象的魅力，在美食、旅行、教育、电影等生活的各个领域，每个人都能做出个人风格明显的影片，"千人千面"的个性风格、生活态度以及价值理念通过的真实生活影像展现。这种语态和包罗万象又反向促使其成为用户休闲娱乐的放松之选，艾媒咨询 2019 年数据显示，87.0%的用户观看 Vlog 主要是休闲娱乐。

YouTube 的标识语"播出你自己"，中国第一家分享视频网站土豆网的创立宗旨"每个人都是生活的导演"，经历了 15 年的发展，初期网络视频萌发时的本质吸引力和变革理念通过 Vlog 又重新得到了最好诠释。

三、反碎片的碎片拼接

艾媒咨询 2019 年数据显示，49.3%的用户观看 Vlog 日均时长为 10—20 分钟，相对于短视频而言，用户对于 Vlog 内容的时长表现出更大的接受度，而这与新媒体时代受众被培养出的"碎片式浏览"方式其实是相悖的。

但是回过头看 Vlog 的内容，其实又是生活片段碎片素材的拼接。早在 2010 年，荣获奥斯卡奖的雷德利·斯科特和凯文·麦克唐纳与 YouTube 合作，以"爱"和"恐惧"为题，邀请全球网友创作了 8 万多段、总时长 4500 小时的网络视频，展示了 2010 年 7 月 24 日这一天世界各地各种人的各种生活。虽然这次拍摄制作是一种视听文化的参与行动，但是其对于"碎片"的汇聚与 Vlog 对生活碎片的汇聚一致，都是由"碎片"建构起了叙事整体，这种"碎片"成为叙事整体的独特魅力。

第五节　智慧屏：客厅的回归

曾几何时，"观看"是属于客厅场景和影院场景的专有名词，网络视频近 15 年的飞速发展，将"观看"带入了生活的各个场景，在"小屏"手机上播映出"无限大"的影像世界。用户从电视"大屏"前流走的迁徙，在 IPTV、OTT 的带领下逐步回流，并伴随智能家居的整体迭代，"电视"进化成"智慧屏"概念，演化成为传媒内容、应用工具和智慧家庭生态的融合体。网络视频也伴随着客厅播放载体的进化，在媒介价值层面有了更广的应用空间。

中关村在线《2019年客厅观看报告》显示，用户看电视的热情在2018年缓慢下降，在2019年初触底反弹。2019年，IPTV用户规模也继续增大，截至2019年11月底，IPTV总用户数达2.94亿户。[①] OTT智能终端激活规模已达2.6亿台，全年实现21%的激活增长。[②] 中国网络视听节目服务协会发布的《2019中国网络视听发展研究报告》分析，手机屏虽然收看网络视频最普及，但电视屏潜力最大，商业前景广阔。CNNIC第45次《中国互联网络发展状况统计报告》显示，截至2020年3月，我国网民使用电视上网比例为32.0%，成为增幅最大的互联网接入设备，电视已超过平板电脑，成为仅次于手机、台式电脑、笔记本电脑的第四上网终端。"大屏回归"一时成为行业热词。

当电视被接通网络，时间限制被打破，没有被打破的家庭"空间"与日渐高清的"大屏"反而成为新一轮竞争的优势，人工智能技术的不断发展融合这些优势而演进成的"智慧屏"，共促了用户向客厅的回归。

一、内容体验的美学

伴随媒介技术演进，内容形式的界限已模糊不清，但"体验"被强调，人与移动设备之间日益密不可分的关系将媒介体验带入新层面。这个时代，人们不仅能从内容中得到快乐，更能从体验中得到满足。体验本身变成一种审美。

"屏幕"不仅仅是用户与网络影视内容之间的交流，更是人与设备的交流。手机空间，原本视觉、手指与信息的二维互动，延伸进三维空间，逐步升级成为通感全身的立体体验，注重人身心的真实感和感官体验。"不必去思考呈现有多美，要去考虑交互的美。"[③] 竖屏影视的出现和流行，最大的原因是其能给用户单手观看带来的便捷、愉悦感和竖屏视图带来的互动感、

①　数据引自工业与信息化部公开数据。
②　奥维互娱：《2020年中国智慧大屏发展预测报告》，https://wk.askci.com/details/ce0ae7cf1370460ba22b32f9939711e9/。
③　克鲁格：《点石成金》，蒋芳译，机械工业出版社，2006。

亲密感。而客厅大屏相较手机空间的观看，被 5G、4K/8K、超清视频、AR/VR 技术赋能的超大荧幕，极致高清，身临其境的音响环绕声，更舒适的观影姿势，都符合"体验美学"，用户将享受更为沉浸化的体验。市场不断推陈出新的智慧屏产品提供的诱人体验成为用户回归客厅的第一个原因。

2016 年，手机视频应用软件向电视的投屏只有少数极客在玩，2019 年，投屏追剧已成为新风尚。中关村在线《2019 年客厅观看报告》显示，58.27％的用户经常用手机投大屏追剧，同比上升超过 33％，是用户追剧的首选。视频网站动辄超高清、蓝光的视频画质完美匹配了大屏不断迭代升级的观看体验，这也是用户回归客厅大屏的内容基础。

二、物联应用的中心

AIoT（人工智能物联网）即 AI＋IoT，指的是人工智能技术与物联网在实际应用中的落地融合。目前，越来越多的行业及应用将 AI 与 IoT 结合到了一起，AIoT 已经成为各大传统行业智能化升级的最佳通道，也是未来物联网发展的重要方向。而智能家居即是 AIoT 在家庭场景中的应用，旨在将家中的各种设备通过物联网技术连接到一起，并提供多种控制功能和监测手段。智能家居兼具传统的居住功能和网络通信、信息家电、设备自动化等功能，提供家庭内部设施全方位的信息交互。而手机、智慧屏与智慧音箱都被行业视为家庭 IoT 的可能入口，自动和冰箱、空调、微波炉、门铃、门锁等建立智能连接。智慧音箱的交互能力不如手机和智慧屏，而手机的个人使用空间属性并不是完全适配家庭作为一个集体的使用需求，在这样的情况下，客厅智慧屏被广泛预测成为家庭互联应用的中心。

2019 年，TCL 电视独家专利支持的 Handfree 免唤醒语音黑科技，出现用户可以通过 AI 助手"小 T"语音遥控全家的 AIoT 智能设备，例如大屏电视、空调、洗衣机、冰箱、智能锁等，实现全屋智能设备的联动。华为2019 年推出的"智慧屏"作为控制管理中心，凭借 HiLink 平台的鸿蒙操作系统，用户可以在大屏幕上看到家里各种智能设备的状态，并通过遥控器进行如调节空调温度、选择 LED 灯色彩等操作，担任起智能家居的"大管家"。

当客厅智慧屏在承载视频媒体内容之外，变成家庭物联网应用的中心，网络视频也会同步拥有更多"视频＋"应用场景的可能，比如"视频＋智能家居"的组合中，通过智慧屏控制，可以根据冰箱中的食物，自动搜索短视频网站的厨艺类短视频进行播放，方便用户进行饭菜制作等。

三、家庭组合的用户

不同于手机的"个人"属性，客厅大屏是"家庭"属性，除了传统的影视播放，家庭组合用户也会产生诸如亲子互动、运动健身、娱乐K歌、教育学习的多样需求，多样需求触发客厅"智慧屏"的多样应用场景，使其承担起更多个性化的新角色，其作为家庭娱乐、健身、教育等公共工具的价值得到体现。网络视频也在用户将"看电视"变成了"玩电视"的过程中，有了与用户更精准触达的互动。

例如，华为2019年推出的智慧屏，可以智能识别儿童的体型，并自动实现儿童内容分级，为儿童推荐适合他们观看的益智类或者启发类视频内容；其搭载的"AI慧眼"功能，基于人骨关节识别技术和智能语音引导功能，可以比对健身视频与用户健身姿势中的动作，动作不规范时智慧屏会及时进行语音提醒校正，纠正用户的错误姿势，帮助健身视频与用户之间建立起智能互动。

第六节　结语：超越即回归

2020年5月3日，为致敬五四青年节，哔哩哔哩推出演讲视频《后浪》并迅速在各大社交平台引发刷屏。视频中，国家一级演员何冰以"前浪"角色登台演讲，认可、赞美并寄语年青一代："奔涌吧，后浪！我们在同一条奔涌的河流。"时隔一个月，快手在成立九周年之际推出短视频宣传片《看见》，与《后浪》形式一致，快手主播"奥利给"大叔登台演讲，致敬每一个认真生活的平凡大众："老铁，没毛病，我们是世间的尘埃，却是自己的英雄。"《后浪》用横屏影像叙述着后浪对前浪的"超越"，《看见》用竖屏完成了"新潮"对"回归平凡"的表达。当视频创作不再局限于"屏"的比例，当大量的Vlog和用户自制内容成为宣传片的内容来源和表意依托，当一批网络视频新物种出现，它们是网络视频的新潮还是后浪？表达形式开创的"新潮"是对旧形态的超越，但每一次超越都是对网络视频本质的回归，套用《后浪》的一句话就是：无论是新潮还是后浪，它们仍奔涌在网络视频的本质河流中。

在5G、虚拟现实、人工智能等下一代新技术演进到成熟应用阶段并为网络视频带来新的颠覆性变革前，用户的媒介使用习惯、内容喜好、体验感追求成为网络视频此轮新进阶的主要推动力。但这股对网络视频的主推力背后站的是市场和技术结合的力量。网络视频用户经过十多年的用户增量市场的红利期，整个市场已经进入"存量用户"的精细化运营阶段，"微力量"的进军和竖屏视频的广泛应用都是对用户观影习惯变化的敏锐捕捉，智慧屏的新热点是市场在用户观影视听极致体验维度寻找的增量提升点。伴随着上述主推力，用户对内容生产的主动权进一步扩大，如果说 Vlog 是短视频风靡在日常社交领域的火热传导，那竖屏视频和互动视频则是已经维持了近200年的专业影视内容叙事形态，为早已从"观众"变成的"用户"做出的本体调整尝试。"用户为核心"和"与用户多维互动"的理念，在网络视频此轮新进阶的进程中已经从整个媒介内容生产各环节的"核心"共识变成普遍性的颠覆式应用实践。但网络视频"流"的魅力从诞生之日起就与"用户自主"深度绑定，只不过伴随网络视频一路发展，当技术、政策监管、市场经营等维度从生涩、懵懂、草莽逐渐走向成熟、从容、理性，网络视频作为媒介的双向甚至多向多维流动的互动本质终于在爆发期充分展开，并在此轮新进阶的进程中持续衍溢。

基于媒介生态视角，由技术、政治、经济、文化等共构的媒介生态通过环境选择机制来完成自己的历史演替，媒介的自然生长历程就是媒介对其生存环境的生态适应过程。萌芽期的技术主导决定了网络视频的基础技术形态和本质特性，探索期、竞合期经济和政治两只手主导形塑了网络视频在中国不同于国外的本土发展路径，转折期、爆发期的网络视频分别在 3G 和 4G 的技术红利和市场越发成熟老练的联手催发下迎来爆发式发展。有了技术、经济、政治的基础，网络视频作为媒介仍会不断进化，生长出新的发展路径和媒介呈现业态，这是媒介生态中媒介生存需要的直接结果。有很多行业中人会称互联网世界中很多"流行"都是一阵风刮过，但是对于又在衍生新物种的网络视频来说，任何一阵风总有缘起处，正如分享视频从 2005 年到2008 年潮起潮落，但是又在 2016 年以短视频形态引爆流行，缘起网络视频本质的"风"就在一次次超越与回归中不断旺盛生长。

结　语

　　2020年初，新冠肺炎疫情的到来让原本熙熙攘攘的街道变得安静，但这场黑天鹅事件的确让互联网真正成为维系社会运转的工具性纽带，生活、工作、学习、娱乐等普通人的日常生活瞬时被搬到网上，昼夜交替的世界亮起了"互联网"的长明灯，"居家隔离"被限制的步履，因为有"网"而不停歇。麦克卢汉所说的"媒介是人的延伸"这一观点，在这场疫情面前变得直接而真切。

　　CNNIC发布的第45次《中国互联网络发展状况统计报告》显示，2020年初，受新冠肺炎疫情影响，网络娱乐类应用用户规模和使用率均有较大幅度提升。截至2020年3月，网络视频（含短视频）用户规模为8.50亿，使用率为94.1%，远超网络音乐和网络游戏，成为仅次于即时通信的第二大互联网应用类型。

　　"直播＋"火速在教育、办公、医疗、电商营销等各行业运用，以线上代替线下，成为抵抗疫情、保障日常生活顺利开展的重要保障手段；在人口流动性降低之后，更多碎片化时间让网络直播、短视频、网络长视频影视内容的需求明显增加，成为"宅生活"中的"杀时间"利器；院线电影《囧妈》登陆西瓜视频，首开网络视频平台首播院线电影风气，网络视频行业在这场黑天鹅事件中，长驱直入传统电影行业，正在酝酿新的生产关系和生产资料分配模式；互联网舆论场规模在疫情中明显加大，直播和短视频在中国"战疫"中，产生了传播力、动员力、影响力，这场没有硝烟的战争中，网络视频用"刷屏力"成为一线抗疫的媒介力量。

　　从长期来看，"无接触式"工作、生活方式将给网络视频带来空前的发展机遇，其工具价值、文化价值、社会价值、产业价值、政治传播价值，都将有巨大的增长空间。

风起于青萍之末，新冠肺炎疫情让其前后的世界已迥然不同，本篇章以新冠肺炎疫情期间的网络视频作为观察支点，回望总结中国网络视频的发展逻辑，畅想其演进和发展路向，为中国网络视频这 25 年的发展写下"一段小结"。"媒体流"的力量奔涌不息，网络视频透过无处不在的有形或无形的屏，已串联起人与万物、虚拟与现实、时间与空间。

第一节　当下的发生：新冠肺炎疫情下的网络视频

2020 年的开局是灰色的，从 1 月 20 日钟南山明确表示新冠病毒"人传人"开始，我们每个人都变成了这场没有硝烟的战役中重要的参与者。我们通过"居家隔离"保护自己、保护他人，真实社会的实体连接被看不见的互联网代替，曼纽尔·卡斯特所说的"网络社会"在这段时间变成了人类生活的共同体。据 QuestMobile 数据显示，仅 1 月 24 日至 2 月 2 日，在线视频行业用户规模较平日上升 17.4%，日人均使用时长超过 1.5 小时。3 月 23 日，在中国国务院联防联控机制新闻发布会上，中国文化和旅游部产业发展司司长高政指出，疫情期间，网络直播、短视频流量大增，用户规模、日均用户时长相关指标创历史新高。疫情期间，网络视频成为"传播流"的主力媒介，不仅是"人体的延伸，越来越是人心理的延伸"[1]。

一、以短见长：短视频的刷屏力

QuestMobile 数据显示，[2] 因疫情叠加春节，短视频使用时长占比超过手机游戏，快手、抖音用户增量均超过 4000 万，短视频成为疫情期间许多足不出户的民众获取外界信息的重要窗口。

据人民网舆情数据中心"众云大数据平台"统计，2 月 6 日至 13 日，抖音、快手、西瓜视频匹配"疫情"关键词的全国各地短视频发布量为 36325 条。截至 2 月 14 日，抖音上关键词为"新型冠状病毒"的视频播放量共达到 218 亿次。总结起来，短视频的刷屏力在疫情期间的表现主要有以下两方面。

---

[1]　喻国明、方可人：《传播媒介：理论认识的升级与迭代——一种以用户价值为逻辑起点的学术范式》，《新闻界》2020 年第 3 期。

[2]　QuestMobile：《2020 年中国移动互联网战疫专题报告——热点关注行业发展报告》，https://www.questmobile.com.cn/research/report－new/81。

一是理性信息的生动传递。面对疫情的不确定性，硬核的知识型和指导性信息是普通用户的第一需求。短视频海量的内容也出现不少此类信息的爆款，超级话题效应明显。知识类短视频《关于新冠肺炎的一切》以翔实直观的解读和形象生动的画面在网络走红，两天内全网播放量超过 1 亿；河南村书记李德平通过广播"暴躁喊话"的视频在各大平台爆红，而后各地推出方言喊话、直升机喊话大比拼，播放都在百万到千万，增强了农村对于疫情的认知；春节看姥爷的外孙被拒之门外，而从窗户中扔下了口罩和红包的"姥爷不要我了"视频被《人民日报》转发，称为"教科书级科普"。这些超级话题内容，有些是科学干货，有些看似娱乐性很强，但都引起了全民行动上的参与和意识上的共识。

二是感性情感的直接输出。在居家隔离和疫情的发展进程中，普通用户难免会产生焦虑，除了第一需要的硬核信息外，情感的抚慰、凝聚和支持也成为刚需。一批聚焦普通人生活的短视频凭借平民"第一视角"的强共鸣特性成功传递了大爱和正能量，凝聚了社会"共同抗疫的决心和勇气"。来自武汉大学人民医院的呼吸科医生余昌平，作为新型冠状病毒防治专家组的成员，冲在一线，不幸感染。在与病魔抗争 10 余天后，病情微有好转，在隔离病房内开通快手号，通过短视频的形式与外界分享患病经历，记录自己的康复过程。30 岁的林晨，是哔哩哔哩的 UP 主。他在 B 站上相继推送两则疫情下的武汉现状视频，用镜头写下武汉的"封城日记"，被许多媒体转发。同样，身处疫情中心的周子义，为了让更多人了解武汉市民的生活情况，拍摄了"武汉的晚上"及"初四，武汉人去买菜"等反映武汉疫情的视频，被几百万人看到，其在快手上拥有数百万粉丝。这些一线的创作，让人看到了封城之后的武汉，人们的真实生活状态。这些创作和报道，不仅让人们了解真相，引起情感共鸣，同时也起到了捐赠等帮助作用。

疫情期间，每一个普通用户作为参与者，通过便捷制作的短视频开始产出大量的内容，原本作为被拍摄对象的人们开始变成"众创"视觉内容的力量，这与"非典"时期，每个人守着电视获取信息的时代已全然不同。

二、共时共情：平移现实生活的直播云

iiMedia Research（艾媒咨询）调研数据显示，疫情期间，超七成受访用户表示观看直播的频次和时长均增加，其中出现"明显增加"情况的分别占

到 34.1％与 40.9％；疫情期间，消遣娱乐（69.0％）及消磨时间（42.3％）是用户观看直播的主要原因，其次为购买商品（28.2％）、了解疫情相关（27.4％）、结识新友（23.2％）和学习知识（16.1％）。[①] 直播形式的时效性、可视化和互动性强特点使其成为疫情期间信息传播的重要媒介。

1月27日，央视频开始了仅有两个机位的火神山/雷神山建设进程的24小时不间断慢直播，这场慢节奏、无剧情、无高潮、无旁白，甚至固定镜头，只瞄准工地的原始形态直播在开播3天后的29日18点30分，已有3600万的网友实时收看，来自全国各地的"云监工"在评论区争相签到，为施工现场的工程师和工人们加油鼓劲，为直播画面内的各色建筑体、施工设备取的代号"送灰宗""送膏宗"等还火上了微博热搜，这场"慢直播"因用户自发参与建构的娱乐化逻辑而富有了多元观看趣味，直播不间断带来的时间真实感和情感陪伴使其"白开水式"的本体内容也能够为大量疫情期间宅家，对疫情形势抱有焦虑情绪的用户带来共时共情的"治愈感"和群体共鸣。

以火得"突如其来"的"雷火神山"施工直播为始，因疫情被阻断的现实生活中"面对面"的交流需求开始由具备面对面实时交流互动属性的直播承接，除了已经得到广泛应用的电商、泛娱乐市场外，"直播＋"迅速与医疗场景、学习场景、办公场景相融合，迸发了巨大的社会价值与商业潜力。

消费场景中，更多"新主播"破圈入局，兼具娱乐内容属性和商品推荐属性的电商直播来到行业风口。疫情期间，罗永浩抖音直播卖货、由央视主持人朱广权和淘宝主播李佳琦搭档的央视新闻"谢谢你为湖北拼单"首场"带货"直播、格力董事长董明珠抖音快手直播带货、县长直播带货等均成为疫情期间的新闻热点，直播关注度进一步提升。旅行场景中，因疫情闭馆的故宫在2020年4月5日、6日进行了网络直播，百万网友在故宫"云上赏花"，仅4月5日的直播，各网络平台合计播放量就已破亿。此外，云健身、云蹦迪、云逛街、云课堂、云办公、云招聘等新场景均在疫情期间被陆续解锁，传统生活场景一一被搬到在线直播的实时流中，直播变得进一步生活化、日常化。

---

① 《2020Q1疫情期间中国在线直播用户观看直播行为及偏好分析》，艾瑞网：https：//www.iimedia.cn/c1020/71348.html。

三、沉浸体验：长视频的场陪伴

法国学者麦茨曾指出："影片是以假定的、梦幻的方式，使观众犹如身临其境，观众看电影时是和真实世界相对隔离的，他们投入电影描述的影像世界中，通过情感活动完成了电影情节的现实转化工作。"长视频内容完整、情感饱满、感染力强，相较于短视频和直播，能够营造一个相对完整的故事"场"，虽不如电影院的密闭黑暗空间，但是在内容层面对用户仍具备较强的"沉浸式"吸引力。

因疫情宅家产生的大量空闲时间推动用户长视频观看时长增长显著，追剧成为用户消磨时间的主要方式。"家人陪伴需求"让客厅中网络视频的观看场景也不断增加，智能电视播放端的网络视频成为客厅观看场景中的重要部分，网络视频从"小屏"独享走向"大屏"共享，已成为家庭公共娱乐场景的习惯和日常。

云合数据《春节假期长视频平台观看数据分析》报告显示，2020 年春节期间（1 月 24 日至 2 月 6 日）视频平台会员内容日均有效播放较 2019 年度（春节期间）增长 74%，其中，爱奇艺、腾讯视频会员的内容日均有效播放均超过 2 亿次，芒果 TV 增长近 2 倍。

伴随走高的旺盛需求，是被疫情限制的生产能力。中国广播电视社会组织联合会电视制片委员会和中国广播电视社会组织联合会演员委员会 2 月 1 日通知，疫情防控期间暂停影视拍摄工作。相较短视频以众创 UGC 为主的生产方式，由专业人士、专业场地等聚集创作的专业内容生产线陷入停滞，卫视和视频平台开始创新节目制作方式，直播、短视频被作为长视频录制的重要方式广泛应用。

湖南卫视推出的新节目《嘿！你在干嘛呢?》，以《快乐大本营》主持人自拍生活 Vlog 并视频连线艺人互动为内容形式，与观众交流分享生活方式。已播出《歌手·当打之年》《天天兄弟》等节目，采用网络直播连线来"云录制"的方式，一方面能够让"艺人不出门、拍摄无接触"，另一方面也响应了疫情攻坚战时期的"不出门""居家隔离"等号召。爱奇艺推出的《宅家点歌台》《宅家运动会》《宅家猜猜猜》三档"宅家云综"，优酷推出的《好好吃饭》《好好运动》全明星系列公益直播节目，也是利用直播和视频社交的形式来创作内容形态。易观分析指出，视频平台和卫视在内容排播上也进行了调整，更多播出家常和老少咸宜的内容，适合阖家观看。

疫情暴发后，春节档电影撤档，字节跳动先后在其短视频播放平台上线《囧妈》《疯狂的外星人》《唐人街探案》《夏洛特烦恼》等 13 部电影，打造"线上免费春节档"。院线电影《肥龙过江》在爱奇艺和腾讯视频以"付费超前点映"模式播出；《源·彩虹》在计入国家票房统计的"国家电影智能化五年唯一试点"移动电影院 App 付费点播。疫情期间，院线电影在网络平台播出的方式让一直存在的流媒体和电影院线之争显性化，遭遇院线的强烈抵制。

一场疫情，让长视频与短视频、直播，让网络视频产业与电影产业之间的壁垒不断消融。喻国明指出，媒介融合进入深层状态，"万物皆媒"的社会大观很可能在不久的将来便成为现实，传播终端的区隔会变得模糊不清，传统的划分方式难以为终端、渠道、机构、内容等多重领域融合的媒介环境提供解释力。[①] 疫情加速了正在经历升级与迭代的媒介接触历程，纵使行业中争议声不断，但是从时空场景转向价值场景的媒介融合已在内容层面显性发生。

第二节　历史的总结：中国网络视频的发展逻辑

2020 年 6 月 11 日，北京新发地批发市场发生聚集性疫情，2020 年 6 月 18 日，央视新闻《主播说联播》短视频栏目发出最新一期节目，康辉坐在《新闻联播》演播室，伴着温情轻快的音乐，类似短视频自媒体播主一样，如是说：

> 首先要感谢一下我们的网友，昨晚我们在节目中说到"炸酱面"一定会好起来，结果"油泼面""刀削面"，你能想到的各种面、各地的小吃都来打 call，真是"面面俱到"。这场面，看了让人又饿又感动。当然，"炸酱面"要完全好起来还需要另一个"面面俱到"，也就是把疫情防控方方面面的工作都做好。这些天北京已经采取了一系列措施，包括加强小区管理、严控人员出京，等

---

① 喻国明、方可人：《传播媒介：理论认识的升级与迭代——一种以用户价值为逻辑起点的学术范式》，《新闻界》2020 年第 3 期。

180

等，看了这些消息让人更有信心。北京市的发布会上还特别提到要改善医务人员的检测环境，希望能尽快给医务人员带去清凉。不想看你们汗流浃背的样子，战高温又战疫情，要热也是心头热，这样才更有劲。

对每个生活在北京的人来说，自觉配合、做好防护也是这方方面面中的一环。在这里忍不住要拍一拍、赞一下那位"西城大爷"，他是北京这波疫情的第一位确诊患者，正是他靠着他的"最强大脑"，提供了非常准确而且全面的流调信息，对于及时锁定新发地发挥了重要作用。

这种活泼接地气的画风在已经 42 岁的中国最老牌节目《新闻联播》的主播台已延续一年。2019 年 7 月 29 日，《新闻联播》正式推出脱口秀形式的竖屏短视频《主播说联播》栏目并登陆微信公众号、快手、抖音等平台，凭借"国脸"主播们口中通俗的"我也只能'呵呵'、咱要不上点榨菜、No zuo no die、你们离凉凉不远了、阿中哥一定是这世界上最靓的仔"等"热词金句"走上"网红花路"，并多次登上社交媒体热搜榜。

从 1978 年开播至今的 42 年里，象征着国家的权威话语、理智客观、严肃谨慎的《新闻联播》最终也开始跃入小屏，向能更加接近群众的语态风格转变。这不代表着中国电视的终结，却是传统电视语态的落幕和网络视频这一生命力极其强大的新兴媒介在近 25 年发展历程中的一个代表性的瞬间。

以这个瞬间为契机，我们回望逝去的时光，从文化、社会、经济、政治、技术等视域总结网络视频的发展逻辑，因为正是它们相交相融形成的合力不断形塑和界定着网络视频。

一、青年亚文化的主流化

在 20 世纪末 21 世纪初的世纪之交，当网络视频在萌生和探索初期时，电视已经成为中国当之无愧、无可辩驳的第一媒介，拥有在所有媒介形态中数量最为庞大的受众和资金最为雄厚的产业，已经在中国人的日常生活和中国社会的公共文化中占据了毋庸置疑的核心位置。

(一)"抵抗姿态"的出圈

面对处于黄金时代的电视和被电视定义的视频语态，网络视频最早以一种流行青年亚文化形式"出圈"，以网民胡戈在2005年底制作的恶搞视频《一个馒头引发的血案》为代表，以对正统影视文化予以颠覆、嘲弄和戏仿为特征，开始对传统电视行业的文化逻辑进行根本性破坏[①]；崇尚中心与权威的"正谕话语"被消解、被倒置，后现代式的网络视频"去中心、反权威、游戏一切、无深度叙事"，却又"不企图建构另外一个深度模式"，因而"解构了（传统影视）完整而封闭的系统"，为青年受众带来了一种从未有过的参与和破坏的快感，因而风靡全网。

（二）"商业力量"的收编

赫伯迪格认为亚文化是通过对消费品的改造来实现对商业主义的抵抗的，难以摆脱"被商业收编"的命运。网络视频作为青年亚文化的承载形式之一，也是如此。

20世纪第一个十年，市场经济改革催生的消费主义与多元生活方式在持续发展的过程中，国家与知识精英的声音也逐渐在大众文化领域隐退。长期以来被掩藏在经济发展繁荣景象中的各种诸如环境污染、贫富差异、官员腐败等结构性问题也纷纷显现，电视成为国家试图解决"社会经济高速发展与人民文化生活相对落后的矛盾"的"和谐社会"理念的重要参与者。这让当时的主流屏"电视屏和电影屏"在内容、形态、风格和趣味上进一步软化和世俗化，"娱乐"成为电视文化领域的主流风向，以往被视为"严肃"类型的科教节目、法制节目、纪录片、新闻，都呈现出更为鲜明的娱乐色彩；伴随省级卫视上星的渐次完成，在全国收视市场的竞争陡然激烈的背景下，电视剧因播出数量和质量成为抢手资源，2001年到2009年，中国电视剧产量和质量迅速进入"高原期"，《流星花园》《奋斗》等偶像剧及《康熙王朝》《孝庄秘史》《武林外传》等抽象现实主义剧等多种类型电视剧爆品频现，《超级女声》《星光大道》《我型我秀》等选秀节目火爆荧屏。同一时期，中国电影产量、票房也开始大幅度攀升。黄金时期的专业机构生产的传统影视内容，与新兴互联网渠道相融后，为类似PPS、PPLive的网络视频运营模式提供了丰富的内容。原本以网络视频社区为主模式的土豆网、优酷网，也因为网友自制视频内容的同质化、粗劣化，转型成电视荧屏、电影荧屏精品内容播出的新渠道。此时网友自制的网络视频作为网络亚文化因"视频制

---

① 常江：《中国电视史：1958—2008》，北京大学出版社，2018，第387页。

作"的门槛性,而失去持续破圈的力量;网络视频更多是从技术特性上作为传统影视内容播出的新格式、新渠道出现在大众生活中。视频网站的版权大战也在这样的产业背景下发生。

为消费市场提供新的消费内容是所有产业的本质特征,身处版权大战泥潭的视频网站开始不再满足只做电视和电影屏内容的网络播出平台,开启了"自制"战略。因为亚文化作为可以提供消费文化资源的"水清草肥的大牧场",与商业主义之间开始了"侵入博弈",商业主义借助亚文化产品的使用和传播来进行市场营销,亚文化产品为商业机构带来利润的同时,本身也得到社会较大的关注和传播,在产业化的托举中从小众开始走向大众和日常。《万万没想到》《鬼吹灯》《奇葩说》《老男孩》等一批具有网络亚文化特征的网络综艺、网络剧、网络电影在视频网站涌现,它们的共同特征都是在策划的一开始就有强烈的"拥抱青年人"的意识,形成的亚文化产品都带有较大的消费感召,保证节目在线上线下的关注度,因此多种青年亚文化选题和表达方式被制造出来。

(三)"赋权赋能"的风靡

英尼斯认为媒介技术是"整个文化结构中的动因和塑造力量";凯尔纳指出"媒介和技术"是塑造社会关系的"组织的原则";我国学者陈霖认为,青年亚文化与新技术的结合在表达自身价值、形成自我空间、创造新的文化内容方面能相互促进;马中红则用"赋权与赋能"来归纳媒介技术对青年网络文化的作用。如果说网络视频前一阶段的发展特征是青年亚文化"被收编"的表现,那技术对"众创"的赋权和赋能,则让本就带有天生的想象力、强大原创力和符号创新能力的青年亚文化内容借由网络视频形式形成了"席卷"的力量。

伴随智能手机拍摄硬件与剪辑软件功能的不断提升,相比网民的初代自制,网络视频拍摄与制作的技术门槛不断降低,加上"社交的需求"和"被注视的需求",越来越多的青年参与到以挪用、拼贴、加工和原创的方式进行网络视频制作的实验中,短视频和直播开始风靡,拥有强大传播感召力的网络亚文化元素重新开始引领创新,并借用商业力量的助推力,成为网络视频内容创新不竭的源泉,这种"众创力"又反向进一步推动网络视频成为当下时代的主流媒介。

从网络视频最早作为一种流行青年亚文化形式的初次"出圈",到被商业机构背后消费主义收编后网络自制内容的风靡，再到被技术赋能的"众创"网络视频的席卷力量，贯穿始终的是青年亚文化的"主流化"生存和发展趋势，蕴含的是青年亚文化与消费主义的相互成就、青年亚文化与技术赋能深度互动的破圈力量。

综观当下时代，有意识地融入青年亚文化的元素、调整自身内容语态迎合日趋碎片化的接受环境已经成为网络视频制作的共识，这种共识被崇尚个人选择更多元、诉求表达更多样、思想意识更多变的大众文化包孕，成为网络视频的话语常态。

二、媒介域的迭代

人的思想被观念传递，观念通过媒介形成组织的力量，任何一种新的媒介都会带来一种新的感性内容，产生一种新的时代氛围。陈卫星曾指出，媒介技术构成了文化实践中的一个变量，这种变量能够让我们显著感觉到时代的变化。

开创媒介学的法国学者德布雷从 1979 年出版的《法国知识权力》开始，就试图解码信息传播的权力机制如何与人类社会的历史变迁进行互动。他将信息传递的技术制式作为一种人类社会史分期的概念框架，并将此定义为媒介域（médiasphère）。最早的人们是通过人物话语的神圣性来制造观念的神圣性；印刷时代所有制度的基础都是靠文字文本奠定和书写的；20 世纪八九十年代，是电视符号的世界，德布雷观察到了图像域对文字和理性的简化；互联网主导的数字媒介揭开了更为全面的数字域序幕，比特世界信息无限、储量无限。德布雷在研究中将媒介域进行了"话语域、图文域、视频域"三个时代的划分和特征总结：话语域的特点是绝对主义、循环叙事、神权主宰、宗教和信仰等；图文域的特点是民族和极权主义、直线叙事、意识形态主宰、教条主义等；视频域则是个人主义、现实叙事、图像和模型主宰、相对主义和消费主义等。

与技术学派认为的媒介决定论不同，德布雷认为，"技术提供可能性，环境起到过滤作用，人进行部署"，每个媒介域的变革前提是性能、范围和效率超过上一个媒介域，但成功颠覆都需要技术的演进和相关的社会组织、社会政治的成熟。

从媒介学视角看，网络视频的发展本质就是中国社会从"图文域"向

"视频域"的更迭。网络视频技术使视频传播跨越时间与空间无远弗届，作为一种媒介形态在新世纪之交出现后，视频内容不再只能是由权威电视机构播出，网络视频内容成为自由观看与传播的媒介内容，产生了酷爱制作网络视频的拍客、播客，促进了网络视频播出专业网站的产生和网络视频作为产业的发展；产业的发展又产生了电影电视版权内容播出渠道的转移和网络剧、网络综艺、网络电影大量自制影视内容的发展。也正是在慢慢培养用户网络视频使用习惯温床的过程中，加上智能手机拍摄性能提高和剪辑软件使用成本的降低产生的网络视频进用逻辑，公众开始大规模参与网络视频内容的生产，直播、短视频等网络视频形式开始全面爆发，视频传播呈现出前所未有的商业爆发力和传播影响力。自我生产运维的网络视频媒介激发了用户个人的积极性和网络视频平台的活跃度，社会主体和受众主体具有同构性，网络视频平台日益表现出连接、互动与协同等特点，最终，视频传播领域的社会性生产关系也被重构。

对比德布雷提出的"视频域"特征，中国电视黄金时代的社会，呈现出的大部分仍是图文域的特征，虽然从书面记忆（书籍、印刷物等）发展到视频域的模拟记忆（照片、声音模拟、电影、广播、电视）是一个重大的社会变迁，[1] 但是从社会环境和中国电视的所有制属性来看，电视仅是客体性质的技术革命，没有了环境和组织，光是媒介工具并没有对我们所处的媒介域造成变更的内推力。以网络视频为代表的新媒体实际上也是主体性质的观念革命，而且在这个过程中产生了新的社会呼唤，在环境和组织的共同推动下，一步步推动了"媒介域"的变革。

三、价值规律与权力规训

经过 20 世纪 90 年代国民经济的持续增长与民众消费能力的显著提升，21 世纪初的中国社会开始呈现出平缓而固化的结构性特征。国家治理基础日益平稳牢固，在大多数社会领域，世俗的快乐完全取代了精神的进取成为衡量现实生活价值的首要指标。[2] 在这样的社会背景下，从"去中心、反权威、娱乐一切"的后现代互联网文化中诞生的网络视频，伴随电视内容娱乐

① 雷吉斯·德布雷：《媒介学引论》，刘文玲、陈卫星译，中国传媒大学出版社，2014，第49页。
② 常江：《中国电视史：1958—2008》，北京大学出版社，2018，第382页。

化的东风和资本力量的风帆开始了在中国的勇猛征程。

网络视频在产业中孕育与发展，这决定了它的逐利本性与产业运营需要遵守的价值规律。但是"有形的手"在中国对其发展的影响并不亚于市场"无形的手"。虽然不似国有电视体制中控制话语存在具有的天然合法性，但是自网络视频产业发展伊始，广电总局拥有的"互联网视听内容管辖权、准入牌照发放权"，依然决定了控制话语在产业中的存在与盛行。

1999年10月广电总局发布的《关于加强通过信息网络向公众传播广播电影电视类节目管理的通告》，意味着中央对广电总局在网络视频内容审核上的"赋权"。进入21世纪后，产业的发展壮大倒逼网络视频产业的规训话语开始向更为精细化和制度化的方向演变，最重要的标志就是以广电总局、信息产业部2007年12月29日联合发布的《互联网视听节目服务管理规定》（广电总局令第56号）为伊始，大量为应对不同时期网络视频产业出现的新情况而出台的灵活的行政规章陆续发布，配合多部门联合的执法行动，一套高度行政化、精密化、系统化的规制手段日益成熟，截至目前，已经形成了一整套融合国家管理与自我约束、兼有预先审查和事后追惩、行政手段与经济措施并重的规训话语。

泛向的规训话语实践还呈现出不断扩大的状态，网络自制内容是否应该紧跟政治思想领域的主流动态，并做出积极、有益的响应；网络自制内容是否应立足于民族文化，抵御西方文化的侵袭；是否应该用算法向用户推送更多主流内容，积极主动发挥宣传教育作用……

以中国网络视听界规格最高、规模最大最多的行业盛会，素有"年度风向标"之称的"首届中国网络视听大会"主题为例，2013年举办的首届中国网络视听大会主题为"责任与创想：构建活力、人本的互联网视听新生态"，2014年第二届中国网络视听大会主题为"创新融合绿色"，2015年第三届为"大视频时代的创新与变革"，2016年第四届为"洞见新视听，共享新空间"，2017年第五届为"新使命，新视界，新动能"，2018年第六届为"凝聚心力，创造美好新视界"，2019年第七届为"守正创新，激发视听新活力"。除了2014年和2015年主题外，其余5届的主题中均有规训含义的话语。

在这种强有力的话语作用下，中国网络视频产业不断调整着自身与社会结构及社会变迁过程中种种主流价值之间的关系。

四、从技术祛魅到技术返魅

英尼斯认为媒介技术是"整个文化结构中的动因和塑造力量"[①]；凯尔纳指出"媒介和技术"是塑造社会关系的"组织的原则"[②]；麦克卢汉提出："对于社会来说，真正有意义、有价值的'讯息'不是各个时代的媒体所传播的内容，而是这个时代所使用的传播工具的性质、它所开创的可能性以及带来的社会变革。"[③]

网络视频诞生的根本前提是计算机技术、多媒体技术、流媒体技术和网络技术，随后的 3G、4G 技术将网络视频送入了与人实时伴随的移动端，智能手机功能迭代开启用户"众创"的生产模式，移动短视频和直播让网络视频成为"席卷"的力量。网络视频的每一次大发展都以技术作为根本推动力，对我们的生产和生活产生了深刻影响，通过网络视频，我们便捷"看见"全世界，同时我们也被世界所"看见"。

技术的历史和逻辑发展与科学一样呈现了一个从附魅、祛魅到返魅的过程，[④] 以机器为标志的现代技术让科学和知识的神秘性、神圣性、魅惑力消解，而以信息技术为标志的后现代技术是一种返魅的技术，表现出比祛魅的现代技术更人性化、更社会化、更具不确定性从而更富神秘性的魅力。网络视频技术也不例外。

网络视频发展初期是作为一种可被利用的传播渠道和播放渠道而被社会认知，并非是一种竞争性的媒介，是一种与电视业、电影业互补或作为其辅助性信息出口的角色，对其"工具性"的态度是一种更普遍的认知，如电视工作者在 2008 年以前对互联网的认知是"将其视为对传统平台加以更新换代的技术而非一种可对电视业构成破坏的新文化"[⑤]。直至 2014 年视频平台自制内容的崛起，网络视频的内容属性开始凸显，权威话语和宏大叙事被网络自制内容消解，人与界面之间的距离感被打破，专业影视内容市场由

---

① 哈罗德·英尼斯：《传播的偏向》，何道宽译，中国人民大学出版社，2003，第 5 页。
② 道格拉斯·凯尔纳、斯蒂文·贝斯特：《后现代理论：批判性的质疑》，张志斌译，中央编译出版社，2001，第 4 页。
③ 马歇尔·麦克卢汉：《媒介即讯息》，何道宽译，中国人民大学出版社，2003，第 37 页。
④ 肖峰：《技术的返魅》，《科学技术与辩证法》2003 年第 4 期。
⑤ 常江：《中国电视史：1958—2008》，北京大学出版社，2018，第 386 页。

于网络视频的加入迎来了题材类型、表现形式、互动方式的极大拓展。这是祛魅的历程，也是返魅的开始。从 2014 年起，内容生产开始从数字鸿沟到普遍的认知盈余，互联网开始构建更加智能的个性化信息流转，形成情景计算，上网场景伴随 4G 技术渗入"实时＋移动"的时空维度，反映到网络视频产业，短视频、直播陆续出现并风靡，每个人都可以参与视频生产使得观点异常多样，曾经的绝对真理被无数个体想法消解，意义由"人"生成，网络视频生态开始展现出复杂多元的意义，网络视频技术作为后现代技术的类别之一，也展现出更人性化、更社会化、更具不确定性的"返魅"特征。

技术的返魅使人与技术处于联合体的发展模式中，具体特征包括"技术的目的性对于人的'完整的人'的理想和追求状态、技术的生存性对于人的自我体验的满足与丰富、技术的创造性对于人的自我实现价值的展现与充实"[1]。王晓红曾指出："从媒介发展史来看，我们可以发现，借助传播技术进步，人类传播在追求交往活动扩大化的同时，也在追求身体感觉丰富性的回归。"从原始人类的直面交流，到结绳记事、印刷摄影、电影广播电视的相继诞生，人类传播在不断超越时空局限、扩大交往范围的进程中，传播形态又在逐步还原人体的各种感觉，渐进回归"面对面"人际互动的丰富感知。具体来看，摄影术还原了形象，电影还原了活动影像，广播还原了声音，电视还原了现场，而网络视频正通过直播、短视频逐步还原"面对面"即时互动情境。[2] 当下，大数据算法、人工智能、5G 在网络视频行业的应用和研发正是技术返魅趋势的体现。

第三节　演进的路向：中国网络视频的发展路向

阿尔文·托夫勒在《第三次浪潮》一书中写道，人类面临一个量子式的跃进，面对的是有史以来最强烈的社会变动和创造性的重组……第一次浪潮"农业革命"经历了几千年才结束，第二次浪潮"工业文明崛起"只有 300

---

① 肖峰：《技术的返魅》，《科学技术与辩证法》2003 年第 4 期。
② 王晓红：《短视频助力深度融合的关键机制——以融合出版为视角》，《现代出版》2020 年第 1 期。

年寿命，很可能第三次浪潮"信息化"将会横扫过历史，在几十年内结束。① 托夫勒勾勒的人类社会第三阶段的起点"20世纪50年代后期开始"，距今已经过去了60年，我们所处的当下，5G、人工智能、物联网、虚拟现实、大数据、区块链等新技术正驱动世界开始一次新产业革命，按照凯尔纳指出的"媒介和技术"是塑造社会关系的"组织的原则"，网络视频作为当下社会的主流媒介在新浪潮中包孕着变化，造成着冲突和压力，也带来新生和转机。

麦克卢汉在1964年出版的《理解媒介：论人的延伸》一书中提出："媒介即信息。"尼葛洛庞帝在1996年出版的《数字化生存》一书中，准确预测了当下时代一种个性化、流动性、随处感知的新媒体形态，关于媒介演变的实质，他概括成："媒介不再是信息。"麦克卢汉在电视与广播媒介大行其道的年代，解构了媒介形式与内容的两分法，强调了媒介形式本身具有的强力时空穿透力和社会影响能力；尼葛洛庞帝在已开始被信息化浪潮激荡的时刻，却彻底消解了媒介与信息的关联，他预测，通过数字化、计算机和网络，媒介已经不单纯是信息的传递载体，也不单纯是承载意义的信息，媒介就是存在本身，就是意义本身。"麦克卢汉所谈论的那个致力于塑造智慧、塑造人性的基于'媒介使用行为'的旧媒介，业已完成自己的使命。新的建立在广泛的数字化、智能化基础上的媒介，将完成'再中介化'的转变。"②

新冠肺炎疫情下，我国的文化环境、产业环境等都正在发生变化，世界范围内社会背景和技术背景综合影响，尼葛洛庞帝所期望的"滋养心灵、抵御无明、分享繁盛、以合作取代竞争"但仍未形成的未来数字化世界还会实现吗？网络视频在未来数字化世界会是什么样的角色？它会如何生长？回望历史，是便捷、快速洪流般的"冲破与颠覆"；定看当下，是物理空间的"隔绝"不断，云端的"汇聚"不停；远望未来，"不确定"变成唯一的"确定"，网络视频作为网络世界比特流中的"主流"，将穿透隔绝的空间和时间，串起过去和现在，成为人类承载"看见"、连接"万物"、安放"世界"的存在。

---

① 阿尔文·托夫勒：《第三次浪潮》，黄明坚译，中信出版集团，2018，第6页。
② 段永朝：《从"数字化"到"生存"——重读"数字化生存"》，引自尼古拉·尼葛洛庞帝：《数字化生存》，电子工业出版社，2017。

一、视频化生存：无处不在的屏

凯文·凯利在 2016 年出版的《必然》一书中，将"屏读"（Screening）作为未来呈现在我们文化中的一系列"元变化"之一。"今天，超过 50 亿张的数字屏幕在我们的生活中闪烁……屏幕占据了我们的口袋、行李箱、仪表盘、客厅墙壁和建筑物的四壁。"① 凯文·凯利称我们已经从"书本之民"变成了"屏幕之民"，"屏读首先会改变书籍，然后会改变图书馆；之后，它会给电影和视频动手术；再之后，它会瓦解掉游戏和教育；而最终，屏读将会改变每件事"。

2017 年，"泛在屏"概念在互联网大会上被提出，硬屏、柔性屏、透明屏、全息显示等多种形态以及可以满足不同使用场景、不同需求的屏幕概念被提出。此后两年，"折叠屏、曲面屏"手机已经投入市场。互联网、物联网以及 5G 技术快速发展的"大连接时代"，屏幕会成为万物互联的"入口"，柔性屏幕甚至可以贴合任意形状，我们会在所有物体上装设显示屏，比如烧水壶、衣服、镜子、黑板，无论我们向哪里望去，都会看到屏幕。人与人的交流、人与物的交流、物与物的交流都会通过屏幕呈现出来。

"屏幕文化是一个不断变动的世界"，相比文字，大多数人识别视频的速度快得多，一图胜千字，由图片帧组接的视频时空则可以在几分钟内完成叙事，屏读时代是属于网络视频的世界，文字从纸浆里的静态变成了动态的像素，图片也是如此，它们与动态图像一起将被统一归入一个大的叫作"网络视频"的河流，按照"播放"的方式被"看见"。

播放视频的屏幕会在任意地方出现：ATM 机、超市结款台、轮胎、水壶、T恤、眼镜、镜子、白墙、桌子，等等，甚至是在你眼前的空气中，"直播"可以跨越一切场景，变成随时随地的伴随，而填充屏幕的大量网络视频内容将变成海量的需求，视频将成为商品零售、办公、医疗、教育、交通等领域交流、沟通、展示的桥梁。使用说明书、医生医嘱、求职简历、菜谱、课程、工作汇报、商品介绍、时尚搭配等还在用图文表达的内容将极大部分变成网络视频，网络视频内容从生产维度将成为社会刚需。

围绕网络视频内容，搜索、批注、收藏、评论、弹幕、分享、链接、视

---

① 凯文·凯利：《必然》，周峰、董理、金阳译，电子工业出版社，2016。

190

频社交杂糅其中，例如做饭场景中，我们可以一边查看灶台屏幕上的烹饪教学视频，一边与好友视频连线交流，可以给教学视频的制作者留下视频评论，屏幕自带的摄像头还可以对做饭过程进行拍摄，并通过智能剪辑软件直接制作成可以发表的视频，完成饭菜制作的同时，制作的视频被同步上传到社交平台。屏是无限的空间，是共时、共场的媒介，而网络视频将成为沟通表达的方式，超越文字和图片，成为与话语同等重要的存在。听、说、看对应的眼睛、嘴巴、耳朵功能未变，原本属于"写"的手将主要服务于点击、触碰、滑动、手势。未来社会，穆里尔·鲁凯泽所说的"组成宇宙的是故事，而非原子"，会演变成"组成宇宙的是视频故事"；尼葛洛庞帝所说的"每个人都是没有执照的电视台"，会演变成"每个物都是没有执照的电视台"。

二、虚拟化表达：无屏的身临其境

无处不在的屏是网络视频传播广度的延伸，而无屏的身临其境则将改变网络视频的内容形态、叙事表达、制作流程，网络视频将改头换面，你我将步入那曾经的视频框，沉浸到内容中，看故事在身边的发生。

按照上文提到的媒介发展技术逻辑，"网络视频的演进内在机制是在感知层面进一步延伸人的感觉，从触觉、嗅觉到人的意识、情感，在空间上扩展到人类活动的所有现场，从各种公共活动场所到隐秘的卧室，生活的一切角落、一切细节、一切移动定位。虚拟现实技术就代表着对人类体验的极致追求：从一种传播参与的'面对面'交流形式，通过远程的和多种信息的中介，如超文本、数字技术等，帮助人们重新回到了参与式经验，重新掌握真实世界的视觉形象经验"。[①]

带来观看体验上强烈的沉浸感、颠覆以往观看经验的 VR 视频（Virtual Reality，VR）、AR 视频（Augmented Reality，AR）、MR 视频（Mixed Reality，MR）将是媒介变革的崭新拐点，无论是完全虚拟的视频世界（VR 视频），还是现实与虚拟重叠（AR 视频），又或者上述两者的混合（MR 视频），现实的你我他都与虚拟化的现实通过视频介质在"感觉"上融合在一起。

---

① 王晓红：《新型视听传播的技术逻辑与发展路向》，《新闻与写作》2018 年第 5 期。

从内容层面看，"画框"的概念将在虚拟化现实观看场景中消失，横屏、竖屏不再是行业规范，内容生产需要创造"无边界"的内容，突破二维空间，将内容延伸到真实的三维世界，联通线上与线下、真实与虚拟。经典的影视美学不再适用于内容生产，在虚拟化的现实世界，"体验的美学"成为核心，"互动效果"成为魅力，观众的上帝"视角"将变成"全感"，视觉、听觉、触觉逐一在 VR 视频中还原，视频拍摄技术的所有变革将以现场感和互动效果为基础开展。视频的叙事表达将完全颠覆，以镜头为单位的视频组接蒙太奇将变成"场"的组合，通过景别切换带来的视角调整变成观众可选择的"聚焦"或"远离"，视频变成用户体验、走进"故事"甚至干预"故事"的承载。

从工具层面看，直播、视频的形态也会发生颠覆性的变化，人们可以根据所处场景自由切换 VR、AR、MR 技术赋能的"新直播"，跨越物理界限，处在半虚拟、全虚拟或两者混合的同一个空间，办公、购物、旅行、看病、学习、聚餐……视频将让文字、图表、语言凝结成动态主体，成为虚拟化现实中最小的表达单元。

长、短、横、竖、虚拟、现实的一切界限都在模糊，空间被彻底跨越，物理的时间作为唯一的顺序流也有可能被量子研究颠覆，视频真的会成为一个用户可以自由步入的"新世界"，人类从"看"视频，到"用"视频，最终来到"感觉"视频。

三、智能化生产：让网络视频看得见

凯文·凯利在提出"屏读"概念和趋势时指出，万屏时代的我们也在被屏幕阅读，"其实在人们读屏的过程中，屏幕也在'阅读'人们的信息，它通过技术手段跟踪人们所查询的内容，收集人们阅读时面部表情所透露的情绪、目光停留时所反映的兴趣点。屏幕会观察人，也会适应人，它会根据用户的情绪做出相应的改变。"

按照美国学者拉斯维尔于 1948 年在《传播在社会中的结构与功能》论文中提出的构成传播过程的五种基本要素，畅想网络视频在未来的传播过程，"无处不在的屏"改变的是 In Which Channel（通过什么渠道），"无屏的身临其境"改变的是 Says What（说了什么），"智能化"将系统改变"Who（谁）、To Whom（向谁说）、With What Effect（有什么效果）"三个

要素。

智能化升级后的网络视频，谁在传播？苹果手机已经实现了用我们每月和每年拍摄的照片或视频剪辑"每月生活精彩瞬间"的功能，只需要按播放按钮，已经配好音乐的短视频片段就如你的回忆一般铺陈开来。智能剪辑通过对用户喜好的大数据抓取，结合不同主题和心情，已经可以根据用户拍摄的内容智能剪辑视频，智能化在帮助我们表达的过程中，从细微之处开始掌握了一定的话语权，比如你在餐厅选择的套餐，虽然有不同的组合，但已不是百分百的自主选择。"傻瓜化"的智能剪辑、制作将成为颠覆"人"作为传播主体的第一块敲门砖。

智能化升级后的网络视频，向谁传播？屏幕播放的时候是幻彩世界，没有播放的时候是黑色的静止，未来的网络视频会从黑暗中跳出，跳到透明的玻璃上，跳到眼睛上，跳到空气介质中；也将从停滞的休眠中跳出，它们看得见、听得见，跳到更容易与人相处的情景中。万物互联的万屏世界和无屏世界，网络视频向人传播，也向物传播，人生产的网络视频、观看的网络视频、观看后产生的反应都将成为新的数据内容传播到被互联的万物中，冰箱屏结合用户白天浏览的短视频数量，结合冰箱中的食材为用户提供最符合用户当天喜好的菜谱，个人汽车屏结合用户与家人直播内容语气的情况，为用户挑选此时最想听的音乐……智能化的网络视频向用户传播，同时向用户传播的行为本身成为向"物"传播的内容。

智能化升级后的网络视频，有什么样的效果？如果说有形无形的屏幕是网络视频的显示设备，那我们的脸就是我们的显示设备，在万物互联的世界中两种显示设备可以互相识别，网络视频也必须能辨认用户的脸及独特的表情。我们的表情与我们想要表达的内容息息相关，脸部的肌肉、夸张的手势、感动的泪水、嘴角上扬幅度不同的微笑、发出的呜咽或笑声，甚至"会说话的眼睛"与"眼球的运动"，网络视频可以据此判断你注视的方向、眼睛中的情感。观看的效果、体验的效果被直观"看见"，网络视频传播效果的收集可以变得精确，建立在这个基础上的算法推荐不断升级，已经可以根据用户对精准匹配度或大或小的选择来自由设置，算法不再是网络视频对用户的单向应用，开始成为用户的自主设置。

在爱因斯坦的相对论中，时间是没有过去、现在和未来的，每一个时刻都是现在。宇宙是无生无灭、无时无空，既不客观，也不主观的东西。人类技术的发展路径不断消除万物之间的空间隔绝，媒介的发展路径也是如此，作为人类交往的中介，媒介还在不断还原着人与人直面直观交往的感觉。网络视频会是人类自主建构的"平行时空"吗？界面、画框、虚拟与现实的边界消失后，网络视频会成为人类技术中第一个穿越时间的存在。

黄金时代，在未来。

| 参考文献 |

专著：

[1] 哈罗德·英尼斯. 传播的偏向 [M]. 何道宽，译. 北京：中国人民大学出版社，2003.

[2] 马歇尔·麦克卢汉. 理解媒介：论人的延伸 [M]. 何道宽，译. 南京：译林出版社，2011.

[3] 保罗·莱文森. 数字麦克卢汉 [M]. 何道宽，译. 北京：社会科学文献出版社，2001.

[4] 尼葛洛庞帝. 数字化生存 [M]. 胡泳、范海燕，译. 海口：海南出版社，1997.

[5] 克鲁格. 点石成金 [M]. 蒋芳，译. 北京：机械工业出版社，2006.

[6] 雷吉斯·德布雷. 媒介学引论 [M]. 刘文玲、陈卫星，译. 北京：中国传媒大学出版社，2014.

[7] 道格拉斯·凯尔纳，斯蒂文·贝斯特. 后现代理论：批判性的质疑 [M]. 张志斌，译. 北京：中央编译出版社，2001.

[8] 马歇尔·麦克卢汉. 媒介即讯息 [M]. 何道宽，译. 北京：中国人民大学出版社，2003.

[9] 阿尔文·托夫勒. 第三次浪潮 [M]. 黄明坚，译. 北京：中信出版集团，2018.

[10] 凯文·凯利. 必然 [M]. 周峰、董理、金阳，译. 北京：电子工业出版社，2016.

[11] 埃里克·麦克卢汉，弗兰克·秦格龙. 麦克卢汉精粹 [M]. 何道宽，译. 南京：南京大学出版社，2000.

[12] 德布雷. 普通媒介学教程 [M]. 北京：清华大学出版社，2014.

[13] 兰登·温纳. 自主性技术：作为政治思想主题的失控技术 [M]. 杨海

燕，译．北京：北京大学出版社，2014．

[14] 戴维·克劳利，保罗·海尔．传播的历史：技术、文化和社会（第五版）[M]．董璐、何道宽、王树国，译．北京：北京大学出版社，2011．

[15] 汤姆·斯丹迪奇．社交媒体简史：从莎草纸到互联网 [M]．林华，译．北京：中信出版集团，2019．

[16] 让-诺埃尔·让纳内．西方媒介史 [M]．段慧敏，译．桂林：广西师范大学出版社，2005．

[17] 梁晓涛，汪文斌．网络视频 [M]．武汉：武汉大学出版社，2013．

[18] 苏洵．网络视频技术与应用实践 [M]．北京：电子工业出版社，2011．

[19] 鲁宏伟，汪厚祥．多媒体计算机技术 [M]．北京：电子工业出版社，2004．

[20] 彭兰．中国网络媒体的第一个十年 [M]．北京：清华大学出版社，2005．

[21] 钟大年，王晓红，周逵．中国网络视频年度案例研究 [M]．北京：中国传媒大学出版社，2015．

[22] 王晓红，付晓光．中国网络视频年度案例研究（2016）[M]．北京：中国传媒大学出版社，2016．

[23] 易前良，王凌非．御宅：二次元世界的狂迷 [M]．苏州：苏州大学出版社，2012．

[24] 王晓红．2017 中国网络视频年度案例研究 [M]．北京：中国传媒大学出版社，2017．

[25] 常江．中国电视史：1958—2008 [M]．北京：北京大学出版社，2018．

[26] 陈卫星．传播的观念 [C]．北京：人民出版社，2008．

[27] 黄华．语言革命的社会指南向：对中国近代史的一种传播学考察 [M]．桂林：广西师范大学出版社，2016．

[28] 蒙文通．蒙文通学记（增补本）[M]．北京：生活·读书·新知三联书店，2006．

[29] 杜维运．史学方法论 [M]．北京：北京大学出版社，2006．

[30] 赵吉惠．历史学方法论 [M]．成都：四川人民出版社，1987．

[31] 刘建平．战后中日关系："不正常"历史的过程与结构 [M]．北京：社会科学文献出版社，2010．

［32］陆地，靳戈．中国网络视频史［M］．北京：中国广播影视出版社，2017.

［33］崔林．媒介史［M］．北京：中国传媒大学出版社，2017.

［34］杨嫚．电子媒介发展史［M］．北京：科学出版社，2017.

［35］国家互联网信息办公室，北京市互联网信息办公室．中国互联网 20 年：网络媒体篇［M］．北京：电子工业出版社，2014.

［36］孙玉胜．十年——从改变电视的语态开始［M］．北京：生活·读书·新知三联书店，2003.

［37］八分斋．中国网络通史［M］．北京：中国商业出版社，2015.

［38］殷晓蓉．网络传播文化历史与未来［M］．北京：清华大学出版社，2005.

［39］互联网周刊，安研．互联网史［M］．北京：中信出版社，2008.

［40］袁载誉．互联网简史［M］．北京：中国经济出版社，2020.

［41］林军．沸腾十五年：中国互联网 1995—2009［M］．北京：中信出版社，2009.

［42］吴晓波．腾讯传 1998—2016［M］．杭州：浙江大学出版社，2017.

［43］何塞·范·迪克．连接［M］．北京：中国人民大学出版社，2017.

［44］凯文·阿洛卡．刷屏［M］．北京：中信出版社，2018.

［45］王润泽．中国新闻媒介史［M］．北京：北京大学出版社，2011.

［46］黄旦．媒介史的研究与书写［M］．北京：中国传媒大学出版社，2008.

［47］李幸，刘荃．传播媒介的历史之光［M］．江苏：江苏南京师范大学，2004.

［48］斯蒂夫·琼斯．新媒体百科全书［M］．北京：清华大学，2007.

［49］喻国明．传媒经济学教程［M］．北京：中国人民大学出版社，2009.

［50］简宁斯·布莱恩特等．媒介效果：理论与研究前沿［M］．北京：华夏出版社，2009.

年鉴：

［1］中国广播电视年鉴社．中国广播电视年鉴.1986—2006［C］．北京：中国广播电视出版社，2006.

期刊论文：

［1］陆德，陈嫦娟．广东视聆通迈入宽带化时代［J］．广东通信技术，1998，18，（2）：1—3.

[2] 陆地. 网络视频与信息"共产主义" [J]. 新闻与写作，2014 (1)：68—70.

[3] 虞卓. 消费主义背景下的青年价值观建设——以美国消费主义时期为例 [J]. 理论界，2006 (10)：122—124.

[4] 王晓红. 网络视频：超越"观看"的新形态 [J]. 青年记者，2018 (7)：74—75.

[5] 孙娟，宁建国. MPEG 的新发展 [J]. 数据通信，1999 (1)：3—5.

[6] 田维钢，顾洁，杨蒙. 中国网络视频行业竞争现状与战略分析 [J]. 当代传播，2015 (1)：77—79.

[7] 李岩. 央视国际网情况分析 [J]. 电视字幕（特技与动画），2001 (7)：9—11.

[8] 98 狮子座流星雨观测科普活动网站 [J]. 电脑技术，1998 (11)：3—5.

[9] 杨斌艳，闵大洪. 音视频内容在互联网上的传播解析——网民使用音视频内容状况调查 [C]. 全国因特网与音视频广播发展研讨会，2005：28—43.

[10] 赵晓芳. 网络戏仿作品浅谈——以《一个馒头引发的血案》为例 [J]. 法制与社会，2010 (2)：243—244.

[11] 艾瑞咨询. 国内五大视频分享网站的看点 [J]. 中国电子商务，2007 (2)：97—99.

[12] 郭小霞，徐瑞朝. 视频分享网站的盈利模式 [J]. 电子商务，2007 (5)：29—31.

[13] 张瑜. 酷 6：超越之道 [J]. 互联网周刊，2007 (13)：63.

[14] 朱博宇. 中国的土壤不允许 YouTube 模式的存在 [J]. 广告人，2007 (5)：143.

[15] 陶俊杰. 创业者的视频江湖 [J]. 互联网周刊，2006 (32)：38—39.

[16] 张卫华. 播客苦熬严冬 [J]. 经济，2007 (6)：66—68.

[17] 王长潇. Web 2.0 时代视频分享网站的兴起与传统电视的选择 [J]. 新闻界，2007 (6)：48—50.

[18] 焦点聚广东 [J]. 每周电脑报，1997 (36)：201.

[19] 周志懿，黄逸秋，杨春兰. PPLive 成长史 [J]. 传媒，2009 (5)：8—10.

［20］黄升民．网络视频：声音更权威，市场更精彩［J］．广告大观（综合版），2010（3）：23.

［21］王方．网络视频收看时长超电视短视频市场成香饽饽［J］．中国广播，2012（12）：90.

［22］宋培英．网络自制剧的历史、现状与突围路径［J］．中国广播电视学刊，2017（4）：85－88.

［23］高海浩．用互联网基因构建传媒转型新平台——浙报集团：做了什么，还要做什么［J］．中国记者，2013（3）：18－19.

［24］谢梅，何炬，冯宇乐．大众传播游戏理论视角下的弹幕视频研究［J］．新闻界，2014（2）：37－40.

［25］张雪超．网络视频的收费之路［J］．互联网天地，2010（10）：66－69.

［26］王晓红，包圆圆，吕强．移动短视频的发展现状及趋势观察［J］．中国编辑，2015（3）：7－12.

［27］王晓红．视频文本化及其技术功能初探［J］．新闻爱好者，2013（2）：7－12.

［28］CSM．媒体融合进程中的收视变化特征——2017年上半年电视市场回顾［J］．收视中国，2017（8）.

［29］喻国明，杨颖兮．横竖屏视频传播感知效果的检测模型——从理论原理到分析框架与指标体系［J］．新闻界，2019（5）：11－19.

［30］吴洪莉，刘梦娇．VLOG：短视频下一个爆发点——基于B站的热门Vlog视频内容生产策略分析［J］．湖北第二师范学院学报，2018，35，（6）：129－132.

［31］喻国明，方可人．传播媒介：理论认识的升级与迭代——一种以用户价值为逻辑起点的学术范式［J］．新闻界，2020（3）：34－41.

［32］肖峰．技术的返魅［J］．科学技术与辩证法，2003（4）：36－39.

［33］王晓红．短视频助力深度融合的关键机制——以融合出版为视角［J］．现代出版，2020（1）：54－58.

［34］黄旦．新报刊（媒介）史书写：范式的变更［J］．新闻与传播研究，2015，22，（12）：5－19.

［35］汤代禄．网络视频的发展历程及趋势［J］．新闻战线，2013（3）：79－81.

［36］王晓红，谢妍．中国网络视频产业：历史、现状及挑战［J］．现代传播，2016（6）：1－8.

学位论文：

［1］傅蕾．我国视频分享网站现状与前景分析［D］．北京：中国传媒大学，2008.

［2］王大阔．日本 ACG 亚文化流行语研究［D］．长春：东北师范大学，2014.

［3］何白．中国网络视频产业发展研究［D］．厦门：厦门大学，2017.

研究报告：

［1］中国互联网络信息中心（CNNIC）．第 21 次《中国互联网络发展状况统计报告》［R/OL］．http：//www. cac. gov. cn/2014－05/26/c _ 126548659. htm.

［2］中国互联网络信息中心（CNNIC）．第 44 次《中国互联网络发展状况统计报告》［R/OL］．http：//www. cac. gov. cn/2019 － 08/30/c _ 1124938750. htm.

［3］中国互联网络信息中心（CNNIC）．第一次至第十五次《中国互联网发展状况统计报告》［R/OL］．https：//www. cac. gov. cn/index. htm.

［4］刘莹．2004—2006 中国网络视频行业风险投资报告［R］．China Venture（投资中国），2007（1）.

［5］艾瑞．2007 年中国 P2P 流媒体研究报告［EB/OL］．http：//report. iresearch. cn/report/200706/1028. shtml.

［6］艾瑞．2008—2009 年中国网络视频行业发展报告简版［EB/OL］．http：//www. doc88. com/p－947597062148. html.

［7］中国网络视听产业基地．2012 年中国网络视听产业报告［R］．上海：上海科学技术文献出版，2012.

［8］中国互联网络信息中心．2009—2013 年中国网民网络视频应用研究报告［EB/OL］．http：//search. cnnic. cn/cnnic _ search/showResult. jsp.

［9］艺恩．2015 中国视频行业付费研究报告［EB/OL］．https：//ishare. iask. sina. com. cn/f/avxvOafoPg1. html.

［10］中国网络视听节目服务协会．2015 年中国网络视听节目发展报告［EB/OL］．http：//www. ce. cn/culture/whcyk/cysj/201601/27/t20160127 _ 8581975. shtml.

［11］QuestMobile．中国移动互联网 2018 年度大报告［EB/OL］．https：//36kr. com/p/5173438https：//www. questmobile. com. cn/re-search/report-new/30.

[12] iiMedia Research（艾媒咨询）.2016—2017 中国短视频市场研究报告 [EB/OL]. https：//www. iimedia. cn/c400/51028. html.

[13] QuestMobile. QuestMobile 2017 年中国移动互联网年度报告 [EB/OL]. https：//www. sohu. com/a/217291732 _ 635105.

[14] 一下科技 . 秒拍短视频内容生态白皮书 [EB/OL]. https：//mp. weixin. qq. com/s/NcQwovnmxyghraUqU5iKng.

[15] 艾瑞咨询 .2017—2018 年中国短视频产业趋势与用户行为研究报告 [EB/OL]. https：//report. iimedia. cn/repo13－0/2387. html.

[16] 国家广电智库 .2017 网络原创节目发展分析报告（网络综艺篇和网络剧篇）[EB/OL]. https：//news. znds. com/article/28330. html.

[17] 中国网络视听节目服务协会 .2019 年中国网络视听发展研究报告 [EB/OL]. http：//www. cnsa. cn/index. php/industry/industry _ week. html.

[18] 艾媒咨询 .2019 中国 Vlog 商业模式与用户使用行为监测报告 [EB/OL]. https：//report. iimedia. cn/repo13－0/38744. html.

[19] 奥维互娱 .2020 年中国智慧大屏发展预测报告 [EB/OL]. https：//wk. askci. com/details/ce0ae7cf1370460ba22b32f9939711e9/.

[20] QuestMobile. 2020 年春节中国移动互联网战疫专题报告——热点关注行业发展报告 [EB/OL]. https：//www. questmobile. com. cn/re-search/report-new/81.

[21] 艾瑞网 .2020Q1 疫情期间中国在线直播用户观看直播行为及偏好分析 [EB/OL]. https：//www. iimedia. cn/c1020/71348. html.

英文文献：

[1] Richard Cavell. Mcluhan and Spatial Comminication [J]. Western Journal of Communication，Vol. 63，（no. 3）(Summer 1999)，pp. 348－363.

[2] Friedrich Krotz，Mediatization. A Concept With Which to Grasp Media and Societal Change [A]. InKnut Lundby（ed. ），2009，Mediatization：Concept，Changes，Consequences [C]. NY：PeterLang，2009，p. 23.

［3］Robert E. Park. Reflections on Communication and Culture ［A］. Henry E. Elsner, Jr., ed., The Crowd and the Public and Other Essays ［C］. Chicago: University of Chicago Press, 1972, p. 101.

［4］Asa Briggs, Peter Burke. A Social History of the Media: From Gutenberg to the Internet ［M］. Cambridge: Polity, 2002.